CCIEE 中国国际经济交流中心 China Center for International Economic Exchanges | 智库丛书

国家出版基金项目 NATIONAL PUBLICATION FOUNDATION “中国经济新发展阶段”丛书

中国方案 中国智慧 CHINA
CHINESE SOLUTIONS CHINESE WISDOM
THINK TANK SERIES

服务构建新发展格局
高质量推进制造业数字化转型研究

中国国际经济交流中心课题组
王一鸣 刘向东 等 著

中国经济出版社
CHINA ECONOMIC PUBLISHING HOUSE
·北京·

图书在版编目（CIP）数据

服务构建新发展格局　高质量推进制造业数字化转型研究／中国国际经济交流中心课题组著．--北京：中国经济出版社，2024.4

ISBN 978-7-5136-7630-4

Ⅰ.①服…　Ⅱ.①中…　Ⅲ.①制造工业-数字化-研究-中国　Ⅳ.①F426.4-39

中国国家版本馆 CIP 数据核字（2023）第 257095 号

策划编辑　李煜萍
责任编辑　贺　静　闫明明
责任印制　马小宾
封面设计　赵　飞

出版发行　中国经济出版社
印 刷 者　北京艾普海德印刷有限公司
经 销 者　各地新华书店
开　　本　710mm×1000mm　1/16
印　　张　17
字　　数　228 千字
版　　次　2024 年 4 月第 1 版
印　　次　2024 年 4 月第 1 次
定　　价　88.00 元
广告经营许可证　京西工商广字第 8179 号

中国经济出版社　**网址** http://epc.sinopec.com/epc/　**社址** 北京市东城区安定门外大街 58 号　**邮编** 100011
本版图书如存在印装质量问题，请与本社销售中心联系调换（联系电话：010-57512564）

课题组成员

课题负责人：

王一鸣　中国国际经济交流中心副理事长兼学术委员会主任

课题组长：

刘向东　中国国际经济交流中心　　研究员

课题副组长：

元利兴　中国国际经济交流中心　　研究员

课题组成员：

李　娣　中国国际经济交流中心　　研究员

王成仁　中国国际经济交流中心　　副研究员

梁　鹏　中国国际经济交流中心　　副研究员

邬　琼　中国国际经济交流中心　　副研究员

刘小鸽　国务院发展研究中心　　副研究员

李志鸿　中共中央党校（国家行政学院）　　博士

翟羽佳　中国国际经济交流中心　　助理研究员

编写说明

党的十九届五中全会提出，在全面建成小康社会、实现第一个百年奋斗目标之后，我们要乘势而上开启全面建设社会主义现代化国家新征程、向第二个百年奋斗目标进军，这标志着我国进入了一个新发展阶段。

我国发展面临的内部条件和外部环境也发生了深刻复杂的变化。当今世界正经历百年未有之大变局，外部环境不稳定性和不确定性增多。我国已进入高质量发展阶段，继续发展具有多方面优势和有利条件，同时发展不平衡不充分问题仍然突出。因此，深入研究阐释“十四五”时期我国经济社会发展的战略目标和重大部署，深入阐释完整准确全面贯彻新发展理念、加快构建新发展格局、着力推动高质量发展的总体要求和重大原则，准确解读实施扩大内需战略和深化供给侧结构性改革有机结合、建设现代化产业体系、全面推进乡村振兴、促进区域协调发展、推进高水平对外开放等重点任务，深入阐释加快建设制造强国、质量强国、航天强国、交通强国、网络强国、数字中国，推动绿色发展、推进美丽中国建设，实施科教兴国战略、人才强国战略、创新驱动发展战略等重大战略举措，具有十分重要的意义。

中国国际经济交流中心课题组所著的“中国经济新发展阶段”丛书是国内第一套以“中国经济新发展阶段”为主题的丛书，本套丛书深入贯彻党的十九届五中全会精神，准确把握新发展阶段新特征新要求，围绕高质量发展主题，聚焦科技创新、经济发展新动力、更高水平开放，深入研究进入新发展阶段我国构建关键核心技术攻关的新型举国体制、“十四五”时期中国经济高质量发展新动力，以及高质量共建“一带一路”等问题，对于我国贯彻实施、创新驱动发展战略、实行高水平对外开放政策等重大举措具有参考作用。该套丛书是2022年度国家出版基金资助项目、“十四五”国家重点出版物出版规划增补项目，其延续选题《服务构建新发展格局，高质量推进现代流通体系建设研究》已获2023年度国家出版基金项目资助，本书也是该丛书系列的延续选题，也已获得2024年度国家出版基金项目资助。这两个选题分别从构建现代化产业体系的两大方面，即现代服务业和先进制造业，对现代流通体系建设和制造业数字化转型进行了深入探讨，对于推动高质量发展、构建新发展格局具有重要意义。

本书深入贯彻习近平总书记“扎实推进先进制造业高质量发展，推动数字经济与先进制造业深度融合，加快构建以先进制造业为骨干的现代化产业体系”的重要讲话精神，系统研究中国制造业数字化转型新趋势、新特征，锚定新型工业化的战略目标，明确制造业数字化转型的战略重点和路径选择，并聚焦智能制造、工业互联网、中小企业、关键核心技术研发、数据安全治理等重点领域和重点环节，提出加快制造业数字化转型和完善制造业数字化转型政策支持体系的相关建议。

本书内容翔实、结构合理、成果丰富，具有较强的战略性、系统性、针对性和实用性，可以为政府和企业提供重要的决策参考，具有较高的应用价值和研究参考价值。

前　言

当前，新一代信息网络技术与制造业深度融合趋势越发明显。一是制造业数字化转型进入产业深耕、赋能发展的新阶段。先进传感技术、数字化设计制造、机器人与智能控制系统等应用日趋广泛，产业数字化进一步提速，数字技术应用从企业采购、销售、售后服务等通用外包业务转向研发、制造等行业专属流程环节，促进制造业企业研发设计、生产流程、企业管理，乃至用户关系都呈现出智能化趋势。二是工业互联网成为促进制造业数字化转型的重要载体。大规模敏捷柔性制造和个性化定制日益成为主流制造范式，生产组织和社会分工向网络化、扁平化、平台化转型，催生一批驱动制造业智能化发展的工业互联网生态系统。三是数字技术快速发展助推制造业加速向绿色低碳转型。通过精准测量和采集能耗、碳排放等实时数据，制造业企业可以实现精准预测需求、设备远程监测和能耗管理，逐步降低生产过程中不必要的原料、能源等损耗及减少碳排放，在降本增效中更加有效地落实节能减排与碳达峰碳中和目标要求。

紧紧抓住世界新一轮科技革命和产业变革的新机遇，我国制造业在推进数字化转型方面已取得长足发展。一是制造业数字化、智能化水平大幅提升。截至2023年年底，规模以上工业企业关键工序数控化率和数字化研发设计工具普及率分别达到62.2%、79.6%。153家全球灯塔工厂中，位于中国的灯塔工厂达到62家，超过总量的40%。二是工业互联网创新发展实现新突破。截至2023年年底，我国培育的有影响力的大型工业互联网平台已超过340家，其中遴选跨行业跨领域平台50家，且已经全面融入49个国民经济大类，平台连接工业设备超过9600万台（套）①，服务工业企业数量超过160万家，全国面向特定行业和特点场景的工业APP数量突破65万个。“5G+工业互联网”512工程纵深推进，建设项目超过1万个，覆盖20多个重点行业。三是中小制造企业“上云用数赋智”加速推进。《2021年中小企业数字化指数报告》显示，制造业等中小企业综合数字化程度更高，处于第一梯队。四是支撑制造业数字化转型的基础设施日臻完善。截至2023年年底，我国已建成开通5G基站337.7万个，总量占全球超过60%，5G移动电话用户达到8.05亿户，5G应用案例超过9.4万个，三家基础电信企业发展蜂窝物联网终端用户18.4亿户，千兆光网具备覆盖超过5亿户家庭的能力。五是数字化促进制造业节能减排成效显著。例如，华为云贵州数据中心在满负荷运行情况下，每年可节省电力10亿度，减少碳排放81万吨②。

但也应看到，我国制造业数字化改造面临不少短板和现实困难。一是芯片、传感器、工业软件等关键“卡脖子”技术问题依然突出。高端芯片、工业软件等关键核心技术仍受制于人，核心工业软件自主可控能力不强，在关键零部件、元器件、基础材料等中间品制造方面依然短板突出，制造企业对关键技术和工艺数据缺少足够积累。二是制造企业开展数字化转型动力不足。相比于采购销售等通用环节，制造企业研发生产等专业环节数字化初始投入大、投资专用性强、转换成本高，投资收益并不十分明确，回收周期可能较长。目前，很多传统制造企业仍在

① 国务院新闻办．国新办举行2023年工业和信息化发展情况新闻发布会[EB/OL].(2024-01-19)[2024-03-31]. http//www.scio.gov.cn/2024/33202/index.html.

② 国务院新闻办．国新办举行2023年工业和信息化发展情况新闻发布会[EB/OL].(2024-01-19)[2024-03-31]. http//www.scio.gov.cn/2024/33202/index.html.

使用传统的业务条线化管理模式，大量传统机械化和自动化装备数字化改造难度大、工业软硬件装备供给能力不足，工业系统平台接口形式多样、标准不统一，对数据资源开发利用和开放共享不够，再加上工业装备自动化改造投入资金大、效果不明显，使得制造企业数字化转型动力不足。有些企业还担心核心数据存在泄露风险，特别是中小企业仍面临“不愿转”“不敢转”“不能转”等难题。调查显示，2021年有90%的企业发生过数据泄露事件，企业平均每起数据泄露事件成本高达424万美元。三是开展数字化转型缺乏有效的生态支撑。制造业数字化转型试错成本较高，投资失败风险较大，增加数字化转型的总体费用投入不一定会带来数字化转型成效的明显提升。此外，制造业数字化转型成效缺乏科学客观的衡量“标尺”，缺少横向对标的条件及机制。中小制造企业开展数字化转型通常面临融资难、融资贵等资金投入捉襟见肘的困扰，还普遍缺乏数字化转型领域的复合型、创新型、高层次人才，缺少互补性技术和互补性资源，促进制造企业数字化转型的制度环境也有待完善。

党的二十大报告指出，要推动制造业高端化、智能化、绿色化发展，促进数字经济和实体经济深度融合，打造具有国际竞争力的数字产业集群。“十四五”时期，我国实体经济和数字经济将呈加速融合趋势，制造业数字化转型和软件自主可控进程加快。面对外部科技封锁和贸易限制，建设制造强国、加快提升制造业数字化转型的自立自强能力显得尤为迫切且必要。一是加快数字科技的高水平自立自强。重点加大关键共性技术的攻关力度，提高工业软件、智能制造设备等关键部件的自主供给能力，建设智慧智能供应链，促进网络协同制造，提升产业链韧性和供应链竞争力。二是培育智能制造新模式新业态。围绕5G、人工智能、数字孪生等新兴融合型技术领域，面向制造行业需求，打造可用性强的智能制造解决方案，培育一批“灯塔工厂”“智慧工厂”和产业园区。三是持续推动工业互联网创新发展。聚焦设备互联互通、数据创新应用、设备平台安全等关键领域，布局一批数字化示范标杆项目，培育一批工业互联网系统解决方案供应商或有竞争力的工业互联网平台企业，加快“5G+工业互联网”规模化应用推广。四是开展中小企业数字化赋能专项行动。组织培育一批工业互联网平台和数字化转型服务商，实施中型制造企业智能化示范工程，为中小企业提供成本低、见效快、实用性强的数字化解决方案；推广一批适合中小企业需求的数字化产品和服务。五是强化新型基础设施支撑能力。深入实施5G等新技术行业应用“十百千”工程，加快重点行业5G全连接工厂建设，加快建设信息基础设施和云网协同发展。

加快推进制造业数字化转型升级，亟须从财政、金融、产业、人才培养等方面给予支持，逐步形成一套促进制造业数字化转型的政策支持体系。

一是完善对制造业数字化技改创新的财税政策支持体系。加大财税对制造业数字化技术改造的奖补和减免力度。用好留抵退税制度支持数字化技术改造投入，支持企业用足工业转型和中小企业发展的各类政策性基金。扩大对新一代信息技术的政府采购，鼓励市场主体广泛参与，提高投资效率和技术先进性，形成政府与企业共促数字化转型的合力。

二是进一步加大对实体经济数字化转型的金融支持。引导金融机构和社会资本发展科技金融服务，以产业投资基金或引导基金、债权融资等方式，支持制造企业加快“上云用数赋智”。鼓励创新投资、风险投资、私募基金以及商业银行、保险、证券等金融机构发展科技金融服务，以股权、债权及其组合等多种方式满足制造企业设备更新升级、软件系统开发、技术改造等投融资需求。支持金融机构提供知识产权和数据资产等无形资产抵押贷款服务，探索建立基于生产数据的征信系统，提供个性化、精准化的金融产品和服务。

三是深入实施制造业数字化转型标准化安全行动。强化分类标准引领，加快制定工业网络协议、数字工业装备外联接口、工业控制器协议、工业仪器仪表数据、工业软件数据开放共享等国家统一标准，推动工业设备标准互联互通，推动工业设备接口互认、协议兼容。制定分类指导的扶持性产业政策，完善智能制造国家标准体系，促进工业互联网发展和数据开放共享。制定统一的工业大数据管理制度和标准规范，促进工业互联网发展和数据开放共享，建立健全数据安全保护体系。

四是加强数字化技能培训和人才培养。推进数字化转型领域领军人才、创新团队、人才示范基地和人才培训平台建设，进一步改进数字人才培养培训方式，实施“互联网＋职业技能培训”模式，推动高等学校、职业院校的智能制造学科建设，建设一批产教深度融合的数字经济教学和实践基地。搭建数字化终身学习教育平台，开展数字技能与素养全民科普活动，及时发布数字化新职业标准，引导教育培训系统培养市场需要的数字化技能人才，利用数字技术赋能高质量充分就业，引导平台企业发挥对就业增收的促进作用。

五是探索建立数字化转型支持政策评估机制。帮助制造企业科学评估数字化发展现状，引导其制定合理化的转型方案，依法依规维护市场秩序，打击数字化方案供需市场中的欺诈或寻租行为。着力培育专业数字化评估咨询中介机构，探索建立促进制造业数字化转型政策成效评估指标体系，对制造企业数字化转型进行专业诊断，开展制造业数字化转型评估量查，助力解决行业转型过程中遇到的共性问题。

六是完善数据要素市场机制和安全监管体系。在国家数据分类分级保护制度下，推进数据分类分级确权授权使用和市场化流通交易，开展数据确权体系研究，完善数据确权、登记、交易、定价等制度安排，提升数据流通的配套服务能力，加快构建工业数据安全责任体系，建立健全工业互联网安全标准体系。

目　录

序章

制造业数字化转型的战略、路径和政策选择

党的二十大报告强调，“坚持把发展经济的着力点放在实体经济上，推进新型工业化，加快建设制造强国、质量强国、航天强国、交通强国、网络强国、数字中国”，“加快发展数字经济，促进数字经济和实体经济深度融合”。当前，新一轮科技革命和产业变革深入发展，推动制造业生产方式和业务模式发生革命性变革，重塑制造业产业生态和发展格局。加快制造业数字化转型，既是把握新一轮科技革命和产业变革新机遇、抢占国际产业竞争制高点的战略选择，也是我国推动制造业高质量发展、加快建设现代化产业体系的内在要求。要深刻认识制造业数字化转型新趋势新特征，锚定新型工业化的战略目标，明确制造业数字化转型的战略重点和路径，加大政策支持力度，推动制造业高端化、智能化、绿色化发展，为建设制造强国提供强劲动力。

一、制造业数字化转型是推进新型工业化的必由之路

制造业数字化转型是以发展实体经济为根本，以数据资源为关键要素，以工业互联网为载体，以新一代信息技术融合应用为动力，推动制造业高端化、智能化、绿色化发展的过程。制造业是立国之本、强国之基，是国家经济命脉所系。当前，我国制造业正处于转变发展方式、调整产业结构、转换增长动力的关键期，加快推进制造业数字化转型对于推进新型工业化具有重大战略意义。

（一）制造业数字化转型是推进新型工业化的重要途径

制造业是实体经济的主体。推动制造业数字化转型，使数据作为关键生产要素参与到生产过程中，打破生产与消费、制造与供应、产品与

服务间的数据壁垒，有利于构建资源共享的协同制造体系、智能柔性的产业链供应链体系、大规模定制的消费方式。推动制造业数字化转型，以信息流带动资金流、技术流、人才流，促进生产组织和社会分工向网络化、扁平化、平台化转变，有利于深化产业链、创新链、人才链、资金链深度融合，提高资源配置效率和全要素生产率。推动制造业数字化转型，通过新一代信息技术对传统产业的全方位、全链条改造，驱动传统生产方式和产业生态深刻变革，有利于促进制造业高端化、智能化、绿色化发展，推动制造业由“制造”向“智造”转变。

（二）制造业数字化转型是建设制造强国的战略举措

随着我国制造业由小到大、由弱到强的转变，我国已成为世界制造业第一大国。2023 年我国制造业规模连续 14 年居世界首位，制造业增加值达到 35. 2 万亿元，占 GDP 比重 27. 9% ，拥有世界上门类最齐全、配套最完备、覆盖最广泛的产业体系。与此同时，制造业大而不强、宽而不深、全而不精的问题仍然突出，整体上还处于国际分工体系的中低端，产业链供应链还存在不少“堵点”“卡点”，部分核心环节和关键技术受制于人。推进制造业数字化转型，提升研发设计、生产制造、企业运维等环节的数字化水平，能够显著缩短研发周期、提高生产效率、改进产品质量，推动产业转型升级，加速向价值链中高端跃升。通过信息技术广泛应用，还能延长、拓宽、挖深产业链，开辟产业发展新领域、新赛道，培育智能化生产、服务化延伸等各类新模式新业态。

（三）制造业数字化转型是抢占国际竞争制高点的必然选择

制造业数字化转型是新一轮科技革命和产业变革的主战场，世界主要国家纷纷以制造业数字化转型为重点，不断强化对全球制造业的控制力。2021 年 6 月美国参议院通过《创新和竞争法案》，明确未来 5 年将投入约 2500 亿美元，用于人工智能、机器学习和其他先进软件开发、高性能计算、半导体和先进计算机硬件、机器自动化与先进制造等 10

个关键科技领域的研发投入，2022 年 10 月美国发布《先进制造国家战略》，明确要以数字制造构建未来制造业全球领导力。德国的《数字战略 2025》《国家工业战略 2030》、法国的《未来工业战略》、日本的《经济安全保障推进法》，均提出通过数字化智能化，巩固制造业竞争优势。加快制造业数字化转型，才能重构我国制造业竞争优势，使其迈向全球价值链中高端，在日趋激烈的国际竞争中赢得主动。

二、新科技革命背景下制造业数字化转型的新趋势

当前，新一轮科技革命和产业变革迅猛发展，网络互联的移动化泛在化，信息处理的高速化智能化，计算技术的高能化量子化，推动数字技术与制造业全方位、全链条融合发展，制造业数字化转型呈现出一系列新趋势新特征。

（一）人工智能成为制造业数字化转型新引擎

人工智能技术与物联网、大数据、云计算、区块链技术深度融合，构建“人—网—物”互联体系和泛在智能信息网络，推动人工智能朝自主学习、人机协同增强智能和基于网络的群体智能等方向发展，制造业发展模式和产业生态发生革命性变化。走向未来，深度学习、计算机视觉等人工智能技术向制造领域广泛渗透，应用场景日趋多样化，催生智能制造新模式新业态，而 5G 的规模化应用使人工智能的发展动能更加强劲，将为我国制造业数字化转型开辟更为广阔的前景。

（二）基于工业互联网的产业生态加快构建

工业互联网通过对人、机、物、系统的全面链接，构建起覆盖工业制造全产业链的制造和服务体系，是制造业数字化转型的关键基础设施。截至 2023 年年底，国家两化融合公共服务平台服务工业企业 18.3 万家，这些企业关键工序数控化率已达 62.2%，数字化研发设计工具普及率达到 79.6%。建成具有一定行业、区域影响力的工业互联网平

台超过340家，重点平台连接设备超过9600万台（套）①。国家工业互联网大数据中心体系启动建设，区域级、行业级分中心数据汇聚枢纽建设加快推进，工业互联网对制造企业的赋能、赋值、赋智作用日益凸显，促进形成平台化设计、智能化制造、网络化协同、个性化定制、服务化延伸、数字化管理等应用模式，正在作为一个新的生产方式登上历史舞台。

（三）制造业服务化衍生发展空间不断拓展

随着新一代数字技术向制造领域的渗透扩散，先进的传感技术、数字化设计制造、机器人与智能控制系统日趋广泛应用，制造业研发设计、生产流程、企业管理，乃至用户关系都呈现出数字化、智能化趋势，企业边界日趋模糊，制造企业形态深刻变革。数字化转型加快制造业从产品制造向基于产品的服务延伸，推动产业链、供应链数字化重构，各种服务型制造等新模式不断涌现，为我国制造业创新发展和提升国际竞争力开辟了广阔空间。

（四）数字技术赋能传统产业绿色低碳转型

数字技术与能源技术深度融合，推动化石能源清洁化、清洁能源规模化和能源服务智能化，促进能源技术朝绿色低碳和智能化方向转型，加快能源结构从高碳向低碳转变。利用人工智能、大数据和云计算等技术，实时采集运行数据，精细管理工业企业工艺、制造、物流等各个环节，强化数据分析和价值挖掘，实现可视化展示能源使用情况，可以精准预测需求、远程监测设备和优化能耗管理，有效降低能耗和碳排放，提高能源资源利用效率，实现节能减排和绿色生产。

---

① 国务院新闻办．国新办举行2023年工业和信息化发展情况新闻发布会［EB/OL］.（2024－01－19）［2024－05－31］. http://www.scio.gov.cn/2024/33202/index.html.

三、我国推进制造业数字化转型取得的进展

党的十八大以来，我国加快推进制造业数字化转型的战略引领，围绕顶层规划、政策支持、新型基建、科技创新、行业融合、产业生态等方面加大力度，制造业数字化转型取得积极进展。

（一）顶层规划和政策支持持续加力

国家层面加大对制造业数字化转型的政策支持力度，先后出台《“十四五”数字经济发展规划》《“十四五”智能制造发展规划》《“十四五”信息化和工业化深度融合发展规划》《中小企业数字化转型指南》等文件，进一步明确了制造业数字化转型的战略目标和重点任务。地方层面积极制定制造业数字化转型的专项政策，形成部省协同、央地联动的政策规划和支持体系。政策支持形式更加多样，比如采用产业基金、发展专项、技改专项等多种形式，激发企业创新活力和转型动力。

（二）新型基础设施建设持续推进

积极推进新型基础设施建设，着力构建以新一代通信网络为基础、以数据和算力设施为核心、以融合型基础设施为重点的新型信息基础设施体系。新一代通信网络方面，建成全球规模最大的光纤网络和移动宽带网络。截至2023年年底，累计建成并开通5G基站数达337.7万个，具备千兆网络服务能力的端口达到2302万个。5G应用融入71个国民经济大类，工业互联网覆盖全部41个工业大类，“5G+工业互联网”项目数超过1万个。算力基础设施已形成一定优势，算力总规模居全球第二位。①

---

① 国务院新闻办．国新办举行2023年工业和信息化发展情况新闻发布会[EB/OL].（2024-01-19）[2024-05-31]. http://www.scio.gov.cn/2024/33202/index.html.

（三）科技创新支撑作用持续增强

重点领域创新发展步伐加快，集成电路、新型显示、软件等领域取得一系列标志性成果，大数据、云计算、人工智能等前沿技术创新活跃，辐射和带动性不断增强。“5G＋工业互联网”助力制造业、能源、矿业、电力等各大产业数字化转型升级，形成了一批新场景、新模式、新业态。预计2023年工业互联网核心产业规模达1.35万亿元。[①]

（四）重点行业转型步伐不断加快

截至2023年12月底，我国已培育421家国家级示范工厂、万余家省级数字化车间和智能工厂。大飞机、新能源汽车、高速动车组等领域示范工厂研制周期平均缩短近30%，生产效率提升约30%；钢铁、建材等领域示范工厂碳排放减少约12%。工业互联网深入制造业研发、生产、供销、服务等环节，支撑大国重器，服务绿色低碳，促进消费升级，保障安全生产，有力促进重点行业“智改数转网联”。

（五）数字化转型生态持续完善

在公共服务方面，已建立一批工业互联网平台应用创新体验中心、工业互联网平台应用创新推广中心和人才实训基地，推动创新技术实现“实验室验证—小规模商用验证—大规模推广”的产业化进程。行业标准方面，已累计发布数十项数字化转型相关国家标准、行业标准，近6万家企业依据标准开展近9万项研发创新、高效生产、绿色节能等类型的数字能力建设工程，标准在引导制造企业数字化转型、实现提质降本增效等方面的成效日益彰显。

同时，也要看到，我国制造业数字化转型仍面临诸多问题和挑战，主要是转型不平衡，行业差异较大；中小企业数字化转型滞后，存在

① 国务院新闻办．国新办举行2023年工业和信息化发展情况新闻发布会［EB/OL］.（2024－01－19）［2024－05－31］. http://www.scio.gov.cn/2024/33202/index.html.

“不愿”“不敢”“不会”等问题；工业互联网平台融合应用有待向纵深拓展；数字技术领域原始创新能力不强，高端芯片、工业软件等关键核心技术仍受制于人，在终端产品领域，比如移动终端、通信设备等，已经形成较强的国际竞争力，但承载关键核心技术的零部件、元器件、基础材料等中间品依然是短板。

四、制造业数字化转型的战略重点和路径选择

今后一个时期，我国制造业数字化转型将进入全面拓展阶段。国务院印发的《“十四五”数字经济发展规划》提出，要以数字技术与实体经济深度融合为主线，协同推进数字产业化和产业数字化，赋能传统产业转型升级，培育新业态新模式，不断做强做优做大我国数字经济。预期到 2025 年，我国数字经济核心产业增加值占国内生产总值比重将达到 10%，数字化转型引领发展能力大幅提升，数字技术创新能力和智能化水平明显提升，数字经济竞争力和影响力大幅提升。为实现上述目标，需要明确未来一个时期制造业数字化转型的战略重点和路径选择。

（一）推进龙头企业引领的“链式”数字化转型

我国制造业数字化转型正迈向全面扩展期。要支持有条件的大型企业打造一体化数字平台，强化全业务、全环节、全流程数据贯通和业务协同，提升企业整体运行效率。鼓励和支持链主企业和行业龙头企业立足自身优势，开放数字化资源和能力，带动供应链上下游的中小企业融入数字化应用场景和产业生态，推进大中小企业协同的“链式”数字化转型。加快 5G、人工智能、数字孪生等新兴融合型技术推广应用。推进制造业数字化转型、网络化协同和智能化变革，加快构建智能制造生态。力争到 2025 年，规模以上制造企业大部分实现数字化、网络化，重点行业骨干企业初步实现智能化。

（二）突破中小企业数字化转型难题

中小企业数字化转型既是制造业数字化转型的难点，也是必须突破的关键点。受资金、技术、人才等因素制约，中小企业数字化转型面临多重困难，主要表现为：前期设备更新和生产流程再造的投入高，不愿转；涉及商业秘密的数据安全难以保障，不敢转；企业缺乏信息网络技术专业人才，不会转。因此，要通过培育一批中小企业数字化转型的专业服务商，推广适合中小企业需求的数字化产品和服务，降低中小企业数字化转型成本，解决“不愿转”的问题；健全完善数据安全监管体系，保障中小企业数据资产权益和涉及商业秘密的数据安全，解决“不敢转”的问题；加强对中小企业专业技能人才培养，为中小企业培育一批既懂生产工艺又熟悉信息网络技术的专业人才，解决“不会转”的问题。

（三）推进工业互联网融合应用向纵深拓展

工业互联网是制造业数字化转型的重要载体。要深入实施工业互联网创新发展工程，加快建设覆盖制造业各行业的工业互联网网络，建设一批跨行业跨领域的综合性平台、面向重点行业和区域的特色性平台，以及面向特定技术和场景的专业性平台。推广“5G＋工业互联网”的发展模式，以5G为工业互联网赋能，以工业互联网拓展5G的应用场景，形成工业互联网与5G网络建设的良性互动。围绕汽车、钢铁、装备制造、水泥、石化、化工、电子信息、医药等领域深入推进工业互联网融合应用，促进行业提质、增效、降本、绿色、安全发展。加快建设面向重点行业产业集群、园区基地的行业服务平台，建设一批工业互联网产业示范基地。

（四）培育智能制造的新模式新业态

智能制造是制造业数字化转型的重点方向。推动智能制造新模式新业态发展，要培育工业级的智能硬件、智能机器人、智能网联汽车、智能船舶、无人机、智能可穿戴设备、智能家居等新型智能产品，拓展数字化转型场景。深入挖掘工业数据要素资源，发展数字化管理、平台化设计、网络化协同、智能化制造、个性化定制和服务化延伸等新模式新业态。同时，加快生产制造全过程的数字化改造，推动智能制造单位、智能产线、智能车间建设，实现全要素、全环节的动态感知、互联互通、数据集成和智能管控。

（五）加快新型基础设施布局和建设

今后一个时期，要坚持适度超前原则，加快建设高速泛在、天地一体、云网融合、智能敏捷、绿色低碳、安全可控的智能化综合性数字基础设施，协同推进千兆光纤网络、IPv6 和 5G 网络建设，加快布局卫星通信网络等新型网络，推动 5G 商用和规模化应用，前瞻布局 6G 技术研发。加快推进一体化工业大数据中心体系建设，深入推进数网、数云、云边协同发展，促进基础设施集群化、智能化改造和绿色化升级，提升人工智能、区块链等设施服务能力。持续完善国家工业互联网大数据中心，筑牢制造业数字化转型基础。在传统基建中，政府往往是主要投资方，融资渠道比较单一。在新基建中，要鼓励市场主体广泛参与，推动政府与社会资本合作，以更好对接市场需求，提高投资效率和技术先进性，形成政府与企业推动数字化转型的合力。

五、增强科技创新对制造业数字化转型的战略支撑

科技创新在制造业发展中居于核心地位，是制造业数字化转型的战略支撑。当前，争夺科技制高点的竞争日趋激烈。美国视中国为最大的战略竞争对手，不惜成本和代价对我国进行围堵和打压，并在科技领域推进与我国的“脱钩断链”，这凸显了加快提高我国科技创新能力的紧迫性。面对外部环境的深刻复杂变化和我国制造业数字化转型的新要求，要着力增强科技创新对制造业数字化转型的引领能力。

（一）构建局部领先优势

改革开放后，我国主要通过“引进、消化、吸收、再创新”的方式，学习国外先进技术，并对其进行适应性改造和再创新，推动产业技术进步。这个模式迅速缩小了我国产业技术与国际先进水平的差距，但带来的问题是，对国外技术依存度较高，创新以终端产品的集成创新为主，基础研究、核心技术、原始创新能力较为薄弱。随着国际环境的变化，完全依靠跟随先进国家的模式已经难以持续。面向未来，必须发挥新型举国体制优势和超大规模市场优势，增强自主创新能力，实现关键核心技术自主可控，在有较好科技基础并符合未来科技发展方向的战略性、前沿性技术领域，培育和形成局部领先优势，提高数字科技的基础研发能力，增强在国际科技竞争中的主动权。

（二）加强中间品技术创新

过去在技术追赶阶段，技术创新以终端产品的集成创新为主，在部分终端产品领域逐步形成了国际竞争力，但与此同时，承载关键核心技术的零部件、元器件、基础材料、工业软件等中间品领域仍是短板，进口依存度较高。中间品的技术含量高、产品迭代快、资金投入大，其市场竞争力不仅取决于技术创新性，更取决于商业可行性。这就要求强化创新过程的市场需求导向，发挥企业的创新主体作用，推动市场、企业、政府在创新过程中的良性互动，加强关键核心技术攻关，持续推进高端芯片、智能传感、关键基础软件等领域迭代创新应用，加快突破端边云计算、工业大数据、人工智能等关键技术，夯实制造业数字化转型的科技基础。

（三）提升原始创新能力

无论是构筑局部领先优势，还是突破关键核心技术，都需要加强战略性领域布局，瞄准传感器、量子信息、集成电路、关键软件、人工智能、区块链、新材料等领域，加强前瞻性基础研究，增强原始创新能力。基础研究要提升，关键核心技术要突破，关键在人才。这就需要加强基础研究人才培养，造就更多国际一流的科技领军人才和创新团队；实行更加开放的人才政策，构筑集聚国内外优秀人才的科技创新高地。推动体制机制创新，探索科技成果产权激励制度改革，使科技成果产出与科技人员收益挂钩，释放科技人员创新潜力。

六、加快制造业数字化转型的政策建议

今后一个时期，我国制造业数字化转型将迈向全面扩展期，在加强顶层规划和战略引领的同时，需要细化政策和支持工具设计，构建政策支持体系。

（一）完善财税支持政策

数字化转型对于绝大多数制造业企业而言，既需要对大量硬件设备进行更新改造，也需要对生产流程进行再造，有的还涉及客户服务方式和服务网络重构，这无疑都需要大量资金投入。但目前制造业数字化转型投入不能享受研发费用加计扣除政策，建议对制造业企业数字化转型的全部或部分投入允许享受加计扣除政策，以调动企业数字化转型的积极性。对于在数字化转型中进行创新探索且形成示范性转型模式的制造企业，在严格评估基础上，给予其相关投入比照首台（套）重大技术装备示范项目财税政策支持。

（二）创新金融支持政策

发展产业数字金融，可以配合工业互联网技术改造，使实体企业在开展数字化转型过程中，在较短时间内获得产业数字金融服务所带来的降本增效便利，显著提升实体企业自身的数字化转型积极性，助力产业数字化转型加快推进。在这个过程中，金融行业要适应产业数字化带来的生产组织、商业模式的深刻变革，推动传统产业金融向产业数字金融转型。这不仅要求金融业加快推进自身数字化转型，创新授信和风控模式，完善监管框架和规则，而且要求推动金融机构与科技公司跨界合

作，创新科技、产业、金融循环模式，重构合作共赢的产业生态。

（三）优化数字化转型的创新生态

进入数字化转型阶段，技术进步和产业发展的不确定性大大增加，需要强化竞争政策基础地位，减少选择性产业政策的“挤出”效应，避免简单以企业规模、盈利状态、专利数量等来设置政策门槛，避免出现对不同企业的政策歧视，提高政策的公平性，使创新生态能够不断孕育和培育一批又一批创新型企业，为制造业数字化转型提供强大动力。

（四）培育数字化转型合同服务管理模式

我国既有不少在制造企业基础上发展起来的数字化转型服务企业，也有在互联网企业基础上发展起来的服务平台。要探索以合同服务管理模式推进中小企业数字化转型，鼓励专业服务商与中小企业以合同形式约定数字化转型目标并制定数字化转型方案，由专业服务商垫资帮助中小企业实施数字化转型，中小企业以数字化转型收益支付专业服务商的前期投入和合理利润，这样既可以使专业服务商获得回报，也可以降低中小企业数字化转型成本。同时，政府要完善监管方式，促进专业服务商之间展开合理竞争，以降低服务价格，丰富服务内容，提高服务质量。

（五）鼓励互联网企业和制造业企业同向发力

专栏 0－1　产业数字金融助力制造业数字化转型

当前，产业金融已经由以银行对公业务为代表的1.0时代、以供应链金融为代表的2.0时代，向以产业数字金融为代表的3.0时代转变。工业互联网对产业的赋能、赋值、赋智，为产业数字金融发展创造了有利条件。不同于消费数字金融服务的重点是消费者，产业数字金融的服务对象是基于生产网络的生产企业、供应商、分销商群体，产业链供应链关系更加复杂多样，信贷需求额度更大，风控要求也更为严格。产业数字金融通过深入产业链和场景，构建科技、产业、金融的数字化链接模式，为金融服务实体经济、推动制造业数字化转型开辟了新路径。

产业数字金融通过深入产业链和场景，利用云计算、区块链、大数据风控等金融科技能力，使金融机构能够在技术赋能的帮助下深入过去无法服务的中小微企业，为其提供直接的金融服务，系统性解决产业链上中小微企业融资难问题。产业数字金融引导金融服务从过去供应链金融模式看重企业主体担保、抵押，核心企业确权、增信的模式，向更多关注交易信用并向市场主体提供平等的融资环境转变。产业数字金融增强了对企业信用的识别能力，降低了企业融资成本，特别是对于社会融资成本较高的中小微企业而言，成效更为显著。产业数字金融打造一个全透明化的数字金融市场，可以有效防范虚假贸易背景、虚假交易过程、虚假资金往来、虚假账户管理、虚假数据等传统金融风险点，极大地降低了当前金融系统中各类潜在的风险。

从发展趋势看，产业数字金融发展需要从以下几个方面推进：

一是培育产业数字金融场景。产业数字金融参与主体及所涉环节众多，需要尽可能将所有作业环节实现线上化，以节省操作成本、控制操作风险，并为数字技术的运用做好准备。通过算法验证交易网络中的各级数据，实时、动态、多维度地实现数据交叉验证，提高数据的可靠性。

二是推动数字化信用评估。通过运用大数据、人工智能等方式，对被评估主体及其法人相关信息进行数据采集、数据挖掘、机器学习，并通过机器学习、数据建模、评估打分等方式，实现对企业主体的大数据信用评估，进而提升信用评估的准确性、客观性、实时性。

三是提升交易审核智能化水平。产业数字金融在交易审核环节，需要对合同、发票、履约证明等信息进行审核。应用区块链结合其他互联网、物联网等场景，通过算法验证交易网络中的各级数据，实时、动态、多维度地实现数据交叉验证，可以提高数据的可靠性。在交易风险评估方面，通过多方数据互联、大数据分析等金融科技方式，对相关数据等进行数据获取和交叉验证分析，可以提高交易风险评估效率。

四是创新风险监控模式。风险监控以大数据信息采集、分析为主，并结合物联网、人工智能等技术，对核心企业舆情、上下游交易异动变化、货品市场行情波动等进行监控分析，同时，还可以对主体信用变化进行监控，实时关注对融资回款有影响的因素，如存货货值、交易异动，甚至是行业风险的变化等。

五是完善监管方式和规则。对于产业数字金融，要坚持包容审慎监管原则，创建适应产业数字金融创新活动的监管沙盒机制与环境。事实上，产业数字金融也为监管机构提供了数字监管的有效手段。监管机构可使用数字技术，实时监控各金融机构开展产业金融的服务过程，并通过基于实时数据的预警模型提前揭示潜在风险，显著提升我国金融行业监管能力。

目前，我国既有基于传统制造业基因的工业互联网平台，如家电制造业的海尔卡奥斯 COSMPlat、工程机械行业的徐工汉云、钢铁行业的宝信软件等，其优势在于工业知识、机理、经验沉淀更丰富，对行业数字化转型需求理解更充分；也有基于消费互联网企业基因的工业互联网平台，如阿里云 supET、腾讯 WeMake、百度开物等，其优势体现在具备 ICT 行业多年的实践和积累、服务制造业场景的信息和通信设备生产运维能力相对较强。从政策层面，既要鼓励源于消费互联网的工业互联网平台向上游制造领域逆向渗透，也要鼓励基于传统制造业的工业互联网平台向下游正向延伸，进而形成从制造、流通到消费和服务的全链条数字平台。

（六）健全数字技术标准体系

我国数字技术标准基础相对薄弱，工业设备通信接口不统一，数据联通系统不联通、数据中心不链接、“数据孤岛”问题普遍存在，以及产品数据不衔接、制约数据流动和价值释放等问题。为此，一方面，要加快关键急需标准制修订，加快完善数字技术标准体系，以标准引领制造企业加快数字化转型和模式创新。积极参与有关标准的国际协调，发挥我国产业门类齐全、市场规模巨大、数据资源丰富的优势，提升我国的标准制定国际话语权。另一方面，加快构建数据权属、公开、共享、交易规则，建立健全数据资产评估、登记结算、交易撮合、争议仲裁等市场运营体系，提升数据交易效率，鼓励市场主体挖掘商业数据价值，释放数据资源价值潜力。

（七）加强数字化人才培养

数字化转型关键在人才，尤其是掌握网络、数据、制造、管理等方面知识的复合型人才。要健全数字化转型人才培养引进机制，依托高水平研究型大学，加强数字化高端人才培养。通过高等院校设置相关专业和课程、开展专业培训等方式，提升高水平人才供给能力。加强职业技术培训，加强数字化专业技术人员和产业工人培养，为数字化转型提供高质量的人力资源。依托数字化平台引进一批高端信息技术人才。

（八）完善数字经济监管体系

推动制造业数字化转型，要坚持发展和监管两手抓，加快建立全方位、多层次、立体化监管体系，实现事前、事中、事后全链条全领域监管。坚持包容审慎的监管原则，以维护市场竞争有效性、更好保护消费者权益、最大化鼓励创新为基本取向，提高常态化监管水平。以问题为导向，加强立法和修法调研，加快完善相关法律法规。加强企业合规能力建设，促进企业建立防范、识别和应对风险的自我管理机制。监管部门要将合规监管作为常态化监管措施，包括确立合规管理标准、实施合规检查、评估等动态监管举措，并通过惩戒、激励和指导等多种手段促进企业加强合规管理，提高企业对监管行为的可预期性。

（执笔：王一鸣）

第一章 我国制造业数字化转型面临的突出问题、困难及应对之策

党的二十大报告指出，推动制造业高端化、智能化、绿色化发展，促进数字经济和实体经济深度融合，打造具有国际竞争力的数字产业集群[①]。制造业是实体经济的主体、创新驱动的主战场、大国经济的压舱石，是构筑未来发展优势的重要支撑。新一代数字技术是当代创新最活跃、应用最广泛、带动力最强的科技领域。大数据、云计算、人工智能等数字技术与制造业加速深度融合发展，正在重塑产业组织生态、赋能绿色低碳转型、引领科技创新方向，不仅能助力制造业提升生产效率，还将有效拓展生产可能性边界，实现高水平价值创造。数字化转型已经成为全球经济发展的大趋势，美、欧、日、韩等世界主要国家将产业数字化作为优先发展的方向，竞相抢占数字技术、标准、数据等方面规则制定的制高点，不断用数字技术升级改造制造业生产组织流程，促进产业链价值链延伸拓展、融合发展，提升先进制造、智能制造、绿色制造的发展潜力和国际竞争力。相比于美、欧、日、韩等制造强国，中国制造业处在全球价值链的中低端，尚未建立起具有增值溢价且不可模仿的竞争力。“十四五”规划纲要明确提出要“保持制造业比重基本稳定”[②]，2022 年《政府工作报告》提出“增强制造业核心竞争力”，2023 年《政府工作报告》提出“加快传统产业和中小企业数字化转型”；2024 年《政府工作报告》提出“实施制造业技术改造升级工程”。这些发展要求意味着中国制造业迫切需要牢牢把握新一轮科技革命和产业变革的大势，突破利润微薄的“低端锁定”困境，实现高质量发展。为此，迫切需要

---

① 本书编写组．党的二十大报告辅导读本[M]．北京：人民出版社，2022：27.

② 中华人民共和国国民经济和社会发展第十四个五年规划和 2035 年远景目标纲要[EB/OL]. (2021-03-13)[2023-08-12]．中国政府网，https://www.gov.cn/xinwen/2021-03/13/content_5592681.htm.

设计一套促进制造业数字化转型的政策体系，从财税、金融、产业、人才培养等多层面支持制造企业加快数字化转型，驱动制造业各环节全面优化升级，打造具有国际竞争力的先进制造业体系。

一、新一代信息技术与制造业深度融合发展趋势显著

数字技术加速突破应用带来数字经济蓬勃发展，正在加快向经济社会各领域全过程渗透，已经从消费互联网领域拓展至产业互联网领域。新一代信息技术与制造业深度融合发展的趋势愈发显著，促使生产制造各环节变得可测量、可优化，大幅提升对需求的感知和挖掘能力，消费互联网与工业互联网深度对接，有助于满足人民群众日益增长的高质量、个性化需求。制造企业数字化转型的核心是利用新一代信息技术全方位推进业务重塑和业态创新，集中体现在企业云计算、工业数字化、工业设计、工业互联网、智能制造、虚拟专网、数字孪生工厂、工业机器人等诸多领域，使生产制造更好地满足数字时代经济社会高质量发展的需要。先进传感技术、数字化设计制造、机器人与智能控制系统、工业互联网等日趋广泛应用，正在推动生产制造技术、模式、流程等发生深刻变化，持续朝着智能、绿色、服务等方向升级，使生产组织更加网络化、扁平化、平台化，涌现出数字化设计、智能化生产、网络化协调、服务化延伸等融合发展新模式。近年来，制造业数字化转型速度加快，大幅拓展和升级实体经济的应用场景，并积累大量的工业级数据资源，涌现出智能制造、工业互联网等许多制造业新业态新模式。

（一）制造业数字化转型进入产业深耕、赋能发展阶段

近年来，我国深入实施数字经济发展战略，推进数字产业化和产业数字化取得积极成效，面向终端消费的网络购物、移动支付、视频直播、智慧物流、跨境电商等新业态新模式持续涌现，由此带动生产、消费、流通、服务等各环节形态发生深刻变化，数字经济转向深化应用、

规范发展、普惠共享的新阶段。同时，数字技术和数据要素具有极强的穿透效应，正在加速向制造领域渗透扩展。与侧重于面向终端消费入口的数字平台化不同，制造业领域数字化侧重于生产和服务流程的全方位、全角度、全链条的数字化、智能化、绿色化改造，逐步进入产业深耕、赋能发展的新阶段。一是数字化转型推动制造业生产组织变革、流程再造，逐步形成数据驱动的制造新模式，涌现出数字化设计、智能化生产、网络化协调、服务化延伸等制造发展的新形态，促使制造业的生产组织过程发生系统性重塑。二是数字化转型加速使数据成为赋能企业降本增效和拓展销售市场半径的新型生产要素。依托物联网、工业互联网等平台、充分挖掘数据价值，将赋能制造业加速数字化转型发展，大幅提升生产效率，拓展生产可能性边界，实现更高水平的价值创造。

（二）工业互联网成为制造业数字化转型的重要载体

随着产业互联网发展渗透至制造业领域，工业互联网成为赋能、赋值、赋智制造业产业链供应链实现融合创新的新型生产方式。通过全要素、全产业链、全价值链的高效连接，工业互联网正在为制造业的数字化、网络化、智能化发展提供可行的实现途径。工业互联网平台是传统制造企业利用“互联网＋”实现企业效率提升的基础设施，可以丰富资源要素、拓宽数据来源渠道，持续扩展制造业的发展空间。世界上很多制造企业已在用工业互联网思维优化改造生产组织方式、协同合作模式和供需对接匹配形式，实现了投资经营降本增效、资源优化配置和企业高质量发展。

（三）制造业数字化转型助推行业绿色低碳发展

在碳中和目标驱动下，制造业企业深入践行绿色发展理念，加快清洁生产、降低能耗、减少二氧化碳排放，提升绿色发展的质量和效益。制造企业利用人工智能、大数据和云计算等数字化技术，可精准测量和采集能耗、二氧化碳排放等实时数据，实现精准预测需求、设备远程监测和能耗管理，精细管理工业企业工艺、制造、物流等各个环节，降低生产过程中不必要的物资、能源等损耗以及减少碳排放，更加有效地落实节能减排和碳达峰碳中和目标要求。有研究表明，数字技术应用可以帮助制造企业减少20%以上的碳排放[①]。据肖荣美（2022）测算，我国通过数字技术赋能，2017年工业减少碳排放总量比2012年增加了26%。

二、我国制造业数字化转型已取得长足发展

在复杂多变的发展环境中，加快数字化转型成为制造业高端化、智能化、绿色化发展的重要手段。顺应全球数字经济发展大势，我国制造企业开始突破数字化转型的“试点陷阱”，逐步将其作为实现降本增效、拓展商机和系统性革新的必选项。近些年来，我国先后出台一系列规划、财税、金融等政策举措，支持制造业数字化技术应用，在智能制造、工业互联网、赋能中小企业、推动节能减排等领域取得了显著成效，为制造业转型升级提供了动力。

（一）我国制造业数字化、智能化水平大幅提升

在数字化浪潮推动下，我国深入推进制造业数字化转型行动，智能制造生态体系加快构建。工业和信息化部数据显示，截至2023年年底，规模以上工业企业关键工序数控化率和数字化研发设计工具普及率分别达到62.2%、79.6%，比2012年分别提高了41.6个和31.0个百分点，工业企业经营管理数字化普及率超过70%。截至2023年年底，我国已发布智能制造国际标准约50项、国家标准近400项，基础共性和关键技术国家标准的覆盖率超过97.5%，通过智能化改造，培育了421家国家级智能制造示范工厂、万余家省级数字化车间和智能工厂。建成了62家“灯塔工厂”，大飞机、新能源汽车、高速动车组等领域智能制造示范工厂的生产效率平均提

① 王一鸣．加快推进制造业数字化转型[N]．学习时报，2022-03-05(A2版：两会特刊)．

高约30%，产品研制周期平均缩短近30%，钢铁、建材、民爆等领域示范工厂本质安全水平大幅提升，碳排放平均减少约12%①；已培育国家两化融合公共服务平台服务工业企业18.3万家，人工智能企业数量超过4400家，智能制造系统解决方案供应商超过6000家，服务范围覆盖90%以上制造业领域。很多传统制造企业正在加快推进“机器换人”和“无人化”改造，推进企业资源计划（ERP）、生产制造执行系统（MES）等系统升级，打通主体生产工序之间的“数据孤岛”，一批智能示范工厂加快建成，智能制造应用规模全球领先，炼化、印染、家电等领域智能制造的水平已处于世界领先水平。例如，犀牛智造是一个典型的服装行业数字化转型服务平台，2020年9月被选作服装领域的“灯塔工厂”案例（见专栏1－1）。“灯塔工厂”在一定程度上代表了全球智能制造和制造业数字化的最高水平。2023年12月，世界经济论坛联合麦肯锡公司发布的153家全球制造业领域“灯塔工厂”名单中，位于中国的“灯塔工厂”达到62家（见附表1－1）②，超过总量的40%，其中海尔和美的两个家电企业就分别拥有8家和5家“灯塔工厂”。

专栏1－1　“犀牛智造”赋能服装行业数字化转型

“犀牛智造”是阿里巴巴打造的新制造平台，致力于服务服装行业的中小厂商数字化转型。目前已在浙江杭州、海宁，安徽宿州等多地自建3个产业园、8家自营工厂，为包括针织、梭织、羽绒、牛仔在内的超过70%的服装类目提供一站式柔性快反供给能力。犀牛智造立足服装制造业，依托工业互联网、工业软件、智能算

① 国务院新闻办．国新办举行2023年工业和信息化发展情况新闻发布会[EB/OL].（2024－01－19）[2024－03－31]．工业和信息化部，https://www.miit.gov.cn/xwdt/gxdt/ldhd/art/2024/art_fb1ca760af7c40578600fcab22.html.

② 世界经济论坛，麦肯锡．全球灯塔网络：续写工业4.0新篇章[EB/OL].（2023－01－02）[2023－08－12]. https://www3.weforum.org/docs/WEF_GLN_Next_Chapter_CN_2023.pdf.

法，通过产业全链路数字化改造和云化升级，打造按需制造基础设施，构建需求实时响应、极小化库存以及“100件起订、7天交付”的小单快反新模式，实现了生产高度柔性、市场反应迅速、质量高度稳定、供给机制灵活，以及供需精准匹配。

资料来源：阿里研究院．犀牛智造：探索未来制造之路[R].2022-03.

（二）工业互联网创新发展实现新突破

我国工业互联网目前处于快速发展时期，已初步形成“综合型+特色型+专业型”的多层次工业互联网平台体系。截至2023年年底，我国工业互联网的应用已经覆盖49个国民经济大类，实现了对41个工业大类的全覆盖，工业互联网高质量外网覆盖全国300多个城市，标识解析体系已经完成夯基架梁，五大国家顶级节点稳定运行，日均解析量显著提升，达到1.7亿次，二级节点已覆盖全国29个省（自治区、直辖市）34个重点行业。2022年10月，国家标准化管理委员会正式发布了我国首个工业互联网网络国家标准GB/T42021-2022《工业互联网总体网络架构》，同时正式发布《工业互联网平台企业应用水平与绩效评价》和《工业互联网平台应用实施指南第1部分：总则》两项国家标准。截至2023年年底，我国培育有一定区域和行业影响力的工业互联网平台已超过340家，其中重点平台的连接工业设备超过9600万台（套），工业APP数量突破65万个，经营管理类的工业软件市场占有率超过70%。5G应用已经融入97个国民经济大类中的74个，“5G+工业互联网”512工程[①]纵深推进，项目数超过1万个，已广泛应用于各工业行业企业，覆盖加工车间、冶金炼化、矿山开采等工业细分领域。2022年，工业和信息化部遴选出了卡奥斯COSMOPlat、根云、腾讯

① “5G+工业互联网”512工程是指《“5G+工业互联网”512工程推进方案》(2019年11月发布)提出完成5大类12项工业互联网重点工程,全力推动“互联网+先进制造业”融合创新。

WeMake、百度开物、用友精智等28个跨行业跨领域工业互联网平台，确定了191个解决方案为2022年工业互联网APP优秀解决方案。2023年9月工业和信息化部发布2023年跨行业跨领域工业互联网平台名单，新增中国联通格物Unilink工业互联网平台、金蝶星域工业互联网平台、火石工业互联网平台等21家，累计已达到50家。目前我国工业互联网平台企业呈现出多样化的发展势头，头部企业基本完成布局。网络公开数据显示，树根互联已连接80万台工业设备，覆盖5000亿元以上的工业资产；徐工汉云平台覆盖20多个行业子平台，聚合行业龙头企业超过100家，中小企业方案服务商超过120家；海尔卡奥斯COSMPlat覆盖50多万家企业、近4亿用户，连接的设备数量超过251万台（套），服务产品数量达4300余万件（见专栏1-2）。调查显示，80%以上的制造企业表示应用工业互联网后，生产经营效率明显提升。

专栏1-2　海尔卡奥斯COSMOPlat平台

海尔打造的工业互联网平台COSMOPlat集成了系统集成商、独立软件供应商、技术合作伙伴、解决方案提供商和渠道经销商，致力于打造工业新生态。截至2023年9月，该平台已连接设备超过251万台（套），覆盖480多种工业协议，已在汽车、装备、化工等行业累计赋能企业15.8万家，汇聚38万开发者，被服务企业生产效率提升18%、运营成本减少15%。平台用户可以通过智能设备提出需求，在需求形成一定规模后，COSMOPlat可以通过所连接的九大互联工厂实现产品研发制造，从而产出符合用户需求的个性化产品。例如，郑州海尔热水器互联工厂积极推动5G、仿真、大数据等技术与先进制造技术深度融合，实现关键设备100%互联，从而实现生产效率提升31%、整机成本降低4.8%、不良率下降56%、能源消耗降低20%。

资料来源：笔者根据“海尔生态之卡奥斯”、海尔和卡奥斯网站资料整理。

（三）中小制造企业“上云用数赋智”加速推进

2020年4月，国家发展改革委、中央网信办联合印发《关于推进“上云用数赋智”行动　培育新经济发展实施方案》，并提出探索建立“政府—金融机构—平台—中小微企业”联动机制，以专项资金、金融扶持形式鼓励平台为中小微企业提供云计算、大数据、人工智能等技术，以及虚拟数字化生产资料等服务。工业和信息化部发布了《中小企业数字化赋能专项行动方案》等政策文件，提出利用信息技术加强疫情防控、利用数字化工具尽快恢复生产运营等措施，提升中小企业数字化、网络化、智能化、绿色化水平。2022年，31个省份政府工作重点均含中小企业数字化转型，积极探索助力中小企业数字化转型升级的新模式。在中央、地方等各级扶持政策支持下，我国中小企业数字化转型取得积极进展。《2021年中小企业数字化指数报告》[①] 显示，制造业等中小企业综合数字化程度较高，处于第一梯队。针对中小企业数字化转型中遇到的信息不对称、供需对接不畅等问题，安徽省经信厅与科大讯飞联合搭建了“羚羊”工业互联网综合服务平台，自2021年9月平台上线运行以来，入驻用户超50万，累计服务企业超200万次[②]。广东小制造企业数字化转型走在全国前列。截至2023年9月末，广东已累计推动超2.9万家规模以上工业企业数字化转型，带动70多万家中小企业“上线用云”。

（四）支撑制造业智能化的数字基础设施日臻完善

随着数字经济快速发展，我国数据中心、通信基站和机房等数字基础设施建设提速，现已建成全球规模最大、技术领先的网络基础设施，特别是已建成全球规模最大的5G网络，目前该网络已进入规模化应用

① APEC中小企业信息化促进中心，钉钉，先进制造商学院，等．2021年中小企业数字化指数报告[R]．2022－06．

② 安徽省经济和信息化厅．工业互联网平台快速成长[N]．安徽日报，2023－11－28．

关键期。截至 2023 年年底，我国已建成开通 5G 基站 337.7 万个，总量占全球比重超过 60%，千兆光网具备覆盖超过 5 亿户家庭的能力，实现“市市通千兆”“县县通 5G”。同期，国家级互联网骨干直联点达到 25 个，中小微企业宽带和专线平均资费较 2021 年 12 月均下降 10% 以上，网络安全和无线电保障能力持续提升，有力地支撑了各行业的数字化转型。5G 技术在工业、医疗、教育、交通等多个行业领域发挥赋能效应，打造各行业领域数字经济底座，其中 5G 应用案例超过 9.4 万个。中国移动、中国电信、中国联通三大运营商数据显示，5G 套餐用户超 10 亿，共建设十多个 5G 消息大区节点，可承载在网用户超过 1 亿。另外，这三大运营商积极推出产业数字化业务，朝着云网融合的 SaaS 方向发展，推动 5G 与工业互联网融合。比如，中国移动全力构建基于“5G + 算力网络 + 智慧中台”的“连接 + 算力 + 能力”新型信息服务体系，已拓展实践超过 1300 个“5G + 工业互联网”项目，遍布全国 30 多个省份（见专栏 1 - 3）。我国大数据、云计算等领域发展取得了长足进步。华为云、阿里云、腾讯云等中国云厂商与亚马逊、谷歌云等海外云厂商间在技术创新、产品能力等方面的差距不断缩小，政务云、行业云等非公有云业务数据中心发展也越来越成熟。

专栏 1 - 3　中国移动打造 5G 主导的泛在融合新型基础设施网络

中国移动打造以 5G、算力网络、智慧中台为核心的新型信息基础设施体系，累计开通 5G 基站 194 万个，占到全球 5G 基站总数的 30% 以上，自主研发的 OneLink 成为全球第一大物联网连接管理平台，成立年收入超过 80 亿元的移动云服务商，还全面布局全国一体化算力网络 8 大枢纽节点，累计投产服务器超过 80 万台，建设具有运营商特色的智慧中台，构建“连接 + 算力 + 能力”的泛在融合的算力网络，提供高速、移动、安全、泛在的连接服务，加快全社会“上云用数赋智”进程，加速推动5G技术融入千企百业，服务数十亿群众用户。

资料来源：笔者根据中国移动通信集团网站、网络资料整理。

（五）数字化应用促进制造业节能减排成效显著

工业领域是我国能源消费和二氧化碳排放的重要领域之一。运用数字化技术可以实现设备之间的互联互通，助力制造企业生产过程的实时监测和优化，即实现生产过程的自动化和智能化，提高生产效率和能源利用效率，降低生产成本和环境污染。推动生产运营数字化已成为制造企业重要减碳发力点。近年来，我国引导制造企业利用大数据、5G、工业互联网等技术，对工艺流程和设备进行绿色低碳升级改造，促进生产领域节能减排成效显著。截至2023年年底，我国先后累计创建绿色工厂5095家，产值占全国制造业总产值的比重超过17%，乙烯等行业达到能效标杆水平的产能比例超过30%，累计培育196家绿色数据中心，家电产品可回收利用率超过80%。例如，在“5G＋工业互联网”赋能下，东风商用车装配线停产时间减少15%，生产线整体产能提升26%。山钢集团构建新型智慧钢厂信息化架构平台“iPlant”，实现系统节能3%、提高电能利用效率2%。山东能源东华“水泥工业大脑”利用人工智能技术精准建模，通过机器学习、深度学习等技术调试优化迭代模型，实现熟料线综合能耗下降6.73%。华为云已在贵州、乌兰察布、芜湖建设了百万服务器规模的云数据中心，数据中心能效比（PUE）最低降至1.09。如华为云贵州数据中心在满负荷运行情况下，每年可节省电力10亿度，减少碳排放81万吨。

三、我国制造业数字化转型面临突出问题和困难

我国深入推进制造业数字化转型，尚面临诸多有待解决的痛点和难点问题：数字化解决方案中关键设备和技术对外依赖度偏高，自主可控产品或服务国产化替代缓慢；企业数字化转型存在不确定性风险，一些企业存在不愿转、不敢转、不会转等问题；生产流程自动化改造难度大，相关数据难以实现开放式共享利用；制造企业数字化管理还面临信息安全、融资不畅和人才匮乏等难题。

（一）数字化技术产品存在“卡脖子”风险

出于对可靠性、安全性和稳定性的要求，我国制造企业使用数字化解决方案时整体对外依赖度偏高。即便是国产化工业软件，其核心技术也往往依赖国际厂商供应。国产替代产品面临非开源软件和关键零部件受制于人的问题。

一是芯片、传感器等关键元器件对外依赖度较高。近年来，美西方国家加快对华科技“脱钩”，在关键芯片、传感器、基础材料等领域构建排华供应链联盟，加大中国制造业数字化转型关键技术设备供应的风险。以传感器领域为例，与全世界生产的超过2万种传感器产品品种相比，中国国内仅能生产其中的约1/3，中高端传感器进口占比高达80%，传感器芯片进口更是高达90%，国产化产品整体技术含量较低，主要性能指标仍和国外差1～2个数量级，使用寿命差2～3个数量级。

二是核心工业软件自主可控能力不强。作为工业领域应用的系统、中间件、嵌入式程序等软件，工业软件是支撑工业发展全过程的技术产物，是工业设计、生产和管理中机器设备、高端机床等组织运转的大脑。对精度要求高、专用性强的行业，工业软件国产化率低，核心引擎完全空白，科研工具软件全面落后，在软件供应链上则面临被禁用的风险。汽车、航空、航天等行业中的研发设计、仿真模拟、流体计算类软

件几乎全部需要从国外采购。美西方国家工业软件发展时间较长，基本掌握着国际最先进的技术，计算机辅助设计（CAD）、计算机辅助工程（CAE）、计算机辅助制造（CAM）等软件基本被美国、法国和德国所垄断。《中国工业软件产业白皮书（2020）》① 显示，95%的研发设计类工业软件依赖进口，70%的运维服务类工业软件依赖进口。以电子设计自动化（EDA）软件为例，全球基本形成新思科技（Synopsys）、铿腾电子（Cadence）、西门子（Mentor）三家寡头垄断格局，占有中国市场70%以上的份额，而国产EDA软件产品不齐全、与先进工艺制造结合不深，相关功能难以支撑业务升级发展的需要。国产应用软件的开发若继续依赖美国软件开发工具，将无法彻底摆脱美国的技术封锁制裁风险。比如，2022年8月，美国商务部开始针对设计GAAFET（全栅极场效应晶体管）结构集成电路所必需的EDA/ECAD软件等技术，对中国企业实施严格的出口管制。

三是对关键技术和工艺数据缺少足够积累。工业技术和数据积累是工业软件构建的重要基础。相比于西方国家工业化历史数据积累，我国制造企业数据积累还相对有限，甚至尚未覆盖工业生产的全过程，关键技术和核心工艺等方面的大数据积累更少。目前来看，我国工业数据面临收集难度大、资源储量不大、资产管理滞后、孤岛普遍存在和应用深度不足等多方面的挑战。有调查显示，我国中小企业由于本身没有数据文化和数据管理的实践，缺乏基础数据，且数据格式不统一，90%的企业在数据收集方面会暴露出很大问题②。因为缺乏数据、缺乏工具、缺乏人才，很多制造企业数字化转型的“摩擦成本”过高，难以依靠自身累积数据使制造技术和工艺实现快速的更新迭代。

（二）制造企业开展数字化转型有多重顾虑

我国制造企业数字化转型进度、能力、水平参差不齐，行业、规

---

① 中国工业技术软件化产业联盟．中国工业软件产业白皮书(2020)[R].2021-05.

② 李勇坚．推进数字化，中小企业如何做？[N]．人民邮电报,2023-02-10(006).

模、工艺等不同，数字化转型的诉求和要求也不同。企业既普遍考虑投入产出问题，也担心数据安全风险。

一是制造业数字化投入门槛较高。制造业企业数字化初始投入大、投资专用性强、转换成本高，投资收益并不十分明确，回收周期可能较长，难以给企业带来当期现金流。对于有经济实力的大型企业来说，每年拿出费用用于数字化改造承受得起，但对于广大中小企业来说，首要的诉求保证是资本投入的当期回报，特别是疫情冲击下中小微企业生存已步履维艰，很难再去考虑花费大笔费用进行生产线数字化改造。制造业数字化转型的本质为数据驱动的业务流程再造和组织方式转变，但许多传统制造业仍在使用传统的业务条线化管理模式，大量传统机械化和自动化装备数字化改造难度大、工业软硬件装备供给能力不足①。多数企业虽有着较强的数字化转型意愿，但实际上仍存在不愿转、不敢转、不能转的问题。有调查显示②，我国国有企业的数字化转型在数字基础设施建设和应用软件部署方面的投入约占 70%，另外 30% 的投入用于数字人才和智能硬件，其中约 60% 的国有企业数字化转型的投入规模占其营收总额的 5% 以下。原因在于，很多企业对数字化转型成效的认知不多，使其不能科学客观衡量数字化转型的商业价值。艾瑞咨询发布的《2021 年中国企业数字化转型路径实践研究报告》③ 指出，有 2/3 的企业认为高额技术投入后的数字化转型效果未能达到预期。

二是核心数据存在泄露风险。我国制造企业生产技术工艺软件化水平低，尤其缺乏技术工艺系统化组织管理，自主技术、产品及服务实际应用中还存在性能不佳、安全隐患及不稳定现象，存在一定的网络安全漏洞，可能带来系统运行的可靠性风险。在使用国外应用软件、代码托管工具或基于国外软件开发工具开发的应用软件中，关于数据生产、存

① 陆锋．制造业数字化转型推进路径及方式[J]．中国工业和信息化，2021(1)：12－16.
② 腾讯研究院．2022 国有企业数字化转型调研报告[R]．2022－12.
③ 艾瑞咨询．2021 年中国企业数字化转型路径实践研究报告[R]．2021－01.

储、传输、访问、使用、销毁等过程是否安全，无法确认。一旦生产制造全流程数字化，就会有大量的数据流动和信息共享发生，拥有工艺诀窍的制造企业往往会担心商业机密泄露，而那些缺少工艺诀窍的制造企业也担心核心数据丢失问题和安全漏洞隐患。红杉中国调查显示，2021年有90%的企业发生过数据泄露事件。另据统计，2021年企业平均每起数据泄露事件成本高达424万美元。

三是对数据资源的开发利用和开放共享不够。工业系统平台接口形式多样、标准不统一，造成数据开放共享机制不完善，数据难以实现跨业务、跨链条、跨部门顺畅流转协同，工业物联标准不健全，很多现有设备缺乏外部通信连接和数据共享标准接口设计或者设计接口非标准化，致使不同行业、地区、群体的“数字鸿沟”难以弥合，缺乏对所采集工业数据的深度开发利用能力，数据资源价值潜力有待挖掘，信息安全和数字治理体系亟待完善。此外，我国软件领域版权保护意识较差，工业软件盗版现象严重，直接影响国产软件的研发、制作和销售，不利于国产软件行业健康规范发展。

（三）开展数字化转型缺乏有效的生态支撑

当前，数字化转型虽已成必然趋势，但因缺少有效的产业生态，很多制造企业望而却步或浅尝辄止。传统制造业平均利润率并不高（约5%），拿不出太多资金投入数字化技术改造升级，同时，普遍缺乏数字化转型领域的复合型、创新型、高层次人才；还缺少互补性技术和互补性资源、持续推动数字化转型的制度环境，这将会大幅增加制造企业持续开展数字技术改造和应用创新的交易成本，使其难以获得更有利的外部链接。

一是数字化转型投融资机制有待完善。开展数字化技术改造，资金缺口始终是绕不开的话题，制造业数字化转型试错成本较高，投资失败风险较大，况且增加数字化转型的总体费用投入不一定会带来数字化转型成效的明显提升。资金雄厚的大型企业可通过不断试错成功完成转型，但广大中小企业往往缺少试错的资金资本，一旦试错失败将面临较大的经营压力。比如，美的集团5年来数字化转型累计投入超过400亿元，联想集团每年在数字化基础设施上的支出都超过5亿美元，面对如此大体量的资本投入，中小企业难以负担。即便现在有政策性资金支持制造企业数字技术改造，但中小制造企业融资难、融资贵问题尚未得到根本性缓解，其很难下决心通过融资进行数字化转型。

二是数字技能人才支撑不够。当前，信创领域的高端人才供给仍显不足，导致工业大数据开发创新能力不足；制造企业更缺少掌握数字技能的专业人才。《数字经济就业影响研究报告》① 显示，截至2020年年底，我国数字化人才缺口接近1100万，且全行业人才需求缺口将随着数字化推进持续扩大。据人社局数据统计，到2025年智能制造领域人才需求900万人，人才缺口将达到450万人。e－works（数字化企业网）对600家制造企业的调查结果显示，53.9%的企业认为缺少专业人才是阻碍制造业数字化转型的主要因素之一②。

三是良性共促的政策激励机制有待完善。推进“上云用数赋智”或数字化转型，企业都是实施的主体。现实情况是，很多企业受限于自身转型缺向，往往需要有效的政策引导，但我国利于企业共促合转的政策激励机制尚不完善。主要表现在：政策针对性不强和宣传力度不够，政策申领渠道有限，很多企业不能有效利用支持政策形成正向激励；各项扶持政策可持续性不强，政策预期不稳定、不透明，企业获得政策支持的程序复杂、交易成本高、普遍享受难度大；针对上下游产业和供应链条之间缺乏互联互通，尚缺少长期有效激励和支持全产业链供应链运用先进适用技术升级改造的政策工具；关键共性技术研发创新的支持政策有待进一步完善；等等。

---

① 中国信息通信研究院．数字经济就业影响研究报告［R］. 2021－09.

② 赛意信息 &e－works 研究院．中国制造企业高质量数字化转型白皮书（2023年修订版）［R］. 2023－06.

四、加快提升制造业数字化转型的自立自强能力

“十四五”时期，我国制造业数字化转型正迈向全面扩展期。国务院印发的《“十四五”数字经济发展规划》提出，以数据为关键要素，以数字技术与实体经济深度融合为主线，协同推进数字产业化和产业数字化，赋能传统产业转型升级，培育新产业、新业态、新模式。持续推进制造业数字化转型、网络化协同和智能化变革，加快构建智能制造生态，将是做强做优做大数字经济的重要抓手。

（一）加快数字科技的高水平自立自强

瞄准智能传感器、量子信息、网络通信、集成电路、关键软件、大数据、人工智能、区块链、新材料等战略性前瞻性与技术产业领域，加强关键核心技术攻关，构建研发—产业—应用的“快车道”。组建智能传感器、智能网联汽车等国家制造业创新中心，布局一批“揭榜挂帅”项目，加强共性技术研发与产业化，联合开发面向制造业数字化智能化转型等需求的系统或装备，积极挖掘并开放一批应用场景，以用促研、以试促用，推动智能技术产品落地应用与迭代。推动制造业企业、平台企业、数字服务企业跨界创新，加强产业技术基础公共服务平台建设，打造多元化参与、网络化布局、市场化运作的创新生态，不断提升产业服务能力。鼓励开源科技创新，开展工业软件技术攻关、产品研发，引导鼓励国内开发框架开源开放，支持具有自主核心技术的开源平台、开源项目建设，促进“智改数转”等创新模式的开放化演进，推动建立软硬一体、上下游联动的产业生态体系。制定关键核心技术攻坚图谱，加大科技攻关力度，增强工业芯片、工业软件、工业控制系统等自主供给能力，建设智慧供应链，促进网络协同制造，提升产业链韧性和供应链竞争力，确保产业链供应链自主可控和安全稳定。

（二）培育智能制造新模式新业态

智能制造是今后一个时期数字化转型的重点领域。围绕5G、人工智能、数字孪生等新兴融合型技术领域，加快前瞻性布局，面向行业需求，在通用设计中兼顾专业需求，打造可用性强的智能制造解决方案，将私有云或局域网部署作为智能化的主战场，采取“重点突破+优化生态”的模式，有针对性地推动典型行业特定环节的中型企业突破智能化瓶颈，尽快改造和培育一批“灯塔工厂”、数字化企业和产业园区。探索培育平台化设计新模式，发展平台化、虚拟化设计工具，推动设计和工艺、制造、运维一体化，推动智能制造新模式新业态发展。加快生产制造全过程数字化改造，推动智能制造单位、智能产线、智能车间建设，实现全要素、全环节的动态感知、互联互通、数据集成和智能管控。积极推进新技术应用场景创新，为新技术大规模应用和迭代升级创造条件。

（三）持续推动工业互联网创新发展

持续实施工业互联网创新发展工程，一体化推进工业互联网试点示范，加快工业互联网平台建设，加速工业设备和业务系统上云上平台，增强工业互联网平台数据检测与运行分析能力。聚焦设备互联互通、数据创新应用、设备平台安全等关键领域，布局一批标杆项目，制定一批急需标准协议，推广一批标志性成果。加快培育有竞争力的工业互联网平台企业，建设一批跨行业领域的综合性平台、面向重点行业和区域的特色性平台，以及面向特定技术和场景的专业性平台。加快“5G+工业互联网”规模化应用推广，探索协同研发设计、远程设备操控等行业典型应用场景，打造基于工业互联网平台的制造业应用生态体系。

（四）开展中小企业数字化赋能专项行动

全面推动中小制造企业研发设计、生产加工、经营管理、销售服务等业务数字化，推广一批适合中小企业需求的数字化产品和服务。组织一批工业互联网平台和数字化转型服务商，为中小企业提供低成本、见效快、实用性强的数字化解决方案。鼓励和支持行业龙头企业立足自身优势，开放数字化资源和能力，帮助中小企业加速数字化转型，降低中小企业数字化转型成本。推行普惠性的“上云用数赋智”服务，鼓励中小企业积极融入5G、工业互联网应用场景和产业生态，并夯实中小企业数字化转型服务基础。

（五）强化新型基础设施支撑能力

加快建设一批5G基站、工业互联网平台、大数据、云计算等信息基础设施和云网协同发展，加快数据存储设施、算力设施、专用数据通道网络等新型基础设施建设，支持建设并开放各部门行业时空数据集聚平台，建成高速泛在、天地一体、云网融合、智能敏捷、绿色低碳、安全可控的智能化综合性数字信息基础设施体系。协同推进千兆光纤网络、IPv6和5G网络建设，推动5G商用和规模化应用，加快布局卫星通信网络等新型网络，前瞻布局6G技术研发。深入实施5G行业应用“十百千”工程，加快重点行业5G全连接工厂建设，促进5G由生产辅助环节向核心环节加速拓展，挖掘推广一批“5G＋工业互联网”产线级、车间级的典型应用场景。

五、构建促进制造业数字化转型的政策体系

实现“十四五”数字经济规划的发展目标，既要从顶层设计和战略规划方面提供指导，也要从财政、金融、产业、人才培养等方面给予支持，逐步形成一套促进制造业数字化转型的政策支持体系。

（一）完善制造业数字化技改创新的财税政策支持体系

采取贷款贴息、有效投入补助、创新券等方式，加大财政资金对制造业数字化技术改造的奖补力度，加大对制造业数字技术改造的减税降费力度，将制造企业推进数字化技术改造的投资列入研发加计扣除，用

好留抵退税制度支持数字化技术升级改造投入，支持企业用好用足工业转型和中小企业发展的各类政策性基金。扩大对新一代信息技术的政府采购，推动政府与社会资本合作（PPP），以更好对接市场需求，从需求端拉动数字技术创新和制造模式创新，鼓励市场主体广泛参与，提高投资效率和技术先进性，形成政府与企业推动数字化转型的合力。用好用足《关于促进首台（套）重大技术装备示范应用的意见》中的“容错机制”，将制造企业因信创带来的网络安全风险、运行可靠性风险等纳入“尽职免责”清单。

（二）进一步加大对实体经济数字化转型的金融支持力度

引导金融机构和社会资本以产业投资基金或引导基金等方式，支持制造企业加快“上云用数赋智”；鼓励创新投资、风险投资、私募基金投资支持数字化转型发展，支持商业银行、保险、证券等金融机构创新发展科技金融服务，以股权、债权等多种方式满足制造企业设备更新升级、软件系统开发、技术改造等投融资需求。支持金融机构开展知识产权和数据资产等无形资产抵押贷款业务，探索建立基于生产数据的征信系统，提供个性化、精准化的金融产品和服务。引导商业银行等金融机构建立制造业数字化转型企业库、项目库，有针对性地设计和提供金融服务产品，同时运用企业网银、企业 APP、小程序、公众号、企业服务门户、云直联等多种形式，向制造业企业提供更便捷的数字金融管家、数字经营助手等服务。探索以“担保 + 保险 + 服务”方式，降低企业资金占用压力和转型失败风险。

（三）深入实施制造业数字化转型标准化安全行动

强化分类标准引领，加快制定工业网络协议、数字工业装备外联接口、工业控制器协议、工业仪器仪表数据、工业软件数据开放共享等国家统一标准，完善工业设备标准互联互通，推动工业设备接口互认、协议兼容，助力制造企业之间的互联互通和信息共享，形成可供行业参照的标准化、模块化的数字解决方案，以提升工业物联网的联动协作效率。制定分类指导的功能性产业政策，进一步完善智能制造国家标准体系；制定实施工业互联网平台透明度管理规则，引导建立开放的平台生态系统，推动工业互联网提档升级，加强人工智能、大数据、云计算等信创产品标准体系建设；制定统一的工业大数据管理制度和标准规范，促进工业互联网发展和数据开放共享，并建立健全数据安全保护体系，加强工业数据安全保障，建立企业数据治理机制，推进数据分级分类，强化数据开发合规利用，以增强数据安全基础设施支撑和技术安全保障能力。

（四）加大全社会数字化人才培养和技能培训力度

深化数字和制造领域人才发展体制机制改革，完善数字人才资源的市场配置机制，推动数字人才培育工程建设。推进数字化转型领域领军人才、创新团队、人才示范基地和人才培训平台建设，进一步改进数字人才培养培训的方式，实施“互联网＋职业技能培训”模式，推动高等学校、职业学校的智能制造学科建设，打造一批产教深度融合的数字经济教学和实践基地。全面落实《关于加强数字政府建设的指导意见》，搭建数字化终身学习教育平台，开展数字技能与素养全民科普活动。及时发布数字化新职业标准，引导教育培训系统培养市场需要的数字化人才，为制造业推进数字化转型提供充足的复合型人才支撑，利用数字技术赋能高质量充分就业，引导平台企业发挥对就业增收的促进作用。

（五）探索建立数字化转型的支持政策评估机制

为降低企业尤其是中小企业数字化转型风险，各级政府可组织相关资源提供有效供给，帮助制造企业科学评估数字化发展状况，引导其制定合理化的转型方案，同时维护市场秩序，打击欺诈或寻租行为。积极引导行业组织或龙头集成服务商探索建立促进制造业数字化转型政策实施成效评估指标体系，开展制造业数字化转型的监测和数据收集工作。着力培育专业数字化评估咨询中介机构，对制造企业数字化转型进行专业，开展制造业数字化转型评估，帮助解决行业数字化转型过程中遇到的共性问题。

（六）完善工业数据要素市场机制和安全监管体系

在国家数据分类分级保护制度下，推进数据分类分级确权授权使用和市场化流通交易，开展数据确权体系研究，完善数据确权、登记、交易、定价等制度安排，提升数据流通的配套服务能力，加快发展数据要素市场，探索数据资产入表的新模式。建立合规高效、场内外结合的数据要素流通和交易制度，完善数据跨境流动制度，逐步推进数据确权、网络安全、风险识别、防范泄露等领域法律体系建设，加快构建工业数据安全责任体系，建立健全工业互联网安全标准体系。

参考文献

[1]中华人民共和国国民经济和社会发展第十四个五年规划和2035年远景目标纲要[EB/OL].(2021-03-13)[2023-08-12].中国政府网,https://www.gov.cn/xinwen/2021-03/13/content_5592681.htm.

[2]APEC中小企业信息化促进中心,钉钉,先进制造商学院,等.2021年中小企业数字化指数报告[R].2022-06.

[3]艾瑞咨询.2021年中国企业数字化转型路径实践研究报告[R].2021-01.

[4]本书编写组.党的二十大报告辅导读本[M].北京:人民出版社,2022:27.

[5]国务院新闻办.国新办举行2023年上半年工业和信息化发展情况新闻发布会[EB/OL].(2023-07-19)[2023-08-12].工业和信息化部,https://www.miit.gov.cn/xwdt/gxdt/ldhd/art/2023/art_1ebaa812f69c488d8d30c4a19e63dec8.html.

[6]李勇坚. 推进数字化,中小企业如何做?[N]. 人民邮电报,2023-02-10(006).

[7]陆锋. 制造业数字化转型推进路径及方式[J]. 中国工业和信息化,2021(1).

[8]赛意信息&e-works研究院. 中国制造企业高质量数字化转型白皮书(2023年修订版)[R]. 2023-06.

[9]世界经济论坛,麦肯锡. 全球灯塔网络:续写工业4.0新篇章[EB/OL]. (2023-01-02)[2023-12-12]. https://www3.weforum.org/docs/WEF_GLN_Next_Chapter_CN_2023.pdf.

[10]王一鸣. 加快推进制造业数字化转型[N]. 学习时报,2022-03-05(A2版:两会特刊).

[11]中国工业技术软件化产业联盟. 中国工业软件产业白皮书(2020)[R]. 2021-05.

[12]中国信息通信研究院. 数字经济就业影响研究报告[R]. 2021-09.

[13]肖荣美. 数字化绿色化协同促进工业节能提效——《工业能效提升行动计划》专家解读系列文章之五[R]. 2022-07.

[14]腾讯研究院. 2022国有企业数字化转型调研报告[R]. 2022-12.

附表1-1 中国“灯塔工厂”的地域分布（含中国台湾地区）

序号	单位名称	公布批次
1	博世汽车（中国，无锡）	2018年9月公布第一批（共9家）
2	海尔（中国，青岛）	2018年9月公布第一批（共9家）
3	西门子工业自动化产品（中国，成都）	2018年9月公布第一批（共9家）
4	丹佛斯商用压缩机（中国，天津）	2019年1月公布第二批（共7家）
5	富士康（中国，深圳）	2019年1月公布第二批（共7家）
6	上汽大通（中国，南京）	2019年7月公布第三批（共10家）
7	宝山钢铁（中国，上海）	2020年1月公布第四批（共18家）

续表

序号	单位名称	公布批次
8	福田康明斯（中国，北京）	2020 年 1 月公布第四批（共 18 家）
9	海尔（中国，沈阳）	2020 年 1 月公布第四批（共 18 家）
10	强生医疗（中国，苏州）	2020 年 1 月公布第四批（共 18 家）
11	宝洁（中国，太仓）	2020 年 1 月公布第四批（共 18 家）
12	潍柴（中国，潍坊）	2020 年 1 月公布第四批（共 18 家）
13	阿里巴巴（中国，杭州）	2020 年 9 月公布第五批（共 10 家）
14	美光科技（中国台湾，台中）	2020 年 9 月公布第五批（共 10 家）
15	美的（中国，广州）	2020 年 9 月公布第五批（共 10 家）
16	联合利华（中国，合肥）	2020 年 9 月公布第五批（共 10 家）
17	博世（中国，苏州）	2021 年 3 月公布第六批（共 15 家）
18	富士康（中国，成都）	2021 年 3 月公布第六批（共 15 家）
19	美的（中国，顺德）	2021 年 3 月公布第六批（共 15 家）
20	青岛啤酒（中国，青岛）	2021 年 3 月公布第六批（共 15 家）
21	纬创（中国，昆山）	2021 年 3 月公布第六批（共 15 家）
22	友达光电（中国台湾，台中）	2021 年 9 月公布第七批（共 21 家）
23	宁德时代（中国，宁德）	2021 年 9 月公布第七批（共 21 家）
24	中信戴卡（中国，秦皇岛）	2021 年 9 月公布第七批（共 21 家）
25	富士康（中国，武汉）	2021 年 9 月公布第七批（共 21 家）
26	富士康（中国，郑州）	2021 年 9 月公布第七批（共 21 家）
27	海尔（中国，天津）	2021 年 9 月公布第七批（共 21 家）
28	群创光电（中国台湾，高雄）	2021 年 9 月公布第七批（共 21 家）
29	三一重工（中国，北京）	2021 年 9 月公布第七批（共 21 家）
30	施耐德电气（中国，无锡）	2021 年 9 月公布第七批（共 21 家）
31	联合利华（中国，太仓）	2021 年 9 月公布第七批（共 21 家）
32	京东方科技集团（中国，福州）	2022 年 3 月公布第八批（共 13 家）
33	博世（中国，长沙）	2022 年 3 月公布第八批（共 13 家）
34	海尔（中国，郑州）	2022 年 3 月公布第八批（共 13 家）
35	美的（中国，荆州）	2022 年 3 月公布第八批（共 13 家）
36	美的（中国，合肥）	2022 年 3 月公布第八批（共 13 家）
37	宝洁（中国，广州）	2022 年 3 月公布第八批（共 13 家）
38	宁德时代（中国，宜宾）	2022 年 10 月公布第九批（共 11 家）

续表

序号	单位名称	公布批次
39	海尔（中国，青岛）	2022 年 10 月公布第九批（共 11 家）
40	美的（中国，顺德）	2022 年 10 月公布第九批（共 11 家）
41	三一重工（中国，长沙）	2022 年 10 月公布第九批（共 11 家）
42	西部数据（中国，上海）	2022 年 10 月公布第九批（共 11 家）
43	日月光半导体（中国台湾，高雄）	2023 年 1 月公布第十批（共 18 家）
44	工业富联（中国，深圳）	2023 年 1 月公布第十批（共 18 家）
45	海尔（中国，合肥）	2023 年 1 月公布第十批（共 18 家）
46	上海华谊新材料（中国，上海）	2023 年 1 月公布第十批（共 18 家）
47	联想（中国，合肥）	2023 年 1 月公布第十批（共 18 家）
48	亿滋（中国，苏州）	2023 年 1 月公布第十批（共 18 家）
49	联合利华（中国，天津）	2023 年 1 月公布第十批（共 18 家）
50	纬创资通（中国，中山）	2023 年 1 月公布第十批（共 18 家）
51	宁德时代（中国，溧阳）	2023 年 12 月公布第十一批（共 21 家）
52	中信泰富特钢（中国，江阴）	2023 年 12 月公布第十一批（共 21 家）
53	华润建材科技（中国，田阳）	2023 年 12 月公布第十一批（共 21 家）
54	广汽埃安（中国，广州）	2023 年 12 月公布第十一批（共 21 家）
55	海尔（空调）（中国，合肥）	2023 年 12 月公布第十一批（共 21 家）
56	宇通光纤科技（中国，苏州）	2023 年 12 月公布第十一批（共 21 家）
57	鸿佰科技（中国台湾桃园）	2023 年 12 月公布第十一批（共 21 家）
58	隆基绿能（中国，嘉兴）	2023 年 12 月公布第十一批（共 21 家）
59	亿滋国际（中国，北京）	2023 年 12 月公布第十一批（共 21 家）
60	海尔（洗衣机）（中国，青岛）	2023 年 12 月公布第十一批（共 21 家）
61	强生（中国，西安）	2023 年 12 月公布第十一批（共 21 家）
62	科赴（中国，上海）	2023 年 12 月公布第十一批（共 21 家）

资料来源：笔者根据世界经济论坛、麦肯锡及网络资料整理。

（执笔：刘向东）

第二章 推动新一代信息技术与制造业深度融合

当前，以人工智能、大数据、云计算等为代表的新一代信息技术迅猛发展，数字经济已经成为推动我国经济增长的重要引擎。在这一时代背景下，我国经济社会数字化转型加速演进，并开始由消费领域向生产领域扩展①。传统制造业因其具有价值链长、关联性强、经济带动作用大等特点，构筑了国民经济发展的基石，是一国实体经济的重要组成部分。随着新一代信息技术向生产制造领域渗透扩散，我国制造业的数字化、集成互联、智能协同水平持续提高，工业互联网应用规模不断扩大②。推动新一代信息技术与制造业进一步深度融合既是制造业数字化转型的必由之路，也是大势所趋。

一、推进新一代信息技术与制造业融合发展的重大意义

目前，我国传统制造业既面临需求的多元化与个性化所提出的更高要求，又面临资源环境日益严峻的约束，正处在全面转型升级的关键时期。与此同时，以人工智能、大数据、云计算为代表的新一代信息技术正在与制造业发生深度融合，将彻底改变制造的产品、过程、装备、模式、业态等③，推动制造业全产业链降本增效和价值创新，为我国推动制造业高质量发展、构建现代化产业体系、构筑国际竞争新优势带来新的历史机遇。

---

① 王一鸣．推动数字经济高质量发展[J]．中国网信，2022(4)．

② 沈恒超．中国制造业数字化转型的特点、问题与对策[J]．中国经济报告，2019(5)．

③ 赵剑波．推动新一代信息技术与实体经济融合发展：基于智能制造视角[J]．科学学与科学技术管理，2020(3)．

（一）推动我国制造业高质量发展的有效途径

随着工业化的持续推进，我国已成为世界制造业第一大国，拥有门类最齐全、配套最完备、覆盖最广泛的产业体系，但也面临产业附加值整体偏低、核心关键技术积累不足、要素成本上涨过快等挑战，“大而不强”现象依然较为突出，与实现生产要素投入低、资源配置效率高、品质提升实力强、生态环境质量优、经济社会效益好的制造业高质量发展要求[①]还存在较大的差距。

深化新一代信息技术在传统制造业生产、运营、管理和营销等诸多环节的应用，发挥数字技术的放大、叠加、倍增作用，是推动传统制造业实现质量变革、效率变革、动力变革的现实路径。从数字技术创新应用的趋势看，数字技术在经济活动中的应用重点正从需求侧更多转向供给侧、从个人消费更多转向企业生产、从线上更多转向线上线下协同。制造业作为国民经济的主阵地，也必将成为数字化转型的主战场。利用新一代信息技术对制造业进行全方位、全链条的改造，可以帮助制造业企业大幅提升对市场需求的感知和挖掘能力，更好满足消费者日益增长的多元化、高质量、个性化需求；可以提升研发设计、生产制造、企业运维等环节的数字化水平，显著缩短研发周期、提高运行效率、改进产品质量，推动产业转型升级，加速向价值链中高端攀升；还能延长、拓宽、挖深产业链，开辟产业发展新领域新赛道，培育智能化产品、服务化延伸等各类新业态新模式。

（二）建设现代化产业体系的重要引擎

制造业是立国之本、兴国之器、强国之基，是国家经济的主体和命脉所系。当前，我国经济已由高速增长阶段转向高质量发展阶段，正处在转变发展方式、优化经济结构、转换增长动力的攻关期。推动制造业

① 余东华．制造业高质量发展的内涵、路径与动力机制[J]．产业经济评论，2020(1)．

数字化转型，有利于充分挖掘数据作为新型生产要素的潜在价值。在微观层面上，能够有效打破生产与消费、制造与供应、产品与服务之间的信息壁垒，增强企业对供应链上下游波动的感知，提高资源使用效率；在宏观层面上，有助于增强供给结构对需求升级的实时动态调整，优化资源配置，提高全要素生产率。

实体经济中的大规模应用，不仅为数字经济发展提供了强大的牵引力，还使数字技术能够依托实体经济的应用场景，源源不断地提供有效的数据要素供给，从而造就了数字技术与实体经济融合发展的良好局面。2021 年，我国“产业数字化”规模占数字经济的比重超过 80%，实体经济数字化转型快速推进，为数字技术提供了丰富的应用场景与大量的数据来源，并可以检验数字技术的应用成效，促进数字技术迭代升级。作为世界工业门类最齐全的工业大国，我国具有制造大国和网络大国双重优势，产业数字化是数字经济的主阵地，制造业数字化是产业数字化的主攻方向。面向制造、矿山、能源、交通、物流、医疗等重点行业，制定数字化转型路线图，形成可复制、可推广的行业数字化转型系统解决方案，促进工业和各个产业数字化绿色化转型升级，是“十四五”数字经济的重点发展方向。

（三）构筑国际竞争新优势的重要抓手

历史上人类经历了几次科技革命和产业变革，每一次都催生了大量新技术、新产业，既加速了人类文明的演化进程，也深刻改变了世界经济格局。当今世界正在经历一场更大范围、更深层次的科技革命和产业变革，衍生出数字经济这一全新的经济形态。深刻认识和积极把握这一重大历史机遇，已成为我国能否实现高质量发展、如期实现第二个百年奋斗目标的关键。进入 21 世纪以来，全球科技创新进入空前密集活跃的时期，信息、生命、制造、能源、空间、海洋等领域的原创突破为前沿技术、颠覆性技术提供了更多创新源泉，尤其是以人工智能、量子信息、移动通信、物联网、区块链为代表的新一代信息技术加速突破应用带来数字经济蓬勃发展。借助数据、算法、算力和平台，数字技术正在加快向经济社会各领域全过程渗透，形成了全新的经济形态。

制造业数字化转型是本轮科技革命和产业变革的主战场。世界主要国家纷纷以制造业数字化转型为抓手，不断强化对全球产业发展和经济秩序的控制力。美国发布的《国家先进制造业战略》，明确将数字制造作为构建未来制造业全球领导力的重要方式。德国的《工业 4.0 战略》、欧盟的《工业 5.0》、英国的《数字战略》、法国的《未来工业战略》、日本的互联工业战略，均意图通过数字技术优势，巩固本国制造业的引领地位。我国加快推进新一代信息技术与制造业深度融合，能够对制造业的创新体系、生产方式、产业形态、体系机制等进行高效重构，并在我国制造大国和网络大国叠加优势的作用下，推动产业加快质量变革、效率变革、动力变革。

二、新一代信息技术与制造业融合的发展趋势

当前，新一轮科技革命和产业变革加速演变，正在重塑全球政治经济格局，主要国家和地区纷纷抢抓数字化转型这一重大历史机遇，加快战略布局推动新一代信息技术与实体经济融合发展。制造业是实体经济的主体，推动制造业数字化转型成为抢抓这一历史机遇的关键着力点。

世界各国更加重视支撑引领传统制造产业转型升级。受逆全球化抬头、世纪疫情、乌克兰危机等多重因素接连影响，全球经济社会发展方式、国际分工合作态势以及全球竞争格局发生了深刻复杂改变。为应对国际经济下行压力加大、国际产业分工格局重塑等挑战，各国加快政策调整，抢抓新一轮科技革命和产业变革的历史机遇，强化数字化转型战略布局，加速构建系统性数字生态体系，加快推进制造业数字化转型。美国以强化创新和技术成果转化体系为核心推动制造业转型升级，在国家制造创新网络基础上继续推动美国制造业计划，先后发布《先进制造业领导力战略》和《先进制造国家战略》，政府通过与产业界、学术

界合作，构建关键利益相关者的互利合作关系，力图打造一个以创新中心和研究院为核心的创新生态和成果转化生态。德国致力于构建互联互通的数字化转型产业生态，围绕工业4.0战略加强系统谋划，先后发布《数字战略2025》《高科技战略2025》《国家工业战略2030》等前瞻性文件，明确将构建全球数字生态作为未来德国数字化转型的新愿景。

我国高度重视制造业的数字化转型问题。随着我国经济发展由高速增长阶段进入高质量发展阶段，传统的要素规模化投入增长模式难以为继，新兴的消费者市场需求出现爆发式增长，推动传统制造业高质量发展的需求日益迫切。2015年，国务院专门印发《中国制造2025》，明确提出要以加快新一代信息技术与制造业深度融合为主线，以推进智能制造为主攻方向，促进制造业转型升级。2020年6月，中央全面深化改革委员会审议通过《关于深化新一代信息技术与制造业融合发展的指导意见》，就加快推进新一代信息技术和制造业融合发展再次强调部署。制造业数字化转型成为我国制造业转型升级的重要路径。2021年，习近平总书记在中央政治局集体学习时指出，要把握数字化、网络化、智能化方向，推动制造业、服务业等产业数字化，利用互联网新技术对传统产业进行全方位、全链条的改造。党的二十大报告再次明确，要推动制造业高端化、智能化、绿色化发展，为制造业高质量发展指明了方向。《“十四五”数字经济发展规划》提出，要“推动传统产业全方位、全链条数字化转型，提高全要素生产率”。

我国制造业数字化转型取得积极进展。随着新一代信息技术向我国制造领域不断渗透扩散，先进的传感技术、数字化设计制造、机器人与智能控制系统应用日趋广泛，制造业研发设计、生产流程、企业管理乃至用户关系都呈现出智能化趋势，企业的边界日趋模糊，制造业形态正在发生深刻变革。2022年，我国数字经济规模达50.2万亿元，占GDP比重提升至41.5%。其中产业数字化加速推进，成为实体经济转型升级的重要支撑力量（见图2-1）。2022年，我国工业企业关键工序数控化率达到58.6%，数字化研发设计工具普及率达到77.0%，为进一步推动制造业数字化转型创造了良好的基础条件。截至2023年上半年，我国工业互联网标识解析体系服务企业超过27万家，具有一定影响力的工业互联网平台超过240家，各地建设数字化车间和智能工厂近8000个①。

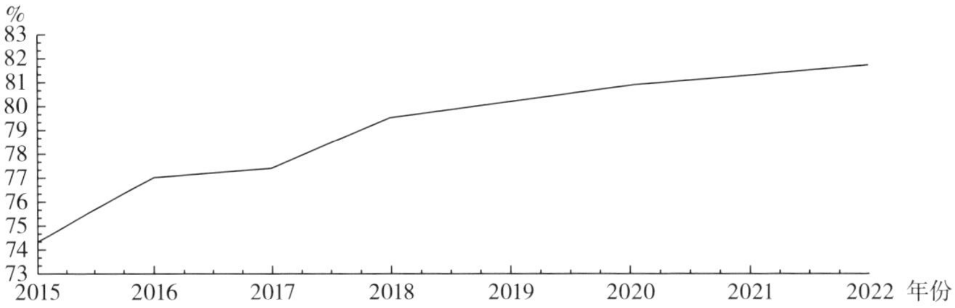

图2-1 2015—2022年我国产业数字化占比情况

我国制造业数字化转型整体水平依然较低且存在较大差异性。目前，我国工业互联网发展处于相对滞后的水平，消费互联网与工业互联网呈现出“一条腿长、一条腿短”的整体发展状况。一是目前绝大多数的企业尚处于数字化转型的早期阶段。《2022中国民营企业数字化转型调研报告》显示，在调研样本企业中，主营业务未进行数字化转型和处于初步探索阶段的样本企业合计占比达到了76.99%②，并且已经成功实现数字化转型的领军企业相对较少，多数企业数字化尚处于单点应用和局部推广阶段，正在集成互联、智能协同等方面的实现程度较低。二是我国制造业企业的数字化转型发展水平差异较大。有的企业已经处于数字化转型的较高发展阶段，正在加快实现数字化、网络化、智能化，也有企业处于较低发展阶段，仍在努力提高信息化水平。尤其是数量众多的中小企业，多数仍停留在纸质管理、信息化系统缺失的阶

① 2023年全国工业和信息化主管部门负责同志座谈会在京召开[EB/OL]. https://www.miit.gov.cn/xwdt/gxdt/ldhd/art/2023/art_8f51e32788324f78ad073b78c78353f3.html.

② 全国工商联经济服务部，腾讯研究院.2022中国民营企业数字化转型调研报告[R]. 2022-07.

段，生产自动化水平普遍不高，物流、仓库管理效率低下。相关调查显示，70%的中小微企业管理者有强烈的数字化转型意愿，但近80%已经进入数字化转型的中小企业尚处于基础探索阶段①。对于中小微企业而言，其数字化基础薄弱，推进数字化转型工作量大、耗时长、短期内效益不明显，仍大量存在不愿转、不敢转、不会转的问题。

三、新一代信息技术与制造业深度融合面临的问题与挑战

我国高度重视新一代信息技术与制造业深度融合的推进工作，制造业领域的数实融合取得了一系列积极进展。但也要清晰地看到，我国制造业数字化转型还处于起步阶段，整体水平较低且存在较大的差异性，进一步推进制造业领域数实融合发展还存在不少问题亟待解决，且面临诸多挑战。

第一，行业特点决定了制造业的数字化转型试错成本相对较高。当前，我国传统产业数字化发展不平衡、不充分问题比较突出，各行业的数字化程度存在较大的不均衡性。其中，科学研究和技术服务业的数字化渗透程度较高，而农、林、牧、渔等行业生产的自然属性对数字化转型的需求相对较弱，第三产业在数字化发展上处于较为超前的领先地位，而第一、第二产业则明显滞后（见图2-2）。一个很重要的原因在于，每个行业都有其自身的特殊性，不同行业之间在资产规模、要素结构、产业技术、组织模式等方面存在较大的行业差异，彼此之间的数字化转型经验难以在不同行业间快速复制和有效推广，甚至难以互相借鉴，这就直接导致不同行业间的数字化转型程度存在较大的差距。

制造业数字化转型的试错成本相对较高。从服务业数字化转型的发展过程中可以看出，服务业企业在推动数字化转型等重大变革时，通常采取的策略是在找到切入点后快速试错迭代。而传统制造业行业往往具

① 腾讯社会研究中心．中小企业数字化转型路径报告[R]. 2022.

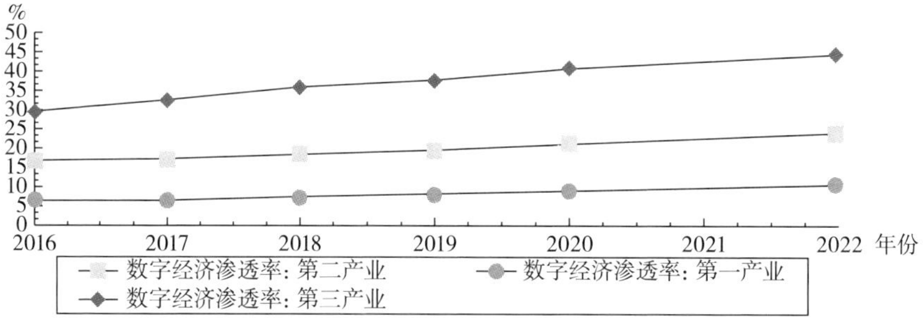

图 2－2　2016—2022 年我国不同产业数字经济渗透率

有庞大且复杂的组织架构，数字化转型的初始投入大、投资专用性强、转换成本高，试错成本相对较高，一旦出错企业将会面临巨大的经营压力，这也就成为制约制造业数字化转型最为重要的原因之一。从收益角度看，制造业企业进行数字化转型的收益更多来自数字技术带来的整体赋能、提质、增效、创新可能，并不像传统项目投资那样有明确的回报周期与明细的回报收益，加之数字技术发挥作用的时滞可能较长，短期难以见到明显的生产效率提升效果。此外，制造业企业推进数字化转型，必将在组织流程和生产模式变革过程中对企业内相关部门造成一定程度的冲击，甚至会发生难以预见的转型风险。这些因素都在一定程度上影响了制造业企业推进数字化转型的信心与意愿。

第二，我国加快制造业数实融合所需要的软硬件基础设施仍然存在短板。软件与硬件基础设施是新一代信息技术与制造业深度融合的基础支撑条件。只有做好了软硬件基础设施的建设工作，我国制造业有了坚实的数字化转型基础，才能更好保障制造业领域数实融合行稳致远。一方面，从软件基础设施看，当前我国在数据产权、数据共享、数据标准等方面还缺少明确、统一的法律和规定，在数据安全保护方面还有待进一步加强，尤其是数字要素市场化配置还没有形成规模，这些问题都制约了经济社会数字化转型的进度，也难免对制造业企业推进数字化转型的信心和步伐造成影响。另一方面，由于缺乏足够的云计算、数据中心、智能计算中心等新型基础设施，制造业中小企业数字化转型普遍面临数据资源储存成本过高与分析能力不足等问题。维护海量数据资源需要硬件设施以及储存空间的保障，而多数中小企业无力承担这一成本，很多数据只短暂保存一段时间后就要进行清理，致使大量的数据要素无法有效积累而搁置浪费。另外，很多中小企业缺乏足够的数据分析能力，无法对数据资源进行有效的开发利用。大型传统制造业企业可以靠着深厚的底蕴与资本，推动数字化转型，而很多中小企业尽管可能也有着迫切的信息化和智能化改造的需求，但由于多数数字化转型前期投入资金高，后期信息化设备维护需要大量专业人员，这些任务难以由中小企业独自完成。

第三，我国数实融合的一些核心关键技术能力仍有不足。我国制造业在国际生产价值链中主要扮演着组装和代工的角色，整体位于价值链的中低端，高端制造业发展相对滞后。我国能够生产的工业传感与控制产品多集中在低端市场，而高端产品多依赖进口，控制系统、平台数据采集开发工具等领域的专利多为外围应用类，缺少核心专利。在应用新一代信息技术促进我国制造业实现数字化转型升级过程中，我国在关键工业软件、底层操作系统、嵌入式芯片、开发工具、基础材料等领域的技术研发和尖端工艺制造等关键环节，仍然落后于国际先进水平，存在对外依赖性较高等问题。随着逆全球化加剧，发达国家制造业回流趋势明显，对我国制造业向高端化发展提出了更为严峻和迫切的现实要求。此外，我国“产研学”结合对接仍显不畅，科技成果转化还存在不及时、效率低等问题，最新科技成果常滞留于高校和科研院所，科技创新成果转化率较低，科研成果未能及时转化为先进生产力。

第四，数字化人才欠缺是制约制造业数实融合的重要因素。目前，我国绝大多数制造业企业尚处于数字化转型的早期阶段。虽然不少制造业企业有着较强的数字化转型意愿，但受制于企业家在数字化转型领域的经验认识与知识储备，对数字化转型的认识仍不到位，没有一个清晰的思路和理念，普遍缺乏清晰的战略目标与实践路径。有些制造业企业即使采取了一些转型的举措，也多是将其视为实现特定阶段特定目标的工具手段，所考虑的往往还是在生产环节如何引入更为先进的信息系统，少有企业从发展战略的高度进行谋划，因此往往既缺乏前瞻性、系统性的顶层设计，又缺乏执行层面的全局统筹。甚至有的企业简单地认为，所谓数字化转型，就是在企业内部增设一位首席信息官或首席数字官，而对于数字化转型过程中“用什么”“怎么用”“谁来用”，当下投入与未来收益、技术红利与政策红利如何挖掘等关键问题，缺乏明确认知。总之，数字化人才的欠缺，致使多数制造业企业在数字化转型的认知、数据资源的利用等方面都还存在不小的短板。

四、促进新一代信息技术与制造业深度融合的重点任务

数字经济是经济发展的新形态和新趋势。从产业发展进程看，农业、工业、服务业都将会成为数字经济的基础并在数字化过程中不断升级，形成以数字经济形态为主的未来社会。为顺应这一历史发展趋势，我国应推进新一代信息技术与制造业深度融合，加快制造业数字化转型步伐。

（一）准确把握制造业行业特点和企业发展阶段推进制造业数字化转型

不同行业推进数字化转型，应立足行业特点，选择不同的转型切入点和符合本行业特点的转型路径。制造业企业往往存在企业规模较大、业务构成复杂、员工数量较多等特点，其核心关键环节在于供应链，包括采购、制造、仓储物流等内容，运营效率较低是制造业企业的通病。因此，制造业企业数字化转型宜于从提升生产效率切入，而非模仿服务业数字化转型多从渠道变革切入的做法，适宜选择智能制造和实时供应商管理，以达到降本增效、软性生产的效果。在内部运营效率和敏捷制造等能力得到提升之后，才能更好地将数字化能力延伸到渠道合作商，

将企业与渠道商从博弈关系转为共赢关系，重新进行利益分配。具体到企业内部，制造业企业的数字化转型宜从阻力小、易突破的部门开始，以便尽快看到数字化转型的效果，方便下一步的推进开展。在制造业企业推进数字化转型的过程中，其目的也会随发展阶段的变化而变化，一般而言会从强调提高生产效率向以消费者为中心的价值创造转变，从重在提高生产制造能力和运行效率转向为客户提供更高满意度的商品和全方位体验服务上来。此时，全渠道、多触点的客户体验成为设计数字产品和服务、优化业务流程、重塑组织模式的主要出发点，这就决定了不同行业在不同发展阶段有着不同的数字化转型服务需求。

（二）更加注重工业互联网的赋能带动作用

平台企业在制造业产业中处于连接各类要素的枢纽地位，是进行产业资源配置的核心。要重点发展基于制造业行业知识和自主技术的行业细分平台，鼓励互联网企业和制造业龙头企业打造面向特定场景、连接生产要素的工业互联网平台，通过平台将数字化经验赋能中小企业，形成对产业链上下游相关企业主体数字化转型的支撑与引领。要加快构建多层次工业互联网平台体系，推动跨行业跨领域平台不断进行迭代升级与服务优化，推动构建资源富集、多方参与、创新活跃、高效协同的开放共赢产业新生态[①]。要进一步培育壮大服务业互联网平台体系，打通消费物联网与工业互联网之间的连接，实现互联网全程联通互动。

（三）完善制造业数字化转型的共性基础支撑服务

如前文所说，不同的行业有着不同的数字化转型服务需求，即使是同行业内的企业，因处在不同的发展阶段也可能会存在差异化的数字化转型服务需求。然而，目前市场上的数字化解决方案多为行业通用型，难以满足客户的个性化需求。此外，一体化解决方案也较为缺乏，尤其

---

① 冯冠霖，冯正好，卞孟春．加快产业数字化转型 抢占全球竞争制高点[J]．中国工业和信息化，2021(Z1).

缺乏集战略咨询、架构设计、核心软件、数据运营、流程优化、运维升级等于一体的端到端解决方案。要引导龙头企业、产业联盟、行业协会和科研机构共同搭建网络化创新创业平台和数字化技术公共服务平台，综合运用投资基金、产业补贴、政府采购等手段，加快培育行业认知深刻的数字化解决方案供应商，引导供应商针对新型数字化场景进行研究开发，不断提高数据挖掘分析能力和生态构建能力，打造面向典型场景和细分行业的专业化解决方案。此外，由于数字化转型专业服务的定价和服务方案基本上是个性化、定制化的，普通中小制造业企业因与专业服务商之间存在比较严重的信息不对称而处于市场弱势地位，因此，政府要探索包容审慎的监管方式，促进专业服务商之间公平竞争，形成相关服务的市场化价格，促进服务商不断改善专业化服务的质量。

（四）更好发挥政府在制造业数字化转型中的引领保障作用

制造业领域数实融合对于人类社会来说是一个新事物，在快速有效推进的过程中会面临许多前所未有的问题和挑战。促进新一代信息技术与制造业深度融合，既能为我国提高制造业产业水平和国际竞争力开辟更大空间，也对技术创新能力、数字基础设施和人才队伍建设等诸多方面提出了更高的要求。推进制造业数字化转型，既要发挥企业主动试错、勇于探索的创造精神，也要更好发挥政府的引领与保障作用。要强化政府对制造业数字化转型的方向引领，发挥国家战略规划的牵引作用，做好事关制造业数据要素的确权、标准、共享、安全等方面的制度基础设施，加快培育制造业领域的数据要素市场，降低数字化转型的制度成本和安全隐患。要强化制造业数字化转型的政策宣讲，通过典型案例示范加快中小企业数字化转型步伐，通过专家辅导、技能培训和交流学习等活动提高中小企业数字化转型的意愿与能力。要加快云计算、数据中心、智能计算中心等新型基础设施建设，加大基础共性和行业通用软件的推广力度。要围绕新一代信息技术研发应用面临的难题，加强在技术、资金、人才等方面的国际交流与跨国合作，推动国际标准制定与跨国互认，不断提升新一代信息技术国际合作水平。

参考文献

[1]冯冠霖,冯正好,卞孟春. 加快产业数字化转型 抢占全球竞争制高点[J]. 中国工业和信息化,2021(Z1).

[2]全国工商联经济服务部,腾讯研究院. 2022 中国民营企业数字化转型调研报告[R]. 2022－07.

[3]沈恒超. 中国制造业数字化转型的特点、问题与对策[J]. 中国经济报告,2019(5).

[4]腾讯社会研究中心. 中小企业数字化转型路径报告[R]. 2022.

[5]王一鸣. 推动数字经济高质量发展[J]. 中国网信,2022(4).

[6]余东华. 制造业高质量发展的内涵、路径与动力机制[J]. 产业经济评论,2020(1).

[7]赵剑波. 推动新一代信息技术与实体经济融合发展:基于智能制造视角[J]. 科学学与科学技术管理,2020(3).

（执笔：刘小鸽）

第三章
加快推进中小制造企业数字化转型

随着全球新一轮科技革命和产业变革加速推进，新一代信息通信、生物、新材料、新能源等技术跨界融合发展，为中小制造企业数字化、网络化、智能化、绿色化发展提供了新机遇。同时，世界处于百年未有之大变局，国际政治经济格局深度调整，美国对我国的战略遏制日益加重且将常态化。在此背景影响下，中小企业数字化转型迫在眉睫。我国已转向高质量发展阶段，广大中小制造企业是高质量发展的主力军，更加凸显数字化转型的必要性和紧迫性。2021 年中央经济工作会议提出，加快数字化改造，促进传统产业升级。与大企业相比，中小制造企业转型过程中存在“不敢转”“不想转”“不会转”问题，需找准企业转型痛点难点，因企施策，创新数字化转型路径与模式。

一、我国中小制造企业数字化转型现状

（一）中小企业数字化转型政策环境不断完善

近年来，世界主要国家加快数字化转型战略布局，特别是 2020 年疫情以来，线下交通物流受阻，企业业务逐步由线下转为线上，数字化转型步伐加快，中小企业数字化转型的政策环境不断完善。我国“十四五”规划和 2035 远景目标纲要明确提出加快数字化发展，建设数字中国。中国电子技术标准化研究院发布的《中小企业数字化转型分析报告（2021）》显示，在中央各部委发布的与制造业数字化转型相关的“十四五”规划中，53% 的规划将数字化转型列为重大任务或重点工程，从数字基础设施、关键技术攻关、数字产业布局等方面为企业数字化转型提供保障。“十四五”规划中，85% 的省份主管部门将产业数字

化转型列为重点任务，11 个省份设置专栏部署专项实施规划。2022 年，31 个省份政府工作重点均含中小企业数字化转型，积极探索助力中小企业数字化转型升级的新模式。

国家层面，中小企业数字化转型政策不断完善（见表 3－1）。工业和信息化部发布了《中小企业数字化赋能专项行动方案》等政策，提出利用信息技术加强疫情防控，利用数字化工具尽快恢复生产运营等措施，提升中小企业数字化、网络化、智能化、绿色化水平。国家发展改革委、中央网信办联合推进“上云用数赋智”行动，促进中小微企业数字化转型。工业和信息化部等八部门联合发布的《“十四五”智能制造发展规划》，提出推动制造业实现数字化转型、网络化协同、智能化变革。《“十四五”数字经济发展规划》提出，要加快企业数字化转型升级，加快推进线上营销、远程协作、数字化办公、智能生产线等应用，由点及面，向全业务全流程数字化转型延伸拓展。

表 3－1　国家层面中小企业数字化转型相关文件

文件名称	来源	日期	相关内容
《中小企业数字化赋能专项行动方案》	工业和信息化部	2020 年 3 月 24 日	从利用信息技术加强疫情防控、利用数字化工具尽快恢复生产运营、助推中小企业上云用云、夯实数字化平台功能等十三个方面提出政策措施
《关于推进“上云用数赋智”行动 培育新经济发展实施方案》	国家发展改革委、中央网信办	2020 年 4 月 7 日	打造数字化企业。在企业“上云”等工作基础上，促进企业研发设计、生产加工、经营管理、销售服务等业务数字化转型。促进中小微企业数字化转型，鼓励平台企业创新“轻量应用”“微服务”，对中小微企业开展低成本、低门槛、快部署服务，加快培育一批细分领域的“瞪羚企业”和“隐形冠军”

续表

文件名称	来源	日期	相关内容
《关于健全支持中小企业发展制度的若干意见》	工业和信息化部等部门	2020年7月24日	支持中小企业发展应用5G、工业互联网、大数据、云计算、人工智能、区块链等新一代信息技术以及新材料技术、智能绿色服务制造技术、先进高效生物技术等，完善支持中小企业应用新技术的工作机制，提升中小企业数字化、网络化、智能化、绿色化水平
《关于印发“十四五”促进中小企业发展规划的通知》	工业和信息化部、国家发展改革委等19部门	2021年12月11日	实施中小企业数字化促进工程。推动中小企业数字化转型；推动中小企业数字产业化发展；夯实中小企业数字化服务基础
《关于印发“十四五”数字经济发展规划的通知》	国务院	2021年12月12日	加快企业数字化转型升级。引导企业强化数字化思维，提升员工数字技能和数据管理能力，全面系统推动企业研发设计、生产加工、经营管理、销售服务等业务数字化转型。实施中小企业数字化赋能专项行动，支持中小企业从数字化转型需求迫切的环节入手，加快推进线上营销、远程协作、数字化办公、智能生产线等应用，由点及面，向全业务全流程数字化转型延伸拓展。推行普惠性“上云用数赋智”服务，推动企业上云、上平台，降低技术和资金壁垒，加快企业数字化转型
《“十四五”智能制造发展规划》	工业和信息化部等八部门	2021年12月28日	以工艺、装备为核心，以数据为基础，依托制造单元、车间、工厂、供应链等载体，构建虚实融合、知识驱动、动态优化、安全高效、绿色低碳的智能制造系统，推动制造业实现数字化转型、网络化协同、智能化变革

续表

文件名称	来源	日期	相关内容
《关于开展财政支持中小企业数字化转型试点工作的通知》	工业和信息化部、财政部	2022 年 8 月 17 日	2022—2025 年，中央财政计划分三批支持地方开展中小企业数字化转型试点，提升数字化公共服务平台（含数字化转型服务商、工业互联网平台等）服务中小企业能力，打造一批小型化、快速化、轻量化、精准化的数字化系统解决方案和产品，形成一批可复制可推广的数字化转型典型模式，围绕 100 个细分行业，支持 300 个左右公共服务平台，打造 4000～6000 家“小灯塔”企业作为数字化转型样本，带动广大中小企业“看样学样”加快数字化转型步伐，促进专精特新发展
《关于印发中小企业数字化转型指南的通知》	工业和信息化部	2022 年 11 月 3 日	因“企”制宜推进数字化转型。聚焦中小企业特征及需求，研制小型化、快速化、轻量化、精准化（“小快轻准”）产品，围绕“评估、规划、实施、优化”全流程提供专业化服务，基于应用反馈提升产品服务供给水平。加强政策支持、资源统筹和管理服务，因地制宜构建中小企业数字化转型生态，深化产学研用金融等多方主体协同创新，推动形成促进中小企业数字化转型的工作合力

资料来源：笔者根据网上资料整理。

（二）中小制造企业数字化转型整体处于初中期

随着新一代信息技术普及应用，我国制造业数字化转型进入快速发展期。“十三五”期间，我国软件和信息技术服务业迅速发展，软件业务收入保持较快增长，近三年复合增长率为 15.77%。工业互联网产业规模突破万亿元，已在 45 个国民经济大类中实现应用，且呈现出软件服务平台化、解决方案整体化、产业服务融合化的趋势。工业和信息化部数据显示，截至 2022 年 3 月，规模以上工业企业关键工序数控化率和数字化研发设计工具普及率分别达到55.5%和75.0%。开展网络化协同的制造企业和服务型制造企业比例分别达到39.2%和29.9%。2014—2021年我国软件业务收入及增速如图3-1所示。

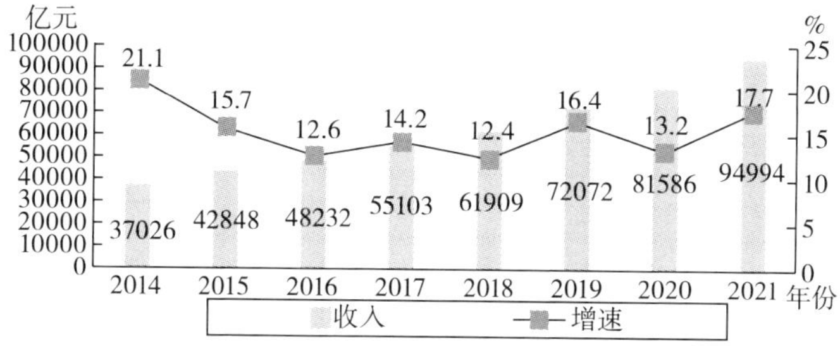

图3-1　2014—2021年我国软件业务收入及增速

资料来源：中国电子技术标准化研究院．中小企业数字化转型分析报告（2021）［R］．2022.

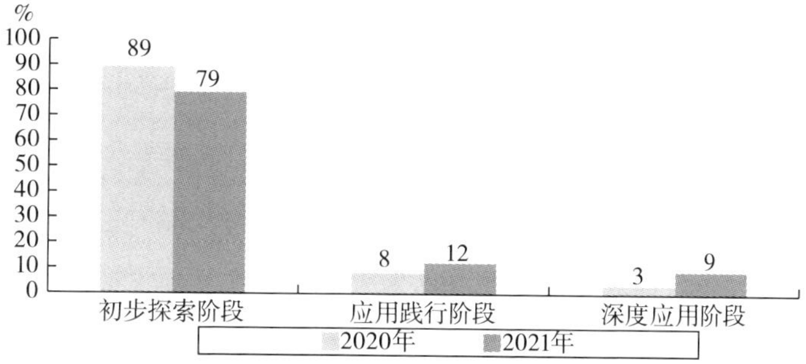

图3-2　企业数字化转型整体水平

资料来源：中国电子技术标准化研究院．中小企业数字化转型分析报告（2021）［R］．2022.

如图3-2数据所示，2021年处于初步探索阶段的企业占比为79%，相较2020年下降了10个百分点，处于应用践行阶段的企业占比为12%，相较2020年增长了4个百分点，达到深度应用阶段的企业占比为9%，相较2020年增长了6个百分点。我国中小企业数字化转型取得积极进展，但绝大部分企业仍处于数字化转型的初级阶段①。

① 中国电子技术标准化研究院．中小企业数字化转型分析报告（2021）［R］．2022.

与大企业相比，中小企业数字化转型阶段相对落后。处于初步探索阶段的中小企业占比高于大企业31个百分点，处于应用践行阶段和深度应用阶段的中小企业占比分别低于大企业10个和21个百分点（见图3－3）。

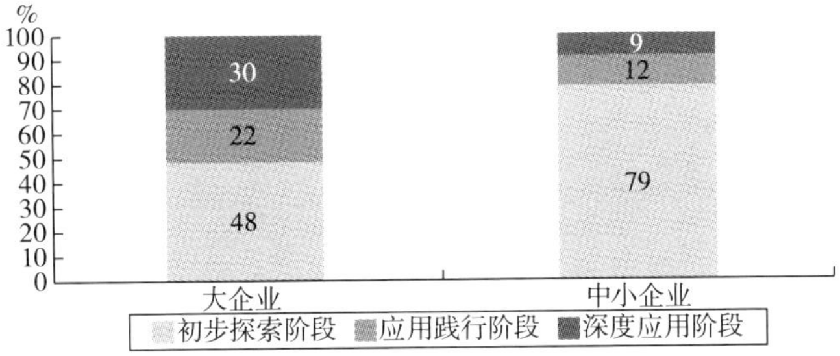

图3－3　大企业与中小企业数字化水平对比

资料来源：中国电子技术标准化研究院．中小企业数字化转型分析报告（2021）［R］. 2022.

总体来看，中小制造企业转型进程仍处在初中期水平。按照工业4.0发展路径，企业数字化一般分为计算机化、连接、可视、透明、预测及自适应六个阶段。德勤公司对200家制造企业的调查数据显示，有19%的企业尚未完成"计算机化改造"，41%的企业停留在"连接"阶段，28%的企业处于"可视"阶段，完成"透明、预测、自适应"阶段的企业占比分别为9%、2%和1%。2021年红杉中国对222家制造企业的数字化战略调查数据显示，企业对数字化的重视程度不够，48%的企业数字化投入占营业收入比重不到1%，32%的企业投入占营业收入的1%～3%，仅有8%的企业投入在10%以上。

《中小企业数字化转型分析报告（2020）》对2608家中小制造企业调研结果显示，48%的制造企业数字化投入占营收比重不足1%，32%的企业拿出1%～3%的收入推动转型，仅有8%的企业肯花费10%以上的收入开展数字化改造①。就细分行业而言，19个制造领域只有电子设

① 红杉中国．2021企业数字化年度指南［R］. 2021.

备、汽车、家电、医药、家具建材制造等 5 个行业数字化水平相对较高，其他行业与之相比差距明显，尤其是中小企业居多的纺织、食品、文体娱乐用品制造等行业，仍处在自动化向信息化过渡的初级阶段①。

根据《中小企业数字化转型分析报告（2021）》，数字化转型水平较高的行业有计算机、通信和其他电子设备制造业，仪器仪表制造业，汽车制造业，家具制造业，医药制造业，电气机械和器材制造业，造纸和纸制品业等（见图 3－4）。

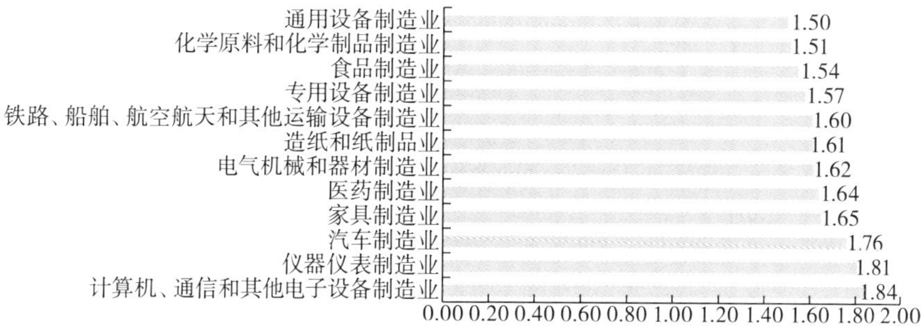

图 3－4　数字化转型水平 TOP10 行业

资料来源：中国电子技术标准化研究院．中小企业数字化转型分析报告（2021）［R］. 2022.

（三）中小制造企业核心业务数字化水平较低

制造企业数字化转型包含信息化、网络化和智能化，三者从底层到高层，从简单到复杂，逐步深入企业生产制造核心业务。目前，大多数中小制造企业数字化转型重点在信息化、网络化，核心业务智能化水平较低。综合《中小企业数字化转型分析报告（2020）》和亿欧智库调研数据来看，中小制造企业办公网络平均覆盖率已接近 90%，40% 以上的企业能够通过条形码、二维码、射频识别技术（RFID）等标识技术采集数据，生产过程信息覆盖比约 40%，已具备一定的数字化基础。但关键工序的数字化装备应用比例不到 45%，采用企业资源计划

① 亿欧智库．2019 中国智能制造研究报告［R］. 2019.

（ERP）和客户关系管理（CRM）方案的企业仅占20%，只有23%的企业完成了关键业务系统间的集成，5%的企业能应用大数据分析技术对业务各环节提供决策支持（见图3－5），不足1%的企业能够采用智能化技术支持核心业务发展①。

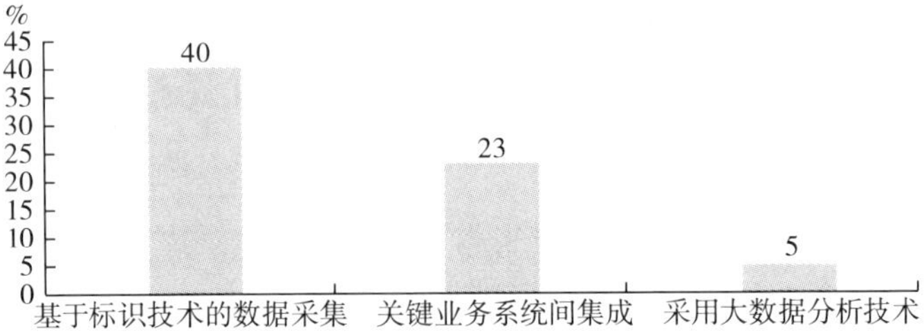

图3－5　中小制造企业业务数字化水平

资料来源：中国电子技术标准化研究院．中小企业数字化转型分析报告（2020）［R］．2020.

《中小企业数字化转型分析报告（2021）》调查数据显示，中小企业在产品、业务、管理等方面数字化水平不一。产品数字化方面，在所有参加评估的企业中，38%的企业选择开展数字化研发设计模块评价，多数中小企业没有自主研发和产品设计能力。88%的企业在研发设计中应用计算机辅助开展工作，1/3左右的企业采用产品数据管理（PDM）、产品生命周期管理（PLM）等管理软件实现产品数据共享。

业务数字化方面，成本不可控导致企业营业收入利润率偏低，45%的企业实现了采购管理和供应商管理信息化，36%的企业实现了统一条码管理标识货物，使用网络设备实现自动和半自动出入库管理，多数企业采购数字化程度不高，提高了生产经营成本；质量不可控导致中小企业品牌竞争力较弱，15%的企业开展了在线检测应用，21%的企业实现了质量全流程追溯，大部分企业依靠纸质记录质量信息，无法及时进行质量控制、改进和追溯；交期不可控影响中小企业订单获取效率，仅有17%的企业实现了采购、仓储、生产等信息系统的集成，有21%的企

① 亿欧智库．2019中国智能制造研究报告［R］．2019.

业实现了生产全流程关键数据采集，20%的企业实现了销售、仓储、生产系统的集成，大部分企业不能及时组织生产、生产流程不透明，出现盲目接单影响交期等情况。

管理数字化方面，35%的中小企业有数字化转型规划，仅有9%的中小企业利用办公自动化（OA）、人力资源（HR）、知识库管理或在线学习软件进行管理，大部分企业对数字化认识不够。41%的企业实现了数据采集，16%的企业建立了统一数据平台管理数据，大部分企业的数据分散在各个部门，难以分析具有高价值的信息，主要依靠经验决策。88%的企业建立了信息安全制度，45%的企业制定了针对工控机的安全管理，20%的企业对工业控制网络有边界防护能力，但大部分企业的安全防护能力有待加强。

（四）中小制造企业自身转型基础和条件差

传统制造业并不基于数字技术部署，大部分中小制造企业受限于资金、人才等，错过了计算机化和互联网发展浪潮，导致企业生产设备等设施联网率和数字化程度偏低，工业软件使用较少，生产作业没有实现可视化，整体上还处在机械化和自动化向数字化过渡的阶段。部分中小企业虽已具备一定的信息化基础，但存在原有系统老旧、业务流程混乱、管埋制度不规范等现实问题，系统与系统、业务与业务之间大多是独立运行，没有做到数据互通，存在“信息孤岛”现象。对原有系统进行修补易造成系统兼容困难、数据流通差，投资另建则投入巨大。部分中小企业的老旧设备依然承担生产任务，更换智能化设备所需成本大。传感技术应用少、设备数字化水平不高，中小企业尚不具备融入工业互联网和物联网的基础和能力。中国信通院调查问卷显示，仅有31.9%的中小企业实现了业务平台一体化的系统集成。企业短期内想实现从自动化到数字化“三级跳”，障碍多、难度大。根据国家工业信息安全发展研究中心发布的报告，原材料行业生产设备数字化程度最高，也仅有50%左右，机械制造、纺织、轻工等行业的设备数字化率刚突破30%。多数制造行业的平均设备联网率不足40%，部分消费品制造企业的内部联网率低于20%。同时，中小企业设备上云率低，交通设备制造、机械、纺织、石化等行业的设备上云率均在15%以下①。

二、面临问题

疫情冲击下，中小制造企业转型意愿强烈，但对数字化转型缺乏全面认识，转型理念相对落后，这既与企业本身基础条件、财力条件和发展阶段有关，也与适合中小制造企业的数字化产品和服务供给缺乏有关。

（一）成本收益看不清，企业难拍板

数字化涉及对企业生产、业务、管理、支持体系等进行系统分析、集成与规划，实施信息化、自动化布点和改造，包括单个系统建设、多系统集成和互联互通等，流程复杂、线索多、个性化要求高，单点故障可能引发全局问题。同时，数字化水平缺乏客观的权威性评价标准和指南，中小企业对数字化转型的全流程认知不多，开展数字化转型缺少科学方法和路径指引。数字化改造前期一次性投入相对较大，且每年需要固定支出，企业面临转型失败或收效甚微的风险。美的集团5年来数字化转型累计投入超过400亿元，联想集团每年在数字化基础设施上的支出都超过5亿美元，面对如此大体量的投入，中小企业难以负担。青岛某公司投入近3000万元进行信息化和自动化改造，试错资金将近500万元，而智能工厂建造还需更多资金。对于小企业而言，随时可能出现生产制造流程优化、工艺改进、设备更新、生产线更迭，甚至转产转行，大规模数字化投入很可能变成沉没成本。

① 国家工业信息安全发展研究中心．工业互联网平台应用数据地图[R]. 2021.

（二）缺乏合格系统解决方案供应商

数字化浪潮下出现了大量形形色色的系统解决方案和数字化服务商，中小企业筛选甄别成本大幅增加。中小企业行业分布广，需求“小、散、专”。面向行业性龙头企业的定制化解决方案相对丰富和成熟，但精准贴合中小企业的数字化产品和服务供给还远远不足。众多大企业的数字化转型实践对于中小企业参考价值不大，亟须提炼同行业、同规模中小企业“小而美”“小而精”业务场景的标杆案例。工业互联网、产业互联网等数字平台模组价格偏高、终端场景匮乏，难以满足中小企业的实际个性化、精准化需求。各类数字化服务产品良莠不齐，服务商长期以来的碎片式“后市场服务”，易造成数字化产品故障维修不及时、组件供应短缺等问题。服务商为中小企业提供本地化、一站式服务的意愿不足。艾瑞咨询发布的《2021 年中国企业数字化转型路径实践研究报告》指出，有 2/3 的企业认为高额技术投入后的数字化转型效果未能达到预期。企业难以找到合适的供应商，原因在于：一是绝大多数服务商没有制造业背景，很难提供与企业核心业务深度融合的服务产品；二是制造领域细分行业差别大，企业情况各异，缺少可以照搬的模板，服务商更倾向于提供已有的模块化产品，系统的整体解决方案耗时长、成本高，客户企业也难以承受；三是技改政策支持下，部分重政策、轻服务的供应商以拿补贴为名误导企业，扰乱市场秩序。

（三）人才、数据安全等问题成为重要障碍

一方面，数字化转型需要既懂技术又懂制造的综合型人才，而中小企业缺少财力培养或引进此类人才，制约了企业转型。e－works 对 600 家制造企业调查结果显示，53. 9% 的企业认为缺少专业人才是阻碍数字化转型的主要因素。《中小企业数字化转型分析报告（2020）》对 2608 家中小制造企业的调查数据显示，只有 15% 的企业有能力建立数字化

人才培养体系，超过75%的中小企业数字化转型人才占比小于20%。另一方面，数据安全状况差，监管体系不健全，使企业不敢转型。数字化转型伴随大量数据流动和共享交换，中小企业缺乏完整有效的网络边界防护能力以及完善的信息安全管理制度。大数据、云计算快速发展，但与之相关的数据资产确权、数据标准、数据监管、法律体系等工作仍大幅滞后，数据丢失、数据资产归属不明、数据不合理备份等问题仍不同程度地存在。大量IoT设备或IDC服务因漏洞修复不及时导致数据信息泄露，数据和信息安全隐患严重影响企业数字化转型。根据红杉中国的调查数据，2021年有90%的企业发生过数据泄露事件。

（四）关键软硬件供给受制于人，成本高

目前，我国企业数字化转型所需工业软件、操作系统、关键设备、材料、仪器仪表、零部件等严重依赖进口，企业转型成本相当高。《中国工业软件产业白皮书（2020）》数据显示，我国80%的工业软件来自外资企业，电子设计自动化（EDA）、计算机辅助设计（CAD）、计算机辅助工程（CAE）等研发设计软件国产化率仅为5%，70%以上的运维服务软件需要向外国采购①。工业软件研发难度大、体系设计复杂、技术门槛高、对可靠性要求较高，导致研发周期长、研发迭代速度慢。一般大型工业软件的研发周期需要3～5年，要被市场认可则需要10年左右。工业软件研发投入非常高，全球最大的计算机辅助工程软件厂商ANSYS每年的研发投入在20亿元左右。且新兴工业软件很难成功，面临被并购风险，导致工业软件市场格局很难被改变。根据Gartner的数据，2019年全球3.8万亿美元的IT支出中有4310亿美元为软件支出，占比约为11%；而中国2019年2.9万亿元的IT支出中有878亿元为软件支出，占比仅为3%，远低于全球平均水平。

同时，我国30%左右的关键材料无法实现自主生产，95%的专用

① 中国工业技术软件产业化联盟．中国工业软件产业白皮书(2020)[R].2021.

芯片、70%以上智能终端处理器以及绝大多数存储芯片需要进口。截至2021年年底，国产高端数控机床系统的市场占有率不足30%，大型工程机械所需30Mpa以上液压件全部依靠进口，大型转载机进口部件占整机价值量的50%～60%。高端机床中的精密数控系统、主轴、丝杠、刀具等零部件的更换和升级均依赖从日本、美国、瑞士等国家进口。高端机器人严重依赖进口，减速器、伺服电机、控制器等关键零部件被日本、德国、瑞士等掌控。上述因素导致企业购买零部件的成本远高于国外整机价格，使得企业数字化系统铺设成本高昂，严重制约企业数字化转型。

（五）制造与数字化结合的天然瓶颈难以突破

企业生产制造包含研发设计、试验验证、工艺流程、检验检测等一系列严密复杂的环节，是多重技术秘密（Know－How）的集合，是不同场景大量应用、反复试验、常年积累、不断优化形成的一套固有模式，有制造业“黑盒子”之称。制造企业的竞争优势体现在独到的制造工艺和独特的产品性能上。数字化的优势是边际成本为零和规模效应，强调标准化、模块化，更容易解决共性、通用性问题。二者的融合存在天然瓶颈，要将整个制造过程进行数字化改造、网络化集成和智能化升级，难度极大。制造业设备种类繁多，协议、格式、接口、功能参数不一致，系统开放程度不同，封闭性比较强。设备互联需要自动化设备厂商、数采系统服务商、网络系统服务商、软件服务商等多方密切配合，沟通成本较高。因此，以消费互联网为代表的服务类产业率先实现数字化，制造企业的财务、办公系统等数字化应用多、普及快，即便是研发设计等生产性服务环节数字化也相对容易，但核心业务智能化耗时费力、效果难以保证。

三、政策建议

（一）因企施策推进数字化转型

按照“政府支持＋企业自主＋市场化运作”的思路，把握“宜信则信、宜网则网、宜智则智”原则，引导企业结合实际需要和既有条件，选择适宜路径实施数字化转型，不搞大撒网式的全民数字化。充分考虑到中小企业资金、人才等经营实际，不片面要求小微企业全部实施数字化，企业可选择共性模块化的数字软件来优化经营流程，提升生产经营效率。将数字化转型工作重点放在中型、小型偏中的企业群体上，将私有云或局域网部署作为智能化的主战场，采取“重点突破＋优化生态”的模式，有针对性地推动典型行业特定环节的中型企业突破智能化瓶颈，带动供应链上下游企业数字化转型。满足大多数小型企业的信息化、网络化需要，构建供需匹配、竞争有序、服务有效的数字化转型生态。政府出台政策的发力点在于，降低企业经营成本压力，为企业转型提供资金支持；降低企业转型风险，帮助企业科学评估现状，制定合理化方案；提供有效供给，维护市场秩序，打击欺诈或寻租行为；提供要素保障，强化人才支撑，优化数据安全环境。

（二）实施中型制造企业智能化示范工程

数字化转型主要有供给推动和需求驱动两大路径，即由服务供给商主导向制造业核心领域不断深化，或由制造企业主导按需部署智能化系统，逐步完成转型。前者适合解决共性问题和非核心业务领域，以市场化推进为主。后者涉及企业智能化关键，需政府给予支持。建议由政府、行业协会等联合，选择代表性行业、智能化水平较高的龙头企业，作为智能化解决方案的供应源。基于该企业的智能化服务商或企业单独成立的服务机构，将企业成熟的智能化系统解决方案进行分割、提炼、融合，形成可供行业参照的标准化、模块化解决方案包。支持上述服务机构进驻有资金储备、人才资源支持且有意愿、有需要开展智能化转型的中型企业，利用1年左右时间，进行“一对一”贴身服务。对目标企业数字化转型的基础和条件进行细致评估，对照行业解决方案包深度磨合，确定并实施适宜目标企业的数字化改造和智能化转型方案。企业转型费用按照“财政支持一点、服务商让利一点、企业承担一点”的原则分摊，目标企业可考虑从高技术企业、科技型中小企业、专精特新“小巨人”企业、制造业单项冠军企业等优质群体中选择。在定点服务过程中，逐步树立一批智能化转型标杆企业，提升解决方案的适用性，降低服务成本，为市场化推广奠定基础。

要鼓励现有的平台型数字化服务商与龙头企业、中型企业进行业务合作，帮助客户企业加快数字化转型步伐。推动数字化服务商走进企业生产经营，尽可能用数字语言重新解构企业生产流程，在不危害企业生产经营秘密的前提下，提供行业共性数字化服务，对此给予一定形式的支持，如减税、发放服务券、发布推荐信息、组织对接会等。

（三）以“担保+保险+服务”方式推进企业信息化和网络化

针对小型企业数字化转型需求，加快培育、筛选一批合格的数字化产品和服务供应商，为小型企业提供模块化、易部署、低成本、柔性化的软件和系统解决方案，提高易用性、通用性，能满足企业转型、转行、转移需要。借鉴网络安全保险的运营经验，探索由中小制造企业发起，政策性担保机构或中小企业信用担保资金支持的担保机构帮助企业获取银行贷款，保险公司开发数字化转型保险产品，数字化服务商提供服务的模式，降低企业资金占用压力和转型失败风险。可利用中小企业发展专项资金给予支持，发放数字化转型服务券，加强资金使用的闭环管理，考核企业转型效果。

（四）完善支持政策与保障措施

一是加强关键技术与核心部件攻关。实施由大型企业牵头的产学研协同攻坚计划，加快实现多轴减速器轴承、传感器、IGBT、高端数控机床、数控操作系统以及关键工业软件等国产化进程。二是切实缓解企业资金压力。加大中央财政资金、国家中小企业发展基金等支持力度，引导银行提供长期低息贷款，支持保险产品开发。试行“技术准备金制度”，将企业转型资金纳入免税范围。将企业转型费用视同研发费用，适用于加计扣除政策。三是加强人才支撑。鼓励发展数字化人才外包服务，支持企业与服务机构联合培养综合性、跨行业、跨领域人才，强化人才换岗政策保障，帮助企业留住人才。四是健全数据安全与监管体系。加快推进数据确权、网络安全、风险识别、防泄露等领域法律体系建设，打击平台企业滥用中小企业数据行为，营造数字化转型良好环境。五是打造一批行业级中小企业数字化转型标杆。总结推广典型行业中型企业数字化、智能化转型经验，形成若干行业可参照的数字化、智能化系统解决方案，建立一批行业级数字化服务提供商。

参考文献

[1]国家工业信息安全发展研究中心．工业互联网平台应用数据地图[R]．2021.

[2]红杉中国.2021 企业数字化年度指南[R].2021.

[3]亿欧智库.2019 中国智能制造研究报告[R].2019.

[4]中国电子技术标准化研究院．中小企业数字化转型分析报告(2021)[R].2022.

[5]中国工业技术软件产业化联盟．中国工业软件产业白皮书(2020)[R].2021.

（执笔：王成仁）

第四章

加快培育发展智能制造新模式新业态

习近平总书记在中国科学院第十九次院士大会、中国工程院第十四次院士大会上的讲话中强调指出：“要以智能制造为主攻方向推动产业技术变革和优化升级，推动制造业产业模式和企业形态根本性转变，以‘鼎新’带动‘革故’，以增量带动存量，促进我国产业迈向全球价值链中高端。”党的二十大报告提出：“实施产业基础再造工程和重大技术装备攻关工程，支持专精特新企业发展，推动制造业高端化、智能化、绿色化发展。”党中央、国务院于2023年2月印发的《质量强国建设纲要》提出：“加快传统制造业技术迭代和质量升级，强化战略性新兴产业技术、质量、管理协同创新，培育壮大质量竞争型产业，推动制造业高端化、智能化、绿色化发展，大力发展服务型制造。”智能制造将成为我国制造业高质量发展及加快建设质量强国的“助推器”。面对当前美国对我国经贸、科技、金融等领域的遏制打压，应充分认识我国智能制造所面临的外部环境挑战和存在的突出问题，采取切实政策举措，加快推动智能制造高质量发展。

一、我国智能制造发展现状、问题及趋势

随着我国制造行业的快速稳定发展，智能制造已成为驱动我国制造业升级转型的重要动力，在国家政策的大力支持推动下，近年来我国智能制造快速发展，产值规模逐步增大，智能制造新模式新业态不断涌现，未来发展空间和潜力巨大。

（一）发展现状

智能制造规模持续扩大。近年来，国家大力推进智能制造、制造业

数字化转型、产业基础再造等多项行动，我国智能制造行业产值规模保持较快增长。根据工业和信息化部统计数据，十年来，我国智能装备产业规模已接近3万亿元，市场满足率超过50%，工业软件产品收入突破2400亿元；主营业务收入超10亿元的智能制造系统解决方案供应商达到近百家，服务范围覆盖90%以上的制造业领域。随着国家政策的大力推动、企业转型需求的强力拉动、新技术新产品的强烈驱动，我国智能制造发展将进一步加速，工业互联网、大数据、5G、机器人、传感器、工业软件、3D打印等智能制造行业领域发展空间潜力巨大。

初步形成较为完善的智能制造产业链。当前，我国智能制造系统已形成四个层级，分别为流水线自动化、智能工厂等，主要属于系统集成及自动化生产的应用级别；工业机器人、自动化机床，提供数字化生产解决方案等服务的操作级；云计算、大数据、SCADA、工业互联网等数据传输技术信息互通级；主要提供信息采集、传感技术的信息采集级。四个层级都具备了良好的发展基础，初步形成了较为完善的产业链①。

智能制造水平不断提升。工业和信息化部数据显示，“十三五”期间，我国已建成600多个具备先进水平的智能工厂，智能制造示范项目生产效率平均提高44.9%，能源利用率提升19.8%，运营成本降低25.2%，产品研制周期缩短35%，产品不良品率降低35.5%。新增两化融合管理体系贯标企业超过3万家，炼化、印染、家电等领域接近国外先进水平。到2022年年底，全国工业企业关键工序数控化率和数字化研发设计工具普及率达到58.6%、77.0%。通过智能化改造，智能制造示范工厂的生产效率平均提升32%，资源综合利用率平均提升22%，产品研发周期平均缩短28%，运营成本平均下降19%，产品不良率平均下降24%。基本形成综合型、特色型、专业型的多层次工业互联网平台体系，重点平台连接设备超过8100万台（套），覆盖国民

① 李培根，高亮．智能制造概论[M]．北京：清华大学出版社，2021：11.

经济45个行业大类，平台化设计、数字化管理、智能化制造、网络化协同、个性化定制、服务化延伸等新模式新业态蓬勃发展。

智能制造新业态新模式不断涌现。随着我国工业互联网网络、平台、安全三大体系夯基架梁工作基本完成，网络协同制造、大规模个性化定制化服务、全生命周期管理、总集成总承包、共享制造、远程在线监测与维护服务等智能制造新业态新模式不断涌现，5G、人工智能（AI）等新兴技术逐步加快向设计仿真、质量检测、设备管理维护、供应链管理等应用场景拓展。

智能制造标准和支撑体系不断完善。我国已初步建立了国家智能制造标准体系，构建了国际先行的标准，还积极参与国际标准的制定与合作。目前，我国已经制定发布了近340项国家标准，建成近200个标准试验验证平台，在石化、船舶、建材等14个行业建立了智能制造标准体系，涵盖智能制造全流程，在顶层设计、互联互通、新模式应用等领域，主导制定了多项智能制造国际标准，实现国际标准的突破，我国进入全球智能制造标准体系建设先进行列①。

政策支持是智能制造快速发展的重要推动力。近几年，党中央、国务院和相关部委及各省份出台了一系列推动智能制造的发展政策（见表4-1）。2015年1月，国务院印发的《中国制造2025》是我国实施制造强国战略第一个十年行动纲领，随后出台了11个配套的实施指南、行动指南和发展规划指南，顶层设计已基本完成，多方面转入实施阶段。2021年12月，工业和信息化部等八部门联合印发《“十四五”智能制造发展规划》，提出“到2025年，规模以上制造业企业基本普及数字化，重点行业骨干企业初步实现智能转型。到2035年，规模以上制造业企业全面普及数字化，骨干企业基本实现智能转型”的目标，这些政策文件为我国智能制造快速发展进行了总体布局，指明了重点发

① 左世全，主编．中国战略性新兴产业研究与发展：智能制造［M］．北京：机械工业出版社，2021：177-181.

展方向，为智能制造快速发展提供了强大政策支撑，必将加快我国智能制造高质量发展。

表4－1 近年来我国出台的智能制造相关重要政策

时间	政策名称	主要内容
2015年1月	国务院《关于积极推进“互联网＋”行动的指导意见》	以加快新一代信息通信技术与工业深度融合为主线，以实施“互联网＋”制造业和“互联网＋”的小微企业为重点，以高速宽带网络基础设施和信息技术产业为支撑，从技术路线、产业模式、政策保证等方面全方位细化生态体系建设，致力于打造新形势下产业竞争新优势
2015年1月	国家发展改革委《标准联通“一带一路”行动计划（2015—2017）》	提出要聚焦沿线国家共同的重点关切，加快电力、铁路、海洋、航空航天等基础设施领域，节能环保、新一代信息技术、智能交通、高端装备制造、生物、新能源、新材料等新兴产业领域标准合作
2015年5月	国务院《中国制造2025》	到2025年，中国制造业整体素质大幅提升，创新能力显著增强，全员劳动生产率明显提高，智能化、服务化、绿色化达到国际先进水平，中国进入世界制造强国的行列。其中明确提出把智能制造作为两化深度融合的主攻方向
2015年7月	国务院《关于积极推进“互联网＋”行动的指导意见》	推动互联网与制造业融合，提升制造业数字化、网络化、智能化水平，加强产业链协作，发展基于互联网的协同制造新模式。在重点领域推进智能制造、大规模个性化定制、网络化协同制造和服务型制造，打造一批网络化协同制造公共服务平台，加快形成制造业网络化产业生态体系
2016年1月	工业和信息化部、国家标准委《国家智能制造标准体系建设指南》	制定智能制造标准建设思路，智能制造系统体系结构、框架等，制定智能制造基础共性、关键技术、重点行业三大标准
2016年3月	工业和信息化部、国家发展改革委、财政部《机器人产业发展规划（2016—2020年）》	到2020年，在工业机器人领域，聚焦智能生产、智能物流，重点发展弧焊机器人、真空（洁净）机器人、全自主编程智能工业机器人、人机协作机器人、双臂机器人、重载AGV等6种标志性工业机器人产品，引导我国工业机器人向中高端发展
2016年5月	国务院《关于深化制造业与互联网融合发展的指导意见》	打造制造企业互联网“双创”平台、推进互联网企业构建制造业“双创”服务体系，支持制造企业与互联网企业跨界融合，培育制造业与互联网融合新模式等七项主要任务

续表

时间	政策名称	主要内容
2016 年 6 月	工业和信息化部、国家发展改革委、财政部《机器人产业发展规划（2016—2020）》	到 2020 年，形成较为完善的机器人产业体系。技术创新能力和国际竞争能力明显增强，产品性能和质量达到国际同类水平，关键零部件取得重大突破，基本满足市场需求
2016 年 7 月	国务院《国家信息化发展战略纲要》	推进信息化和工业化深度融合。加快实施《中国制造 2025》，推动工业互联网创新发展。以智能制造为突破口，加快信息技术与制造技术、产品、装备融合创新，推广智能工厂和智能制造模式，全面提升企业研发、生产、管理和服务的智能化水平
2016 年 9 月	工业和信息化部《智能硬件产业创新发展专项行动（2016—2018 年）》	到 2018 年，我国智能硬件全球市场占有率超过 30%，产业规模超过 5000 亿元
2016 年 11 月	工业和信息化部、财政部《智能制造发展规划（2016—2020 年）》	2025 年前，推进智能制造实施“两步走”战略：第一步，到 2020 年，智能制造发展基础和支撑能力明显增强，传统制造业重点领域基本实现数字化制造，有条件、有基础的重点产业智能转型取得明显进展；第二步，到 2025 年，智能制造支撑体系基本建立，重点产业初步实现智能转型
2017 年 1 月	工业和信息化部《促进新一代人工智能产业发展三年行动计划（2018—2020 年）》	推动建设相关领域的制造业创新中心。支持重点行业和关键领域加大应用力度，促进人工智能产业突破发展。力争到 2020 年，实现“人工智能重点产品规模化发展、人工智能整体核心基础能力显著增强、智能制造深化发展、人工智能产业支撑体系基本建立”的目标
2017 年 7 月	国务院《新一代人工智能发展规划》	分三步走：第一步，到 2020 年人工智能总体技术和应用与世界先进水平同步，第二步，到 2025 年人工智能基础理论实现重大突破，部分技术与应用达到世界领先水平；第三步，到 2030 年人工智能理论、技术与应用总体达到世界领先水平，成为世界主要人工智能创新中心
2017 年 8 月	工业和信息化部《制造业“双创”平台培育三年行动计划》	以构建基于互联网的制造业“双创”平台为主线，打造资源富集、开放共享、创新活跃、高效协同的“双创”新生态，到 2020 年年底，重点行业骨干企业互联网“双创”平台普及率超过 85%

续表

时间	政策名称	主要内容
2017 年 10 月	工业和信息化部《高端智能再制造行动计划（2018—2020 年）》	到 2020 年，突破一批制约我国高端智能再制造发展的拆解、检测、成形加工等关键共性技术，智能检测、成形加工技术达到国际先进水平；发布 50 项高端智能再制造管理、技术、装备及评价等标准；初步建立可复制推广的再制造产品应用市场化机制；推动建立 100 家高端智能再制造示范企业、技术研发中心、服务企业、信息服务平台、产业集聚区等，带动我国再制造产业规模达到 2000 亿元
2017 年 11 月	国务院《关于深化“互联网 + 先进制造业”发展工业互联网的指导意见》	到 2025 年，实现覆盖各地区、各行业的工业互联网网络基础设施基本建成，标识解析体系不断健全并规模推广，形成若干家具有国际竞争力的工业互联网平台等；到 2035 年，我国工业互联网重点领域实现国际领先；到 21 世纪中叶，工业互联网综合实力进入世界前列；打造网络、平台、安全三大体系，推进大型企业集成创新和中小企业应用普及两类应用，构筑产业、生态、国际化三大支撑 7 项任务，简称“工业互联网发展 323 行动”
2018 年 5 月	工业和信息化部《工业互联网发展行动计划》	到 2020 年年底，初步建成工业互联网基础设施和产业体系
2018 年 5 月	工业和信息化部《工业互联网 APP 培育工程（2018—2020 年）》	到 2020 年，培育 30 万个工业 APP，全面覆盖研发设计、生产制造、运营维护和经营管理等制造业关键业务环节的重点需求；工业 APP 应用取得积极成效，创新应用企业关键业务环节工业技术软件化率达到 50%
2018 年 6 月	工业和信息化部《工业互联网发展行动计划（2018—2020 年）》	到 2020 年年底，初步建成工业互联网基础设施和产业体系
2018 年 8 月	工业和信息化部、国家标准委《国家智能制造标准体系建设指南》	到 2018 年，累计制修订 150 项以上智能制造标准，基本覆盖基础共性标准和关键技术标准。到 2019 年，累计制修订 300 项以上智能制造标准，全面覆盖基础共性标准和关键技术标准，逐步建立起较为完善的智能制造标准体系
2018 年 8 月	工业和信息化部《推动企业上云实施指南（2018—2020 年）》	推动企业利用云计算加快数字化、网络化、智能化转型。推进互联网、大数据、人工智能与实体经济深度融合
2019 年 7 月	工业和信息化部《加强工业互联网安全工作的指导意见》	到 2020 年年底，工业互联网安全保障体系初步建立；到 2025 年，制度机制健全完善，技术手段能力显著提升，安全产业形成规模，基本建立起较为完备可靠的工业互联网安全保障体系

续表

时间	政策名称	主要内容
2019 年 8 月	国家发展改革委等 15 部门《关于推动先进制造业和现代服务业深度融合发展的实施意见》	多部门联合提出推进建设智能工厂、加快工业互联网创新应用，培育融合发展新业态新模式，探索重点行业重点领域如原材料、消费品工业与服务业融合发展新路径，发挥多元化融合发展主体作用等意见
2020 年 2 月	工业和信息化部《关于工业大数据发展的指导意见》	促进工业数据汇聚共享、融合创新，提升数据治理能力，加强数据安全管理，着力打造资源富集、应用繁荣、产业进步、治理有序的工业大数据生态体系
2020 年 2 月	工业和信息化部《建材工业智能制造数字转型三年行动计划（2020—2022 年）》	加快新一代信息技术在建材工业推广应用，促进建材工业全产业链价值链与工业互联网深度融合，构建网络安全和密码应用支撑体系。促进行业智能化生产、网络化协同、规模化定制、服务化延伸，夯实建材工业信息化支撑基础。提升智能制造关键技术创新能力
2020 年 8 月	国家标准委、国家发展改革委、工业和信息化部等《国家新一代人工智能标准体系建设指南》	到 2023 年，初步建立人工智能标准体系，重点研制数据、算法、系统、服务等重点急需标准，并率先在制造、交通、金融、安防、家居、养老、环保、教育、医疗健康、司法等重点行业和领域进行推进。建设人工智能标准试验验证平台，提高公共服务能力
2020 年 9 月	工业和信息化部《建材工业智能制造数字转型行动计划（2021—2023 年）》	建材工业信息化基础支撑能力显著增强，形成较为完善的产业生态和服务体系，智能制造关键共性技术取得创新性突破，重点领域示范引领和推广应用取得明显成效，全行业数字化智能化网络化水平大幅提升，推动建材工业全产业链高级化、现代化，加快迈入先进制造业
2021 年 1 月	工业和信息化部《工业互联网创新发展行动计划（2021—2023 年）》	到 2023 年，新型基础设施进一步完善。融合应用成效进一步显现，技术创新能力进一步提升，产业发展生态进一步健全，安全保障能力进一步增强。工业互联网新型基础设施量质并进，新模式、新业态大范围推广，产业综合实力显著提升
2021 年 3 月	国家发展改革委《关于加快推动制造服务业高质量发展的意见》	加快发展工业软件、工业互联网，培育共享制造、共享设计和共享数据平台，推动制造业实现资源高效利用和价值共享
2021 年 11 月	工业和信息化部《“十四五”信息化和工业化深度融合发展规划》	到 2025 年，信息化和工业化在更广范围、更深程度、更高水平上实现融合发展，新一代信息技术向制造业各领域加速渗透，范围显著扩展、程度持续深化、质量大幅提升，制造业数字化转型步伐明显加快，全国“两化”融合发展指数达到 105

续表

时间	政策名称	主要内容
2021 年 12 月	工业和信息化部《“十四五”智能制造发展规划》	到 2025 年，规模以上制造业企业大部分实现数字化网络化，重点行业骨干企业初步应用智能化；到 2035 年，规模以上制造业企业全面普及数字化网络化，重点行业骨干企业基本实现智能化
2021 年 12 月	国务院《“十四五”数字经济发展规划》	到 2025 年，产业数字化转型迈上新台阶。制造业数字化、网络化、智能化更加深入，生产性服务业融合发展加速普及，产业数字化转型支撑服务体系基本完备
2022 年 7 月	工业和信息化部等五部门《关于开展 2023 年度智能制造试点示范行动的通知》	遴选一批智能制造优秀场景，以揭榜挂帅方式建设一批智能制造示范工厂和智慧供应链，在各行业、各领域选树一批排头兵企业，推进智能制造高质量发展
2022 年 12 月	中共中央、国务院《扩大内需战略规划纲要（2022—2035 年）》	推进制造业高端化、智能化、绿色化。深入实施工业互联网创新发展战略。促进数据、人才、技术等生产要素在传统产业汇聚，推动企业加快数字化改造。发展智能制造、绿色制造，推动生产方式朝柔性、智能、精细化方向转变
2023 年 9 月	工业和信息化部《关于组织 2023 年新一代信息技术与制造业融合发展示范申报工作的通知》	围绕深化新一代信息技术与制造业融合发展，聚焦“数字领航”企业、两化融合管理体系贯标、特色专业型工业互联网平台等方向，遴选一批标杆示范项目，探索形成可复制、可推广的新业态和新模式，为推进新型工业化发展明确路径和方向
2023 年 12 月	工业和信息化部等八部门《关于加快传统制造业转型升级的指导意见》	完善智能制造、两化融合、工业互联网等标准体系，加快推进数字化转型、智能制造等贯标，提升评估评价公共服务能力，加强工业控制系统和数据安全防护，构建发展良好生态
2024 年 1 月	工业和信息化部等七部门《关于推进未来产业创新发展的实施意见》	发展智能制造、生物制造、纳米制造、激光制造、循环制造，突破智能控制、智能传感、模拟仿真等关键核心技术，推广柔性制造、共享制造等模式，推动工业互联网、工业元宇宙等发展
2024 年 3 月	工业和信息化部等七部门《关于印发推动工业领域设备更新实施方案的通知》	推广应用智能制造装备和加快建设智能工厂

资料来源：笔者收集整理。

（二）存在问题

尽管近年来在国家政策大力推动下，我国智能制造行业实现快速发展，但也存着一些突出问题。

（1）我国智能制造总体发展水平相对较低。当前，我国智能制造总体上处于“电气自动化 + 数字化”发展阶段，在技术创新能力、产业基础水平、资源利用效率、质量效益水平等方面与世界制造强国尚有不小差距。智能制造涵盖了多种技术的深度融合，包括数控技术、工业机器人技术、传感技术、测试技术、数据采集与处理技术、信息技术、云计算技术、互联网技术、人工智能技术、生产管理等与产品生产全生命周期相关的多种技术。我国在某些技术领域有所突破，但一些智能制造的共性技术、关键技术存在缺失，基础零部件及元器件、基础软件、基础材料、基础工艺和产业技术基础、工业软件等基础性关键领域存在短板。智能装备、系统解决方案供给与市场需求的适配性不高，高档数控机床、工业机器人、增材制造装备、智能传感与控制装备、智能检测装备等供给能力仍需加强。另外，工业辅助设计、工业流程控制、三维建模、产品设计等软件产品均以国外软件产品为主，导致制造业对国外产品形成依赖，缺乏对关键工艺技术和基础数据的研发积累，技术空心化趋势明显。中国电子技术标准化研究院发布的《智能制造成熟度指数报告（2022）》统计显示，2022 年我国 63% 的企业智能制造成熟度水平在一级及以下，核心业务重要环节还未实现标准化和数字化①。

（2）行业发展水平差别较大。当前，我国智能制造主要集中在工业机器人、汽车、冶金、化工、家电等智能制造应用相对成熟的行业，各行业之间的智能制造发展水平差距较大。其中，汽车、计算机通信、家电制造等行业生产体系标准、自动化程度很高，智能制造发展水平也较高；纺织服装、机械装备等行业受成本控制、节能减排、创新模式因

① 中国电子技术标准化研究院．智能制造成熟度指数报告(2022)[R]. 2023.

素影响，智能制造加快改进，水平逐步提高；石油、化工、制药等行业由于体系工艺复杂、技术门槛高，智能制造发展相对缓慢；食品饮料、文体娱乐等制造业生产方式较为粗放，智能制造水平相对较低。另外，制造业企业在智能制造发展阶段上参差不齐，许多中小企业仍处于数字化转型的起步阶段，面临智能化转型意识不足、资源匮乏等问题。对于一些产业规模较小且依据企业需求不同对定制化要求较高行业的智能化设备及其解决方案，市场资本投入较小，导致不同规模的企业智能制造水平差距较大，尤其是中小企业智能制造水平相对较低。

（3）区域发展水平失衡。总体上，我国智能制造呈“东强西弱”状况，人才、资本、科技等优质资源过度集中于东部沿海，及经济发达、工业基础雄厚、高校院所集中的地区，支撑智能制造发展的创新要素分布比较丰富，地方政府对智能制造发展的支持力度也较大，东部沿海地区智能制造发展水平相对较高，而在制造业技术、人才、资金等资源相对薄弱的西部地区，智能制造发展水平相对较为落后。以工业互联网与工业机器人的专利为例，其多集中于北京、上海、广东、江苏、浙江等省份，其中各省份地区生产总值上万亿元城市的专利聚集率高于60%，发明专利的聚集度明显更高；在智能装备专利分布上，传统重工业地区如长江三角洲、珠江三角洲地区更具优势。另外，从智能制造企业和融资情况看，企业主要集中在北京、长三角、珠三角地区；从融资金额来看，长三角地区融资总额最高，珠三角地区融资主要集中在深圳。

（4）智能制造相关领域的高端人才紧缺。当前，我国智能制造面临高端人才缺口大、培养机制跟不上、现有制造业人员适应智能制造要求的转型难度较大等问题。根据教育部、人力资源和社会保障部、工业和信息化部联合发布的《制造业人才发展规划指南》预测，到2025年，智能制造领域人才需求900万人，人才缺口将达到450万人。智能制造作为一个系统工程，涉及机械工程、控制科学与工程、计算机科学等多个学科，交叉学科背景的工程师是当下急需人才。智能制造转型升级创造的新职位需要新型技术人才，传统就业人员并不一定能在短期内转型并适应智能制造领域新职位需求，而当前我国在教育和职业培训领域的问题制约了新型复合型高端人才的培养，无法满足我国智能制造领域对高端人才的需求。

（5）智能制造关键技术领域尚需进一步提升。由于我国对智能制造产品和技术的投入仍显著落后于美国、德国等发达国家，智能制造产品和技术创新水平有待提升，在高端产品如半导体、高端数控机床、工业机器人核心零部件等智能制造关键领域“卡脖子”问题依然严重，这些领域的技术和产品相对于美欧等制造业发达国家仍存在一定差距。近年来这些领域的发展受到美欧等国家在技术和零部件出口限制等方面的遏制，会对我国智能制造技术升级造成一定影响，因此，必须加快提升智能制造关键技术和设备领域的自主创新能力。

（6）工业互联网、大数据等领域安全面临严重威胁。工业互联网和大数据系统作为智能制造的“血脉”，其安全性直接关系到智能制造的安全，随着智能制造的不断升级发展，工业互联网、大数据等领域的安全问题尤其需要高度重视。当前，我国工业互联网和大数据系统等安全领域面临的威胁较为严峻，国外一些恶意势力对我国工业互联网和大数据基础性设备和系统的攻击正在增多，攻击范围、深度都在扩张，对我国工业互联网构成严峻安全挑战，为此，我国需要加快构建安全可靠的工业互联网和大数据安全保障体系。

（7）我国智能制造受国外遏制的程度越来越严重。当前，我国智能制造产品主要贸易国为以美国、日本、德国等为代表的智能制造强国，智能制造产品的出口数额逐年增长，由于智能制造产品贸易过于集中等原因，容易受到这些国家的遏制和打压。自 2016 年开始，以美国为首的西方国家持续发动数轮针对我国智能制造产品的贸易反倾销，还从技术壁垒、政策壁垒等方面不断限制我国智能制造产品技术升级的空间，我国在未来将遭受愈演愈烈的智能制造产品贸易摩擦。自 2020 年新冠疫情在全球暴发以来，美国、日本、德国、英国、澳大利亚等国家纷纷制定了一系列旨在限制我国智能制造产品出口的不平等措施，其中包括限制我国航空发动机、核能技术、军工技术等涉密领域的产品出口，可以预见以美国为首的西方发达国家将会不断加大对我国智能制造产品出口的限制力度，因此，必须及时采取必要的反制措施和有效的应对策略，以抵御智能制造产品贸易摩擦对我国智能制造产业转型升级的巨大冲击。

（三）发展趋势

（1）“工业互联网+制造”开放价值链智能制造快速发展。当前，智能制造已经进入使用软件管理系统的数字化制造阶段，未来全球智能制造将朝“工业互联网+制造”所构建的数字化、网络化开放价值链方向快速发展。深度学习型智能化制造、智能制造装备和工业软件、智能制造服务、行业数字化解决方案等领域将成为智能制造发展的重点领域①。

（2）智能制造装备企业逐步向系统方案解决供应商转型。当前，我国智能制造发展仍处于应用普及阶段，在生产劳动力、土地等各类生产要素成本快速上涨的背景下，传统制造业成本竞争优势不断减弱，企业迫切需要通过发展智能制造，推动传统制造业向数字化、网络化、智能化转型，企业的数字化研发设计工具普及率、关键工序数控化率及面向日益多样化、个性化的客户需求智能生产将进一步发展。未来装备制造企业将不断加强与系统解决方案供应商之间的协同创新，增强智能制造一体化解决方案供应能力，为制造企业提供生产智能化、柔性化、定制化的系统解决方案②。

（3）“云制造”将成为加速制造业转型升级的重要推手。作为数字化转型的核心技术之一，云计算技术逐步成为各制造企业追逐的热点，积极推动“企业上云”，以期通过互联网、云平台等手段，将工业软

① 徐智浩，吴鸿敏，周雪峰．智能制造：开启制造强国之路［J］．广东科技，2022（2）：16－19.

② 钟志华，臧冀原，延建林，等．智能制造推动我国制造业全面创新升级［J］．中国工程科学，2020，22（6）：136－142.

件、大数据、产品加工、检验检测等制造资源进行整合，提升制造能力和与产业链前后端的互联互通、实现按需配置制造资源的能力。在“企业上云”需求的驱动下，国内已涌现出一批工业互联网、云服务平台供应企业，“云生态系统”将加速形成，将培育出一批不同行业、各具特色的智造企业。未来，“云制造”将成为加速实现制造强国战略目标的智能制造重要模式和手段。

（4）“互联网+”模式促进智能制造价值链向价值网转变。在以工业互联网、大数据、云计算等为基础的新一轮科技革命不断深化的背景下，国内掀起了商业模式的创新热潮，衍生出一批以“互联网+”为主导的新模式，“互联网+制造”在国内得到广泛推广，将逐步改变传统制造业的生产理念、经营模式及消费端的消费模式，“互联网+”与制造业的深度融合则可以实现制造业价值链的双向传导，从而形成附加值更高的“价值网”，串联产业链各个环节创造新的发展契机。

（5）智能制造服务化转型步伐逐步加快。随着智能制造产品和技术应用的范围逐步扩大，将形成分布式智能生产网络，以终端客户需求为主导，促进工业的服务化转型。传统制造将加快向产业链两边延伸，实现与服务领域深度融合，工业服务领域价值将显著提升，工业服务与新一代信息技术将实现融合发展，面向全产业链的工业服务产品体系将会逐步形成，以服务为核心整合多方资源的智能远程运维创新中心将快速发展。

（6）人工智能、工业大数据、智能平台等智能制造关键技术快速发展。一是未来为解决工业智能产品或具体工业痛点问题，提供方案的市场需求潜力将进一步得到释放，这必将拉动人工智能技术快速发展。二是工业核心数据、关键技术专利等数字化资产对智能制造企业的价值正在加速提升，基于大数据的智能制造将需要更多服务型应用场景，因此工业大数据将成为智能制造和工业互联网发展的核心。三是设备状态智能管理系统将成为远程运维的新模式，将形成以数据为核心，从智能采集、智能分析、智能诊断、智能排产、自动委托、推送方案、远程支持到智能检验，再进入新一轮智能采集的闭环运行模式。四是工业区块链技术加快应用并将服务于数据安全及分布式智能生产网络，协作机器人将成为工业机器人的主流发展方向，基于算法的工业智能平台将成为应用场景的重要支撑平台，云边协同将成为工业智能应用产品的重要技术路线，引领工业互联网发展。五是工艺装备的智能化将成为制造业转型发展的突破口。未来核心工艺装备与人工智能融合，实现工艺装备的智能化，将成为制造业转型发展的突破口。[①]

二、未来智能制造新业态新模式发展重点

（一）加快完善我国智能制造产业体系

基于当前我国智能制造发展状况及未来发展趋势，应重点推进智能制造新模式新业态快速发展。

一是积极发展智能制造新模式。以网络化、数字化、智能化为出发点的智能制造技术为抓手，推进智能工厂、数字化车间等新型智能模式。运用网络化制造、个性化适应、众包与创新、远程服务等智能新路径发展先进产业的新业态。二是积极创新拓展智能制造的新发展路径。要在高端制造、机器人制造、工业智能化和工业化上寻找新突破口，同时推动建设新型智能制造园区，加快智能工业区建设，打造智能制造发展的新引擎。三是大力扶持发展服务型智能制造业。加快推动智能制造企业从以产品为中心向以用户为中心转变，服务占据越来越突出的地位，实现全球化、远程化、实时化、全程化的服务。引导大型企业成立智造中心，尤其是鼓励具备相关资质的企业参与进来，积极培育技术创新、科技改革的业态新模式。充分运用物联网、大数据、云计算等智能制造的关键技术，大力扶持企业开发和拓展在线监测、全寿命周期管

① 董凯．智能制造发展十大趋势[J]．机器人产业，2021，9(1)：58－61.

理、供应链金融等新兴业务，不断催生远程智能云服务等全新的商业模式和服务形态，提升智能制造企业的自主创新能力和服务能力。①

我国智能制造标准体系如图 4－1 所示。

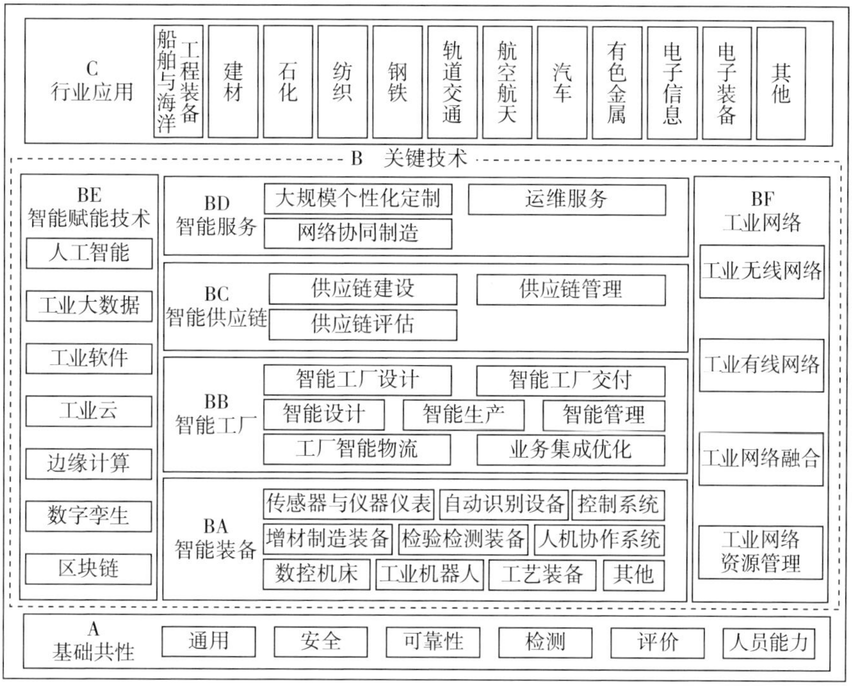

图 4－1 我国智能制造标准体系

资料来源：《国家智能制造标准体系建设指南（2021 版）》。

（二）加快培育推广智能制造新业态新模式

（1）加快推广壮大智能制造新业态新模式。近几年，我国通过不断出台相关智能制造支持政策、持续组织实施智能制造试点示范专项行动等途径，推动了我国智能制造的快速发展，积累总结出大规模个性化定制、产品全生命周期管理模式、柔性制造、互联工厂、产品全生命周

① 工业和信息化部，国家标准化管理委员会．关于印发《国家智能制造标准体系建设指南（2021 版）》的通知（工业和信息化部联科〔2021〕187 号）[A/OL]．(2021－11－17)[2023－08－12]．https://www.gov.cn/zhengce/zhengceku/2021－12/09/content_5659548.htm.

期可追溯、全生产过程能源优化管理、网络协同制造、远程运维服务等智能制造新模式新业态（见表4－2），应进一步加快推动这些新模式新业态的推广壮大，并随着我国智能制造相关领域的发展加快创新。

表4－2　主要智能制造新业态新模式发展重点①②③

模式	效果	主要特点及实践
大规模个性化定制	满足用户个性化需求	设计和生产“柔性化”，形成柔性的、满足个性化需求的高效能、大批量生产模式，加强供应链各环节的联系和协作，提高设计、生产、仓储、配送和销售效率。在服装、纺织、家居、家电等消费品领域，探索形成了以满足用户个性化需求引领的大规模个性化定制模式。主要做法是实现产品模块化设计、构建产品个性化定制服务平台和个性化产品数据库，实现定制服务平台企业研发设计、计划排程，供应链管理、售后服务等信息系统的协同与集成
产品全生命周期管理模式	缩短产品研制周期	在航空装备，汽车，船舶、工程机械等装备制造领域，探索形成了以缩短产品研制周期为核心的产品全生命周期数字一体化模式
柔性制造	快速响应多样化市场需求	在铸造、服装等领域，探索形成了快速响应多样化市场需求的柔性制造模式，主要做法是实现生产线可同时加工多种产品零部件，车间物流系统实现自动配料，构建高级排产系统（APS），并实现工控系统、制造执行系统（MES）、企业资源计划系统（ERP）之间的高效协同与集成
互联工厂	打通企业运营的“信息孤岛”	在石化、钢铁、电子、家电等领域，探索形成了以打通企业运营“信息孤岛”为核心的互联工厂模式，主要做法是应用物联网技术实现产品、物料等的唯一互联工厂，构建了生产数据采集系统、制造执行系统（MES）和企业资源计划系统（ERP），并实现这些系统之间的协同与集成
产品全生命周期可追溯	提升产品质量管控能力	在食品、制药等领域，探索形成了以质量管控为核心的产品全生命周期可追溯模式，主要做法是让产品在全生命周期具有唯一标识，应用传感器、智能仪器仪表、工控系统等自动采集质量管理所需数据，通过制造执行系统（MES）系统开展质量判异和过程判稳等在线质量检测和预警等

---

① 左世全，主编．中国战略性新兴产业研究与发展：智能制造［M］．北京：机械工业出版社，2021：177－181.

② “新一代人工智能引领下的制造业新模式新业态研究”课题组．新一代人工智能引领下的制造业新模式与新业态研究［J］．中国工程科学，2018，20（4）：66－72.

③ 北京联创新天科技有限公司．中国智能制造行业市场现状及发展前景分析［R/OL］．http://www.allysys.net/nd.jsp?fromColId=2&id=16.

续表

模式	效果	主要特点及实践
全生产过程能源优化管理	提高能源利用率	在石化、有色、钢铁等行业，探索形成了以提高能源资源利用率为核心的全过程能源优化管理模式，主要做法是通过制造执行系统（MES）采集关键装备，生产过程、能源供给等环节的能效数据，构建能源管理系统（EMS）或制造执行系统（MES）中具有能源管理的模块，基于实时采集的能源数据对生产过程、设备、能源供给及人员等进行优化
网络协同制造	供应链上下游协同优化	基于先进的网络技术、制造技术及其他相关技术，构建面向特定需求的基于网络的制造系统，突破空间对企业生产经营范围和方式的约束，实现企业内各环节“纵向集成”和供应链上下游“横向集成”的协同制造。 在航空航天、汽车等领域，探索形成了以供应链优化为核心的网络协同制造模式，主要做法是建设跨企业制造资源协同平台，实现企业间研发、管理和服务系统的集成和对接，为介入企业提供研发设计、运营管理、数据分析、知识管理、信息安全等服务，开展制造服务和资源的动态分析和柔性配置等
远程运维服务	提高装备产品运维服务水平	运用传感、通信、大数据分析等技术手段，通过设备远程运维平台，对生产过程、生产设备的关键参数进行实时监测，对故障及时报警。 在动力装备、电力装备、工程机械、汽车、家电等领域，探索形成了远程运维服务模式，主要做法是智能装备产品远程运维服务平台、专家库和专家系统以及实现运维服务平台与产品全生命周期管理系统（PLM）、客户关系管理系统（CRM）、产品研发管理系统的协同与集成等
数字化制造/数字化车间/智能工厂	提高产品生产效率和质量	通过信息物理系统（CPS）实现工厂/车间的设备传感和控制层的数据与企业信息系统融合，使得生产大数据传到云计算数据中心进行存储、分析，形成决策并指导生产，从生产过程数字化到智能工厂。 在石化、钢铁、冶金、建材、纺织、造纸、医药、食品等流程制造领域，企业发展智能制造的内在动力在于产品品质可控，侧重于从生产数字化建设起步，基于品控需求从产品末端控制向全流程控制转变。 从智能制造生产单元（装备和产品）到智能工厂。在机械、汽车、航空、船舶、轻工、家用电器和电子信息等离散制造领域，企业发展智能制造的核心目的是拓展产品价值空间，侧重于从单台设备自动化和产品智能化入手，基于生产效率和产品效能的提升实现价值增长。 从个性化定制到互联工厂。在家电、服装、家居等距离用户最近的消费品制造领域，企业发展智能制造的重点在于充分满足消费者多元化需求的同时实现规模经济生产，侧重于通过互联网平台开展大规模个性定制模式创新

续表

模式	效果	主要特点及实践
新一代人工智能制造	产品智能化	综合应用新一代人工智能、网络通信、精密传感器和全球定位系统（GPS）等新兴技术，使汽车、工程机械、农业机械等各类产品智能化
“云平台 +”制造	提高全球制造资源的利用率	通过建立云平台，在全球范围内，通过互联网协同进行产品设计、生产制造等，依靠行业、区域核心企业或企业群体的综合优势，灵活、快速响应市场需求
电子商务	快速响应市场，贯通生产、制造、消费者、服务于一体	基于互联网，应用浏览器/服务器方式，交易方线上进行各种商贸活动和相关的综合服务活动，大体上分为：集制造商、商家、消费者于一体（ABC），商家对商家（B2B），商家对消费者（B2C），消费者对消费者（C2C），商家对制造商（B2M），制造商对消费者（M2C），商家对行政机构（B2A），消费者对行政机构（C2A），线上线下一体化（O2O）等
软件定义的制造	提供智能制造软件平台	以云计算、大数据以及线上线下一体化平台为切入点，服务于传统制造企业，为制造企业提供协同化、定制化、平台化的制造服务

资料来源：笔者收集整理。

（2）继续开发拓展新业态新模式。《“十四五”智能制造发展规划》及我国智能制造标准体系建设等相关政策文件明确了未来我国深入推进智能制造的目标、任务、行动及相关措施。未来我国智能制造的重点领域将集中在关键核心和系统集成技术、智能制造行业应用、智能制造新兴产业、智能制造基础设施及支撑服务、智能制造服务化延伸等主要领域，提出了未来我国智能制造新业态新模式的发展重点（见表4－3）。

表4－3　“十四五”智能制造新业态新模式的发展重点

重要领域	具体内容
关键核心和系统集成技术	共性与适用性等核心技术研发服务。 智能制造系统规划设计、建模仿真、分析优化服务

续表

重要领域	具体内容
智能制造行业应用	建设智能场景、智能车间和智能工厂。 培育推广智能化设计、网络协同制造、大规模定制、共享制造、智能运维服务等新模式。 中小企业数字化转型应用场景、数字化改造产品及技术服务。 重点行业智能制造新技术、新装备和新模式推广服务。 区域智能制造发展解决方案，智能制造园区、先行区、聚集区规划设计服务。 新型智能产品。 数字化供应链管理服务
智能制造新兴产业	新型智能制造装备。 新型工业软件开发。 智能制造系统解决方案服务
智能制造基础设施及支撑服务	标准化制定：体系建设、研制、推广应用、国际合作。 基础设施建设：工业互联网等基础设施建设、工业数据中心、智能技术中心等算力设施建设。工业互联网平台建设。 智能制造安全服务。 智能制造人才教育培训服务
智能制造服务化延伸	从原有制造业务向价值链两端高附加值环节延伸，发展设备健康管理、产品远程运维、设备融资租赁、共享制造、供应链金融、总集成总承包等新型服务，实现“产品+服务”和“工程建设+运维服务”转变

资料来源：笔者根据《“十四五”智能制造发展规划》《“十四五”信息化和工业化深度融合发展规划》《“十四五”数字经济发展规划》等文件资料整理。

（三）加快构建完善智能制造生态系统

（1）加快完善和拓展智能制造生态系统。智能制造快速发展将推进价值链由以制造为中心向以服务为中心转变，越来越多的制造业企业从注重生产和产品向注重“产品+服务”的趋势发展和演进，将焦点瞄准产品的整个生命周期，“服务”在制造价值链中的比重越来越大。为此，应加快推进建设主要由智能产品、智能生产和智能服务三大功能系统以及工业智联网和智能制造云两大支撑系统集合而成的新一代智能制造系统（见图4-2）。

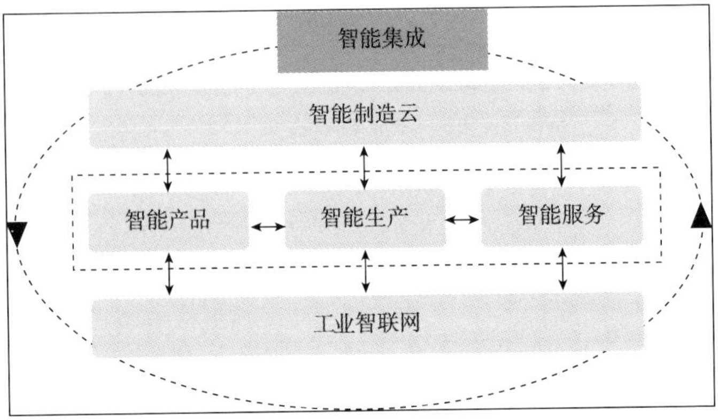

图4-2 新一代智能制造系统①

（2）创新商业模式打造智能制造生态体系。以市场应用需求为引导，创新探索“互联网+个性化定制+大数据营销”的商业模式，推动企业价值链向更加开放的价值网升级。鼓励机器人、高端数控机床、通信设备、软件开发、一体化解决方案供应企业与高校及科研机构组建涵盖技术研发、产品制造、应用推广和系统集成等跨行业、跨领域的智能制造服务平台，加强关键技术攻关，补齐我国在工业自动化、工业传感器、工业软件、工业互联网等领域的短板，夯实发展基础，积极推进应用服务创新，构建集智能产品、智能生产、智能服务于一体，资源共享、全链条协同发展的智能制造生态体系。

（3）提升智能制造系统解决方案。加快构建智能制造系统集成企业全流程智能化体系，建立企业级大数据库及提升其分析能力，在研发、试制、工艺、制造等环节全面应用数字化方法和工具，形成定制化的智能制造能力。

（4）加快对未来智能制造系统探索创新和实践。随着人工智能、互联网、5G、大数据、云计算、区块链等新一代信息技术的快速发展，人类正在进入“新互联网+大数据+人工智能+”时代，应加快探索

① 周济，李培根，周艳红，等．走向新一代智能制造[J]．工程(英文版)，2018，4(1)：11-20.

构建新一代人工智能技术引领下的智能制造系统（见表4-4），其将是一种“新互联网+新智能制造资源/能力/产品”的人/机/物/环境/信息新型智能互联制造系统。

表4-4 新一代人工智能技术引领下的智能制造系统内涵[①]

项目	主要内容
新技术	基于泛在网，借助新兴的制造科学技术、信息科学技术、智能科学技术及制造应用领域的技术等深度融合的数字化、网络化（互联化）、智能化技术工具，构成以用户为中心，统一经营的智慧制造资源、产品与能力的服务云（互联服务系统），使用户通过智慧终端及智慧云制造服务平台便能随时随地按需获取智慧制造资源、产品与能力服务，进而优质地完成制造全生命周期的活动
新特征	对制造全系统、全生命周期活动（产业链）中的人、机、物、环境、信息进行自主智能的感知、互联、协同、学习、分析、认知、决策、控制与执行
新内容	促使制造全系统及全生命周期活动中的人、技术/设备、管理、数据、材料、资金（六要素）及人流、技术流、管理流、数据流、物流、资金流（六流）集成优化
新模式	以用户为中心，人/机/物/环境/信息融合，互联化（协同化）、服务化、个性化（定制化）、柔性化、社会化、智能化的智慧制造新模式
新业态	泛在互联、数据驱动、共享服务、跨界融合、自主智慧、万众创新
新目标	实现高效、优质、节省、绿色、柔性的制造产品和服务用户，提高企业（或集团）的市场竞争能力

三、加快培育智能制造新业态新模式的重点任务

（一）优化布局智能制造基础设施建设

（1）加快推进数字基础设施建设。推进形成以新一代通信网络为基础、以数据和算力设施为核心、以融合基础设施为突破的新型数字基础体系，适度超前布局下一代智能设施体系，赋能智能制造。推进具有安全、泛在、高速等特征的物联网、千兆光纤网、5G、IPv6+等新一代网络基础设施建设。优化合理布局数据中心、云计算平台等多元化、智

① 李伯虎，柴旭东，张霖，侯宝存，等．新一代人工智能技术引领下加快发展智能制造技术、产业与应用[J]．中国工程科学，2018，20(4)：73-78.

能化的算力基础设施，推动大型数据中心有序建设，升级改造小型数据中心，丰富应用场景，促进数字基础设施与应用场景的深度融合。

（2）加快智能制造创新平台建设。围绕关键领域，支持创新载体建设，开展国家制造业创新中心建设。整合产学研资源，研究建立跨领域、跨地区的制造业创新中心，探索新机制、新模式，在有条件的地区和行业开展试点工作。组织开展智能制造示范城市（区）试点建设。聚焦智能传感、控制系统等领域，整合资源力量建设智能制造领域制造业创新中心、技术创新中心、工程研究中心等创新载体。鼓励研发机构加强资源共享，开展协同创新。

（二）加快提升核心技术产品创新能力

（1）加快提升重点技术和产品领域自主创新能力。进一步深化科研体制改革，加强科研机构与产业界的联动，提高半导体、高端数控机床、工业机器人核心零部件等的创新能力，突破这些关键领域的技术瓶颈。

（2）加强核心关键技术攻关，提升智能制造核心能力。加强智能制造基础理论、基础技术、先进工艺技术、共性技术等关键核心技术攻关，进一步增强基础研究和技术创新，提升动力支撑。聚焦设计、生产制造、经营管理、运维服务等制造全过程，研发设计仿真、协同优化等基础技术，突破精密加工、成型等先进工艺技术，攻克智能感知、高性能控制、人机协作、识别等共性技术，研发人工智能、5G、大数据、边缘计算等工业领域的适用性技术。[①]

（三）推动重点行业智能制造创新发展

（1）提升智能装备系统解决方案供给能力。加大对高档数控机床、激光与增材制造装备、协作机器人等新型装备的研发力度，在生物医

---

① 徐秋晨．“互联网＋”时代背景下江西省智能制造的对策研究[J]．现代工业经济和信息化，2021,210(12):9－10.

药、石化、电子信息、食品、汽车、智能家电等重点领域加强示范应用，通过示范工厂的建设带动智能装备的发展。积极落实首台（套）政策，探索首台（套）设备全流程保险补偿机制，对相关条款进行适时修订，落实首台（套）重大技术装备和研发费用加计扣除等政策。

（2）加快培育系统解决方案供应商。通过建立系统解决方案供应商名录、鼓励装备制造企业向系统解决方案供应商转变等方式，培育一批综合比较优势显著的智能制造系统解决方案供应商，提升系统集成能力。积极发挥国内行业龙头企业的带动引领作用，加大科技投入，加强与高校、科研院所开展产学研合作，针对工业软件进行技术突破，开发在航空、船舶、冶金、化工、汽车、材料、装备、电子等重点行业应用的国产工业软件产品，实现对国外产品的替代。

（3）开展重点行业智能制造应用示范。研究论证实施智能制造重大工程，继续组织开展智能制造试点示范专项行动。选择钢铁、石化、纺织、轻工、电子信息等领域，围绕推广普及"智能制造单元—智能车间—智能制造系统—智能工厂"，分期分批开展试点示范，逐步实现车间级、工厂级的智能化改造。研究制定智能制造城市和重点行业试点示范方案，明确目标、内容和主要措施，开展智能制造示范城市试点建设和重点行业智能制造示范工程建设。

（4）积极开展智能制造新业态培育。推动大数据等技术在工业企业研发、制造、管理、服务等环节的深度应用，指导各地探索面向不同行业、区域的数据驱动型企业发展模式，支持面向工业大数据核心设备、分析工业和行业应用平台的研发和应用示范，积极培育新技术、新业态、新模式。适应互联网与制造业融合以及智能制造转型发展趋势，将服务型制造发展作为制造业转型升级的核心任务，作为专项及政策支持的重点方向，研究制定服务型制造发展的指导意见，开展典型行业应用示范，积极支持企业拓展在线监控、全生命周期管理、融资租赁、智慧物流、合同能源管理、供应链金融等新业态。

（四）加快推动企业智能制造创新发展

提升企业智能制造水平。鼓励不同领域、产业链上下游设计企业、智能技术提供商、智能装备制造企业、应用服务商等企业加强交流合作，增强跨领域、多专业融合发展能力。完善企业培育体系，加大专精特新企业培育力度。充分发挥大型骨干企业的引领作用，鼓励企业基于技术优势，开展新技术新产品新模式创新，通过开放资源等形式与中小企业开展合作；积极培育细分领域专精特新配套企业。

（五）提升智能制造开放合作发展水平

（1）加强智能制造技术国际合作。坚持国内循环与国际循环有机衔接，围绕智能制造技术研发、标准研制、人才培养、应用示范等领域，强化智能制造领域深入开展国际交流与合作，推动5G、人工智能、工业互联网等新一代信息技术与制造业融合发展，共同促进全球制造业加速朝数字化、网络化、智能化方向升级。加强国际标准、应用示范等领域共商共建共享，积极参与国际及区域标准化活动，加强双边、多边的智能制造标准合作。

（2）加强智能制造国际合作平台建设。积极融入全球创新网络体系，通过构建与世界制造强国之间的产学研合作网络，采用知识产权合作、生产性服务合作、关键技术攻关等方法，联合世界技术强国共同开展前沿技术研究。进一步强化与智能制造领域的产品质量强国之间的技术合作交流，支持国内外企业及行业组织间开展智能制造技术交流与合作，深化民间的技术合作和产学研合作等多种途径，不断增强我国在智能制造领域的产品质量和技术水平，鼓励跨国公司、国外机构等在华设立智能制造研发机构、人才培训中心，建设智能制造示范工厂、产业园区。鼓励国内企业以参与国际并购、参股国外先进的研发制造等多种方式开展合作，掌握智能制造关键技术，逐步实现自主发展。充分发挥世界一流大学在智能制造产品技术攻关中的桥头堡作用，加强与国外大学在智能制造领域的合作。积极推动国际智能制造联盟建设，依托世界智能制造大会、智能制造国际会议等开展学术交流，坚持企业主体与市场导向，实现智能制造更高水平的开放。

（3）充分发挥多边合作机制强化国际合作。加快与各国政府建立高级别智能制造合作对话机制，进一步发挥“一带一路”倡议国际合作平台和机制的作用，积极开拓共建“一带一路”国家及RCEP成员国家市场，强化智能制造产品贸易及技术合作的推动性作用，推进智能制造装备、工业软件等产品“走出去”，加强与欧盟国家的科技人文交流，通过共同建立智能制造产品创新产业园区、智能制造产业园区和高端实验室，提高我国的智能制造产品创新能力。

（4）拓展智能制造国际贸易合作空间。为最大限度地降低大国竞争和全球产业链供应链重构对我国智能制造产品贸易的负面冲击，减小我国对发达国家智能制造关键技术的路径依赖，未来应进一步拓展智能制造国际合作范围和产品技术贸易空间，优化智能制造产品贸易结构，适度地增加高技术附加值智能制造产品在智能制造产品贸易结构中的占比，并通过积极进口具有技术外溢性的高技术产品来提升我国智能制造产品和技术水平。加强与智能制造技术水平落后但资源比较丰富的国家合作，进口可实现智能制造产业升级所必需的生产型材料。①

（5）优化智能制造国际合作环境。进一步完善智能制造产品进出口贸易环境，不断提高智能制造产品贸易的开放深度和开放广度，主动积极有效应对贸易摩擦，提高我国在智能制造产品贸易关系中的稳定性和持续性，提升我国在全球智能制造产品贸易网络中的地位。不断强化与周边国家之间的自由贸易区建设，深化RCEP、上合组织、金砖国家等多边合作机制，通过进一步开放我国与世界其他国家之间的智能制造产品贸易准入门槛，利用更高层次的交流和合作来打破智能制造产品贸

① 王启凤，霍祎黎．全球智能制造产品贸易的新格局及中国应对策略研究［J］．科学决策，2022(1):123－125.

易壁垒，进而优化我国智能制造产品进出口贸易环境，扩大智能产品和技术贸易规模。

（六）加快培育智能制造高端人才队伍

（1）加快培育智能制造高技术人才。加快培养一大批掌握制造技术、善于解决技术问题的智能制造高端人才。面向全球开展精准“招才”，积极探索“柔性”引才方式，吸引海外高端人才回流。构建国家及省级智能制造科研人才专家库，重点储备5G物联、人机协同、人工智能、智能传感与精密制造等关键领域人才。分层次推动高等学校、职业学校的智能制造学科建设，为企业、科研院所培养更多的专业人才。

（2）加快培育高技能企业管理人才。加快培养智能制造企业高技能人才，打造企业智能制造专业队伍。推动企业对内推进智能制造的设计、策划、执行，对外对接开展智能制造项目，同时组织和帮助企业内各部门的工程技术人员推进各自领域的智能升级。

（3）加快培育高级管理复合型人才。培养和造就一大批高质量、高水平的智能制造管理人才，尤其是企业家。培育一批具备通用性、专业性、融合性技能，能够推动智能制造体系的设计和规划，具有统筹全局的运作和规划能力的人才，打造智能制造系统建设专业队伍，打造支撑智能制造升级的工业软件、硬件和系统的专业队伍，同时打造能够高效执行智能制造、智能集成制造工程项目，为企业提供智能制造整体解决方案的专业队伍。

四、加快培育发展智能制造新业态新模式的政策建议

（一）强化智能制造重点领域顶层规划

（1）加强智能制造新业态新模式顶层设计。进一步推动智能制造产品技术、业态和模式创新等领域的顶层设计、制度保障与流程体系等

方面的建设，建立覆盖智能制造产业链与价值链的战略发展体系，并加大智能制造产品品牌建设力度，从根本上提升我国智能制造产品技术核心能力。[①]

（2）加快智能制造新兴产业体系构建。积极开展智能制造创新产业发展体系建设，加快推进制造业智能化建设，以技术手段推进信息技术与制造业的融合，以传感器和芯片推动基础件扫描器建设，以机器人和数控机床推动产业集群智能装备建设，不断推进应用和试点示范，提高整体集成化水平，逐步推进新型制造系统的智能化和协同化。

（3）积极搭建智能制造业发展产业平台。优化顶层设计，加快智能制造新型园区、高新区、经济区智能制造产业发展，加快智能制造产业基地和平台建设，大力推进产业链和产业集化、系统化、品牌化、规模化发展新格局。以大中型制造企业为智能制造龙头，拉动上下游相关中小企业推进智能制造转型升级。

（4）积极构建重点领域国家自主创新机制。立足于国家整体系统创新能力的提高，进一步深化智能制造产业技术创新的管理机制改革，从国家层面明确具体机构，统筹半导体、高端数控机床、工业机器人核心零部件等领域的自主创新问题。通过国家层次的统筹，在不断改革中建立与解决当前半导体、高端数控机床、工业机器人核心零部件“卡脖子”问题相适应的国家系统自主创新机制，提升制度化的创新突破能力，推动我国智能制造迈上新的台阶。

（5）加快建设智能制造相关领域国家技术创新平台。加快创建一批具有产业竞争力和创新成果转化能力的智能制造产品国家重点实验室，依托具有优势学科能力的一流大学，系统性地开展智能制造产品产学研用一体化的科学研究，不断地提高我国智能制造产品原创性研发能力，打造具有完全自主智能制造知识产权产品，不断增强我国智能制造

① 郧彦辉．我国智能制造政策研究[J]．机器人产业，2020(6)：101－111.

产品技术的核心技术能力，进一步提高我国在全球智能制造产品贸易中的话语权和标准制定权。加快建立智能制造产业园区和技术创新基地，为我国智能制造产业转型升级提供必要的环境保障和体制机制保障。

（二）加大智能制造财税政策支持力度

（1）继续加大政府财政资金投入。围绕发展智能制造的重点环节多措并举，加大各类国家科技重大专项、科技计划对智能制造的支持力度。增强支持政策的针对性，加大对重大项目的支持力度，可以对当年度获国家智能制造专项、工业强基专项等重大项目的企业，按照属地原则给予专项奖励。引导地方政府与智能制造企业在资本、技术等方面展开深度合作。

（2）采取税收激励支持政策。将智能制造模式创新纳入企业增值税抵扣范围，使智能制造企业合理享受政策红利。针对智能制造领域出现的新经济，规范税收制度，落实税收优惠政策，保障智能制造新模式新业态的健康发展。使符合规定条件的企业享受企业所得税优惠和进口税收优惠政策。落实固定资产加速折旧政策，给予税收减免。将企业开展智能化技术改造的项目投资列入研发加计扣除，建立留抵退税制度。对于智能升级改造项目，在项目竣工投产后，从增收的税收中拿出部分给予返还奖励。

（3）加大智能化改造专项资金投入支持力度。用好智能制造科技重大专项、技术改造专项资金推进智能制造实施，将智能制造作为技术改造的主要方向，通过股权投资、贴息、事后奖补等方式支持企业开展数字化、网络化、智能化改造，推动企业的技术改造投入成为工业投资的主体。重点推进智能制造专项示范工程或项目，以重大工程项目提升关键领域和行业智能制造水平，加大政策扶持力度，加快推进试点工作不断深入，遴选一批有代表性的企业和项目开展试点，积极开展智能制造示范企业资金支持培育工作。

（三）加大对发展智能制造的金融支持力度

（1）引导金融机构加大信贷支持力度。引导银行等金融机构对技术先进、优势明显、带动和支撑作用强的智能制造项目优先给予信贷支持。支持金融、投资、信用和融资担保、融资租赁、小额贷款等机构与装备制造企业、系统解决方案提供商、用户相结合，创新融资模式和产品，采取分期付款、融资租赁等方式，支持智能制造装备企业和新业态、新模式、新应用的发展。提高制造业企业直接融资比重。积极引导和支持制造业重点领域符合条件的企业发行公司债、企业债、短期融资券、中期票据等。支持制造业企业通过首次公开募股（IPO）上市、在新三板挂牌融资，拓宽企业股权融资渠道。金融机构在风险可控的前提下，开展与智能制造相关的知识产权质押贷款或以知识产权质押作为主要担保方式的组合贷款、信用贷款以及其他非质押类贷款模式创新、贷款产品创新，扩大对智能装备制造企业和应用企业的贷款抵质押品范围。

（2）拓宽融资渠道，引导社会资本加大投资力度。发挥国家财政投入的引导作用，吸引企业和社会资本，建立智能制造多元化投融资体系。加大融资支持力度，可通过社会资本融资、上市融资和 PPP 方式等，探索设立智能制造发展投资基金、智能制造科技重大专项资金、研发基金等资金支持政策。鼓励按市场化方式运作的各类智能制造发展基金、风险资本、天使资金、股权投资等投资智能制造企业。积极引导金融机构依法创新符合智能制造的产品和业务，促进智能制造模式革新和应用推广，缓解企业在参与市场竞争、保持发展壮大过程中面临的资金制约。

（四）制定出台智能制造人才支持政策

（1）加强顶层设计，加大技能人才的培养力度。围绕智能制造细分领域，支持鼓励建设领军人才库，推动专业技术人员知识更新工程、企业经营管理人才素质提升工程等重大人才工程向智能制造倾斜。组织实施智能制造创新人才培养计划，组织制定实施智能制造专项人才规划，加快建立适应智能制造需要的职业技能鉴定体系，构建新的技能人才培养体系，以职业教育为基础，以职业资格证书为评价标准，以高级技工教育为主体，完善技能人才培养方案。加强职业技能教育培训尤其是高技能人才队伍建设，要将高技能人才培训作为长远发展的根本，不断提高职工素质。[①]

（2）推进区域技能劳动力转移，促进区域协调发展。技能劳动力的区域性转移可以有效优化要素资源配置，促进区域协调发展，进而为经济平衡稳定增长提供支持。进一步提高人才薪酬待遇水平，优化工作环境，提升制造企业智能制造人才吸引力，引导高端人才流入机器人、互联网行业、装备制造、大数据等智能制造高端行业。[②③]

（3）加强智能制造人才国际交流合作。围绕智能制造行业技术研发、标准编制、人才培养、应用示范等问题开展国际交流和合作，营造良好的人才凝聚环境，打造良好的人才库，不断拓展和加强智能制造发展的人才支撑，通过“引进来”和“走出去”相结合的智能制造产品创新策略，积极引进和培育智能制造产业发展急需的创新型人才，为我国智能制造产业转型升级提供必要的人才保障。

（五）加快工业互联网安全政策法规体系建设

（1）强化工业互联网安全体系建设。完善适应工业互联网安全政策体系，构建形成兜底线、防风险的安全监管体系，制定负面清单、权力清单、责任清单，着重构建工业数据安全责任体系。建立完善监督检查、信息共享和通报、应急处置等工业互联网安全管理制度，构建企业

---

① 宋旭光，左马华青. 智能制造时代需要怎样的技能人才？[J]. 东北大学学报（社会科学版），2022，24（1）：17－21.

② 徐迎雪. “十四五”时期推进我国智能制造水平提升的建议[J]. 机器人产业，2022（2）：22－25.

③ 宋旭光，左马华青. 智能制造时代需要怎样的技能人才？[J]. 东北大学学报（社会科学版），2022，24（1）：17－21.

安全主体责任制，制定工业互联网安全标准，探索构建形成规模，基本建立起较为完备可靠的工业互联网安全保障评估体系，有效降低数据安全隐患，提升智能制造系统安全和数据安全水平。推动形成支持工业互联网发展的包容性监管环境，全面提升工业企业的安全防护意识，加强工业互联网安全共建共练、联防联控①。

（2）建立健全工业互联网安全标准体系。建立健全工业互联网垂直应用行业安全标准规范，超前布局能源、电力、交通、航空、航天等重点行业领域安全标准。构建涵盖各部委、省份、企业，多方协同的工业互联网安全服务和保障支撑平台，统筹总体系统架构建设，建立全国统一的系统准入标准与接口，制定安全融合应用系列指南。建立并不断完善国家级工业互联网安全基础信息资源库，加快研究制定安全防护、测试、评估等国家和行业安全标准，创建安全技术与标准试验验证环境②。

（3）建立完善工业互联网安全产业体系。加强顶层规划，建立并完善我国工业互联网安全产业体系，引导地方政府、工业企业、科研机构、安全企业等核心参与者在产业体系中找准定位、精准发力、协同发展，共同支撑构建我国智能制造安全产业生态。构建面向国内外市场和不同领域的产业链、供应链，统一规划的智能化、协同化、网格化的安全平台框架，提高安全可控能力③。

（六）加快提升中小企业智能制造水平

（1）加大对中小企业智能制造的政策支持力度。将有条件的中小微企业打造成智能制造应用试点示范，围绕生产、管理、产品、服务等

① 李阳春，王海龙，李欲晓，等．国外工业互联网安全产业布局及启示研究［J］．中国工程科学，2021，23（4）：112－121.

② 马娟，于广琛，柯皓仁，等．工业互联网设备的网络安全管理与防护研究［J］．中国工程科学，2021，23（2）：81－87.

③ 王秋华，吴国华，魏东晓，等．工业互联网安全产业发展态势及路径研究［J］．中国工程科学，2021，23（2）：46－55.

环节打造智能场景、智能车间或智能工厂，为中小微企业提供可学习借鉴的案例。支持解决方案供应商针对中小微企业共性需求搭建资源和能力共享平台，形成轻量级、低成本、标准化的解决方案，通过观摩学习、使用体验等形式，助力中小微企业在有限的资源条件下提升智能制造水平，引导和促进中小微企业形成或者融入产业链①。

（2）积极培育中小型“独角兽”智能制造企业。充分利用产业扶持与政策引导手段，加快培育一批具有自主核心技术且在某一细分领域具有极强竞争优势的“独角兽”智能制造企业，引导中小体量的智能制造和高技术企业，灵活运用“引进、吸收、再创新”的发展战略，全面开展针对智能制造产品的工艺创新、流程创新与技术创新。

（七）加快智能制造发展服务体系建设

完善智能制造创新服务体系。围绕智能工厂和智能制造模式在行业的推广应用，指导地方政府、行业协会、中介组织创新组织方式，建立网络化、专业化、社会化的智能制造创新服务组织，提供成果转化、人才培训、标准推广等服务。加快公共服务平台能力建设，如技术研发平台、标准研究制定平台、国际交流合作平台等，发挥公共服务平台重要纽带和关键节点的作用，强化服务能力，提升公共服务水平，加快建成资源共享、协同推进的智能制造服务体系。建立大数据采集共享渠道，在线采集工业企业研发、制造、管理、服务等环节的数据信息，鼓励大型企业设立设计中心，开展面向行业产业集群的工业云试点，编制出台工业云服务平台建设指南。提升公共服务水平，加快公共服务平台能力建设，如技术研发平台、标准研究制定平台、国际交流合作平台等，发挥公共服务平台的重要纽带和关键节点作用，强化服务能力。

---

① 徐迎雪．“十四五”时期推进我国智能制造水平提升的建议[J]．机器人产业，2022（2）：22－25.

（八）加快建立健全智能制造标准体系

（1）编制智能制造标准化路线图。把握智能制造发展的特点和规律，整合国内标准化资源，开展智能制造标准化工作，深入分析研究智能制造标准化需求和国际标准化发展趋势，编制智能制造标准化战略和标准化路线图，明确标准化工作的策略、目标以及标准研制重点领域，指导开展标准化工作。

（2）加强智能制造标准服务工作。成立智能制造综合标准化小组，负责协调智能制造标准化各部门、行业。开展智能制造综合标准化体系建设及规划工作，组织开展智能制造基础、通用标准研制工作，组织研究国内外智能制造标准化进展，推进智能制造综合标准化体系示范应用。

参考文献

[1]“新一代人工智能引领下的制造业新模式新业态研究”课题组．新一代人工智能引领下的制造业新模式与新业态研究[J]．中国工程科学,2018,20(4):66－72.

[2]北京联创新天科技有限公司．中国智能制造行业市场现状及发展前景分析[R/OL]．http://www.allysys.net/nd.jsp? fromColId＝2&id＝16.

[3]董凯．智能制造发展十大趋势[J]．机器人产业,2021,9(1):58－61.

[4]工业和信息化部,国家标准化管理委员会．关于印发《国家智能制造标准体系建设指南(2021版)》的通知(工业和信息化部联科〔2021〕187号)[A/OL]．(2021－11－17)[2023－08－12]．https://www.gov.cn/zhengce/zhengceku/2021－12/09/content_5659548.htm.

[5]李伯虎,柴旭东,张霖,侯宝存,等．新一代人工智能技术引领下加快发展智能制造技术、产业与应用[J]．中国工程科学,2018,20(4):73－78.

[6]李培根,高亮．智能制造概论[M]．北京:清华大学出版社,2021:11.

[7]李阳春,王海龙,李欲晓,等．国外工业互联网安全产业布局及

启示研究[J]. 中国工程科学,2021,23(4):112-121.

[8]马娟,于广琛,柯皓仁,等. 工业互联网设备的网络安全管理与防护研究[J]. 中国工程科学,2021,23(2):81-87.

[9]宋旭光,左马华青. 智能制造时代需要怎样的技能人才?[J]. 东北大学学报(社会科学版),2022,24(1):17-21.

[10]王启凤,霍祎黎. 全球智能制造产品贸易的新格局及中国应对策略研究[J]. 科学决策,2022(1):123-125.

[11]王秋华,吴国华,魏东晓,等. 工业互联网安全产业发展态势及路径研究[J]. 中国工程科学,2021,23(2):46-55.

[12]徐秋晨."互联网 +"时代背景下江西省智能制造的对策研究[J]. 现代工业经济和信息化,2021(12):9-10.

[13]徐迎雪."十四五"时期推进我国智能制造水平提升的建议[J]. 机器人产业,2022(2):22-25.

[14]徐智浩,吴鸿敏,周雪峰. 智能制造:开启制造强国之路[J]. 广东科技,2022(2):16-19.

[15]郧彦辉. 我国智能制造政策研究[J]. 机器人产业,2020(6):101-111.

[16]中国电子技术标准化研究院. 智能制造成熟度指数报告(2022)[R]. 2023:4.

[17]钟志华,臧冀原,延建林,等. 智能制造推动我国制造业全面创新升级[J]. 中国工程科学,2020,22(6):136-142.

[18]周济,李培根,周艳红,等. 走向新一代智能制造[J]. 工程(英文版),2018,4(1):11-20.

[19]左世全,主编. 中国战略性新兴产业研究与发展:智能制造[M]. 北京:机械工业出版社,2021:177-181.

（执笔：元利兴）

第五章

加快工业互联网平台体系建设

工业互联网是由新一代信息技术与制造业全方位深度融合而形成的产业和应用生态，是新工业革命的关键支撑和深化“互联网＋先进制造业”的重要基石。工业互联网连接制造业全系统、全产业链和全价值链，是制造业实现数字化、网络化、智能化升级改造和高质量发展的有效路径。工业互联网包含了网络、平台、数据、安全四大体系，其中平台体系是具有数据汇集、建模分析、知识复用和应用创新作用的重要中枢系统①。加快推进工业互联网平台建设，打造互联网与制造业跨界融合新高地，将助力建设制造强国、磨砺兴国之器、夯实强国之基。

一、发展工业互联网平台的重要意义

工业互联网平台是面向制造业数字化、网络化、智能化需求，构建基于云平台的海量数据采集、汇聚、分析服务体系，支撑制造资源泛在连接、弹性供给、高效配置②。发展工业互联网平台，对于推动制造业质量变革、效率变革和动力变革，实现高质量发展具有重要意义。

（一）加速制造业数字化转型

工业互联网平台是传统制造企业利用“互联网＋”实现企业效率提升的基础设施。工业互联网关系到制造业企业生产经营的各个环节，平台面向人、机、料、法、环等多种工业要素，通过构建精准高效、实时更新的数据采集和深度分析系统，实现制造资源的合理配置，提高企业的精细化生产水平，推动企业智能化转型。随着工业互联网平台的深

① “工业互联网”的百科词条。

② 工业互联网平台建设及推广指南[S]．工业和信息化部，2018.

度应用，基于互联网的协同环境加速形成，制造业研发模式也将由原先的串行异构转变为并行协同，企业研发周期大幅缩短，促进企业积极转型升级。通过工业互联网平台，制造企业还能对产品进行全生命周期的检测，支撑面向用户的产品远程运维、故障诊断等新型增值服务，探索开展融资租赁、保险等创新服务，实现制造业的服务化转型①。

工业互联网平台能够丰富资源要素，拓宽数据来源渠道，优化制造业的新型生产要素供给。通过“互联网＋制造”，新一代信息技术不断向生产要素领域渗透，催生出“数据”这一新型生产要素。在制造行业，数据是企业研发、采购、生产、销售等经营活动中不可或缺的宝贵资源，也是制造业转型升级的核心。工业互联网的核心是通过智能联网的方式感知机器状态、周边环境变化、用户操作行为等，全面采集数据进行深入分析和决策，优化制造企业的运营管理，实现制造业数据的广泛收集和有效利用，促进制造业向数据驱动型创新体系和发展模式转变。

工业互联网平台可以持续扩展制造业的发展新空间。工业互联网推动制造业加速迈向万物互联、智能主导的新阶段，成为制造业加速转型、提质增效的强劲引擎。工业互联网平台通过实现制造业与互联网深度融合，将互联网应用领域由虚拟扩展到实体，由生活延伸到生产，为制造业发展带来新要素、新市场、新路径，孕育新型发展动能。

（二）重塑制造业发展体系

工业互联网平台将驱动企业由个体生产转变为协同创新。工业互联网为处于不同生产环节的企业搭建了信息共享和集成的平台，使其能够快速地在更大范围内找寻和确定适宜的合作伙伴，优化企业间的资源整合效率，充分发挥合作创新的优势。一方面，制造业企业以品牌为核

① 宋显珠．深化工业互联网平台体系建设 加速制造业数字化转型［J］．网络安全和信息化，2020（7）：22－24.

心，通过工业互联网平台统筹上下游企业的资源，开展产品全生命周期的扁平化管理，推动制造业的产业链延伸；另一方面，信息服务企业以提供制造服务为核心，通过工业互联网平台整合软硬件、企业、专家、知识、技术等各类虚拟化的制造资源，在统一、集中的智能管理和运营基础上，广泛开展面向制造业企业和用户、覆盖产品全生命周期的云制造服务。平台获取企业或用户的制造需求后，对平台资源进行调度组合，形成最优匹配方案并将其提供给使用者，实现制造资源和工业软件、研发设计等制造服务的按需供给和即买即得。

工业互联网平台能够促进产业链融合发展。随着工业互联网在企业中的应用不断深化，其作用将不再局限于价值传递的平台媒介，同时体现为价值创造方面，这将促进制造业产业链的优化提升和体系重构。一方面，工业互联网打通产业链上下游的壁垒，支持企业基于用户需求开展研发设计和生产，通过平台推动服务型制造业发展，构建企业和用户无缝对接的沟通窗口；另一方面，工业互联网联通了全产业链的各个环节，加速不同环节的数据流动和交互，通过对制造数据的深层次分析，实现机器设备的智能运转和远程操控，促进制造业企业创新生产方式、优化生产流程、提升生产效能。

（二）助力政府开展制造业体系数字化治理

工业互联网平台是工业数据流通的枢纽，平台汇聚的海量数据赋能政府数字化治理的应用价值日趋显现。一方面，便于政府开展精细化管理，提高数字化发展质量。通过平台数据的智慧应用，驱动产业链上下游资源泛在互联、采集分析和协同运作，实现数字化、网络化、智能化管理，提升制造业产业链、供应链的韧性和现代化水平。通过工业互联网平台，帮助政府建立企业数据安全措施、审计措施，支持数据全生命周期安全管理，保障数据安全合规。通过建立以平台为基础的闭环数据治理管控体系，完善数据标准，提升数据质量。另一方面，便于政府对制造业运行状态进行动态监测。平台通过调用设备开工、能源消耗、产能分布等信息，开展实时工业运行监测，建立基于工业互联网平台的制造业运行监测指数体系，对已有统计体系形成补充和创新。“十四五”时期是碳达峰的关键期、窗口期，制造业作为碳排放“大户”的经济部门，更是面对减碳排放和产业发展的双重压力，需要落实好产能互换、项目备案、环评、能评等一系列政策要求，平台能够通过有效发挥企业能耗监测能力，解决节能降碳管理水平低等问题，为政府监管提供新的手段。

二、工业互联网的发展现状

（一）国家政策及地方措施

1. 国家政策

党的十九大报告提出，“加快建设制造强国，加快发展先进制造业，推动互联网、大数据、人工智能和实体经济深度融合”。习近平总书记在十九届中央政治局第二次集体学习时强调，要“深入实施工业互联网创新发展战略”。2017 年 11 月 19 日，《关于深化“互联网 + 先进制造业”发展工业互联网的指导意见》正式印发，成为我国工业互联网发展的纲领性文件。2018 年 2 月 24 日，为加快推进工业互联网创新发展，加强对有关工作的统筹规划和政策协调，经国家制造强国建设领导小组会议审议，国家制造强国建设领导小组工业互联网专项工作组成立。同年 5 月 21 日，多部委联合制定了《工业互联网发展行动计划（2018—2020 年）》，并成立工业互联网战略咨询专家委员会（见表 5 - 1）。党的二十大报告将加快建设制造强国作为全面建设社会主义现代化国家的重要目标，坚持把发展经济的着力点放在实体经济上，推进新型工业化。2023 年 12 月 28 日，国家市场监督管理总局（国家标准化管理委员会）批准《工业互联网平台 应用实施指南 第 2 部分：数字化管理》（GB/T 23031.2 - 2023）、《工业互联网平台 应用实施指南

第3部分：智能化制造》（GB/T 23031.3－2023）、《工业互联网平台　应用实施指南　第4部分：网络化协同》（GB/T 23031.4－2023）《工业互联网平台　应用实施指南　第5部分：个性化定制》（GB/T 23031.5－2023）、《工业互联网平台　应用实施指南　第6部分：服务化延伸》（GB/T23031.6－2023）等工业互联网平台国家标准正式发布，对于加快工业互联网平台新模式普及应用、助力制造业数字化转型升级、支撑新型工业化发展具有重要意义。

当前，我国拥有完整的产业体系、庞大的市场规模和完善的信息基础设施等优势，在国家的高度重视和支持下，我国工业互联网已进入规模化发展新阶段。从产业规模来看，2023年核心产业规模达1.35万亿元；从覆盖范围来看，工业互联网融入49个国民经济大类，覆盖全部工业大类；从发展势头来看，全国各地工业互联网“百城千园行”活动方兴未艾，推动万余家企业供需对接，带动投资超1700亿元。

表5－1　国家层面促进工业互联网发展的相关政策

时间	政策	部门	内容
2017年11月	《关于深化“互联网＋先进制造业”发展工业互联网的指导意见》	国务院	到2025年，基本形成具备国际竞争力的基础设施和产业体系。到2035年，建成国际领先的工业互联网网络基础设施和平台，形成国际先进的技术与产业体系，工业互联网实现全面深度应用并在优势行业形成创新引领能力，安全保障能力全面提升，重点领域实现国际领先。到21世纪中叶，工业互联网网络基础设施全面支撑经济社会发展，工业互联网创新发展能力、技术产业体系以及融合应用等全面达到国际先进水平，综合实力进入世界前列
2018年5月	《工业互联网发展行动计划（2018—2020年）》	工业和信息化部	到2020年年底，初步建成工业互联网基础设施和产业体系。在基础设施、标识解析、工业互联网平台建设、核心技术标准等方面提出10项重点任务

续表

时间	政策	部门	内容
2018 年 7 月	《工业互联网平台建设及推广指南》	工业和信息化部	到 2020 年，培育 10 家左右的跨行业跨领域工业互联网平台和一批面向特定行业、特定区域的企业级工业互联网平台，工业 APP 大规模开发应用体系基本形成，重点工业设备上云取得重大突破，遴选一批工业互联网试点示范（平台方向）项目，建成平台试验测试和公共服务体系，工业互联网平台生态初步形成
2018 年 7 月	《工业互联网平台评价方法》	工业和信息化部	重点包括平台基础共性能力要求、特定行业平台能力要求、特定领域平台能力要求、特定区域平台能力要求、跨行业跨领域平台能力要求 5 个部分
2019 年 7 月	《加强工业互联网安全工作的指导意见》	工业和信息化部、教育部、人力资源和社会保障部等	围绕落实企业主体责任、健全制度机制、建设技术手段、强化数据安全保护等方面提出 17 项重点任务，推动构建责任清晰、制度健全、技术先进的工业互联网安全保障体系
2020 年 3 月	《推动工业互联网加快发展的通知》	工业和信息化部	提出加快新型基础设施建设、加快拓展融合创新应用、加快健全安全保障体系、加快壮大创新发展动能、加快完善产业生态布局、加大政策支持力度共 6 方面 20 项措施
2020 年 12 月	《工业互联网创新发展行动计划（2021—2023 年）》	工业和信息化部	聚焦基础设施、融合应用、技术创新、产业生态、安全保障等 5 个方面，制定了 11 个重点行动和 10 项重点工程
2020 年 12 月	《工业互联网标识管理办法》	工业和信息化部	促进工业互联网标识解析体系健康有序发展，规范工业互联网标识服务，保护用户合法权益，保障标识解析体系安全可靠运行
2021 年 1 月	《工业互联网创新发展行动计划（2021—2023 年）》	工业和信息化部	到 2023 年，工业互联网新型基础设施建设量质并进，新模式、新业态大范围推广，产业综合实力显著提升。在网络体系、标识解析、平台壮大、数据汇聚、新型模式培育等 5 个方面提出重点任务

续表

时间	政策	部门	内容
2021 年 3 月	《中华人民共和国国民经济和社会发展第十四个五年规划和 2035 年远景目标纲要》	国务院	提出积极稳妥发展工业互联网，并将工业互联网作为数字经济重点产业，提出打造自主可控的标识解析体系、标准体系、安全管理体系，加强工业软件研发应用，培育形成具有国际影响力的工业互联网平台，推进“工业互联网＋智能制造”产业生态建设
2021 年 11 月	《“十四五”软件和信息技术服务业发展规划》	工业和信息化部	加快培育云计算、大数据、人工智能、5G、区块链、工业互联网等领域具有国际竞争力的软件技术和产品；加快综合型、特色型、专业型工业互联网平台建设
2021 年 11 月	《“十四五”信息通信行业发展规划》	工业和信息化部	基本建成覆盖各地区、各行业的高质量工业互联网网络，打造一批“5G＋工业互联网”标杆。工业互联网标识解析体系更加完善，服务能力大幅提高。建成一批有影响力的工业互联网平台和公共服务平台
2021 年 11 月	《“十四五”大数据产业发展规划 》	工业和信息化部	加快工业互联网、车联网、智能管网、智能电网等布局，促进全域数据高效采集和传输。加快构建全国一体化大数据中心体系，推进国家工业互联网大数据中心建设
2021 年 11 月	《“十四五”信息化和工业化深度融合发展规划 》	工业和信息化部	明确“十四五”两化深度融合发展目标。到 2025 年工业互联网平台普及率达 45%
2021 年 12 月	《“十四五”数字经济发展规划 》	国务院	建设可靠、灵活、安全的工业互联网基础设施，支撑制造资源的泛在连接、弹性供给和高效配置。实施产业链强链补链行动，加强面向多元化应用场景的技术融合和产品创新，提升产业链关键环节竞争力，完善 5G、集成电路、新能源汽车、人工智能、工业互联网等重点产业供应链体系
2021 年 12 月	《“十四五”智能制造发展规划》	工业和信息化部、国家发展改革委、教育部等	到 2025 年，构建适应智能制造发展的标准体系和网络基础设施，完成 200 项以上国家、行业标准的制修订，建成 120 个以上具有行业和区域影响力的工业互联网平台

续表

时间	政策	部门	内容
2021 年 12 月	《工业互联网安全标准体系（2021 年）》	工业互联网产业联盟、工业信息安全产业发展联盟、工业和信息化部商用密码应用推进标准工作组	工业互联网安全标准体系包括分类分级安全防护、安全管理、安全应用服务等 3 个类别 16 个细分领域以及 76 个具体方向，对于切实发挥标准规范引领作用、加快建立网络安全分类分级管理制度、强化工业互联网企业安全防护能力、推动网络安全产业高质量发展重要支撑作用
2022 年 9 月	《5G 全连接工厂建设指南》	工业和信息化部	“十四五”时期，主要面向原材料、装备、消费品、电子等制造业各行业经及采矿、港口、电力等重点行业领域，推动万家企业开展 5G 全连接工厂建设，建成 1000 个分类分级特色鲜明的工厂，打造 100 个标杆工厂，推动 5G 融合应用纵深发展
2023 年 11 月	《“5G + 工业互联网”融合应用先导区试点工作规则（暂行）》	工业和信息化部	包括总则、试点要求、申报程序、评审程序、批复程序、跟踪评价程序、附则等七章 20 条内容，旨在深入实施工业互联网创新发展战略，加强“5G + 工业互联网”融合应用先导区试点管理工作，发挥先导区试点引领带动效应，促进“5G + 工业互联网”规模化发展
2023 年 11 月	《“5G + 工业互联网”融合应用先导区试点建设指南》	工业和信息化部	鼓励各地以城市（地级及以上城市）为单位开展先导区试点建设，为开展先导区试点建设提供了发展政策先导、基础设施先导、行业应用先导、产业生态先导、公共服务先导等五方面 16 条参考内容。

资料来源：课题组制表。

2. 地方措施

在国家政策的推动下，地方政府积极响应，结合本地实际情况，围绕推动政策落地、平台培育、试点示范等内容进行布局，相继推出本地工业互联网的发展政策（见表 5－2），将工业互联网建设作为推动制造业高质量发展的重要内容，并开展企业上云、平台建设、技术改造等多项工作（见表 5－3）。

表5－2　部分地方政府促进工业互联网发展的政策

地区	政策	发展重点
北京	《北京市加快新型基础设施建设行动方案（2020—2022年）》《工业互联网创新发展行动计划（2021—2023年）》	推进工业互联网标识解析国际顶级节点；建设国家工业互联网大数据中心、20个以上行业二级节点、20家智能工厂
上海	《推动工业互联网创新升级实施“工赋上海”三年行动计划（2020—2022年）》	建设10个以上工业互联网标识解析二级节点，深化创新应用，培育20个以上工业互联网综合解决方案“单项冠军”；打造工业互联网龙头企业等
广东	《广东省制造业数字化转型实施方案（2021—2025年）》《广东省制造业数字化转型若干政策措施》	推动工业软件攻关及应用；发展智能硬件及装备；培育工业互联网平台；完善数字化基础设施；构建数字化安全体系
浙江	《浙江省新型基础设施建设三年行动计划（2020—2022年）》《浙江省实施制造业产业基础再造和产业链提升工程行动方案（2020—2025年）》	加快工业互联网深度融合应用，构建“1＋N”工业互联网平台体系，建设标识解析二级节点，开发集成工业APP 5万款以上，工业信息工程服务资源池规模达到200家
江苏	《关于深入推进数字经济发展意见》	改造升级工业互联网内外网络，构建工业互联网标识解析体系，搭建工业互联网，探索工业互联网大数据中心建设，打造标杆智能工厂
山东	《工业互联网创新发展行动计划（2021—2023年）》	网络体系强基；标识解析增强；平台体系壮大；数据汇聚赋能；新型模式培育；融通应用深化；等等

资料来源：中国工业互联网研究院．中国工业互联网产业经济发展白皮书（2021年）［R］．2021－10.

表5－3　地方政府发展工业互联网的主要举措

措施	地区	主要内容
强化工业互联网平台建设	广东	引入阿里工业云、树根互联、浪潮、用友、东方国信、航天云网等一批平台企业落户，形成工业互联网产业集群发展态势
	浙江	联合阿里云、中控和之江实验室的优势资源，组建面向国内外工业企业的“一站式”工业互联网平台（supET平台），打造“1＋V”（1个supET＋N个行业平台）的工业互联网平台体系

续表

措施	地区	主要内容
强化工业互联网平台建设	上海	支持重点产业骨干企业建设独立运营的行业性工业互联网平台和通用型工业互联网平台；支持成熟工业互联网平台的应用推广
	江苏	以推进“大合作”、培育“大平台”为指引，推动形成徐工 Xrea、紫光云擎等工业互联网平台
积极推动企业上云	广东	出台“上云上平台”扶持计划，推动工业企业基于统一的云平台重构企业业务系统。截至 2021 年 6 月底，累计推动 1.7 万家规模以上工业企业“上云上平台”数字化转型，带动 55 万家企业“上云用云”降本提质增效
	浙江	实施“十万企业上云行动”，出台《浙江省“企业上云”工作考核奖补办法》，形成“三个一点”（企业、云服务商、政府各一点）的联合激励机制。截至 2020 年年底，浙江累计上云企业达到 43.9 万家，行业云应用示范平台 45 家，省级上云标杆企业 375 家
	上海	开展“集成创新应用行动”，推动中小企业基础设施、业务系统、生产设备关键环节等“上云上平台”。根据《上海市推进新型基础设施建设行动方案（2020—2022 年）》要求，到 2022 年年底，搭建长三角工业互联网公共服务平台，推动相关龙头企业建设 20 个具有全国影响力的行业平台，带动 15 万企业上云上平台
	山东	开展“云服务券”的财政补贴制度，促进企业上云。截至 2021 年 3 月，累计发放补贴超过 1.4 亿元，带动上云用云企业 22.6 万家
应用试点打造标杆示范	广东	首批 8 个“5G + 工业互联网”应用示范园区：京信通信 5G + 工业互联网应用示范园区（广州）、昊志机电 5G + 工业互联网应用示范园区（广州）、富士康 5G + 工业互联网应用示范园区（深圳）、格力电器 5G + 工业互联网应用示范园区（珠海）、美的厨电 5G + 工业互联网应用示范园区（佛山）、TCL 智能终端 5G + 工业互联网应用示范园区（惠州）、中建钢构 5G + 工业互联网应用示范园区（惠州）、湛江钢铁 5G + 工业互联网应用示范园区（湛江）
	浙江	开展工业互联网平台应用试点示范，建设产业协同创新示范基地
	上海	打造临港松江科技城等上海市工业互联网标杆示范园区
国家地方企业联盟多级联动	广东	与工业和信息化部签署部省合作，推动建设珠三角制造业与互联网融合发展示范城市带，成立广东省工业互联网创新中心，打造交流合作、技术转化等公共创新服务载体

续表

措施	地区	主要内容
国家地方企业联盟多级联动	浙江	与工业和信息化部签署部省合作协议方案，推进工业互联网应用发展。整合政府、平台商、制造业企业、科研院所、联盟协会等资源，推动工业技术诀窍（know－how）和知识在平台上沉淀为商品和服务
	上海	与工业和信息化部签署共同推进工业互联网创新发展合作协议，打造工业互联网创新发展示范城市。成立国家级工业互联网创新中心，促进工业互联网技术应用合作与成果转化。与美国工业互联网联盟（IIC）、工业互联网产业联盟（AII）等组织建立长期对话合作机制，推进长三角世界级先进制造业集群建设

资料来源：①王建伟．工业赋能：深度剖析工业互联网时代的机遇和挑战［M］．北京：人民邮电出版社，2018. ②课题组制表。

（二）数字化网络体系

1. 外网和内网

网络是工业互联网体系结构的基础。工业通信网络通过物联网、互联网等技术实现工业全系统的互联互通，是工业数据传输交换的重要支撑，具体表现为通过人、机、物的全方位互联，实现信息数据在企业内外、产业链上下游、工业云平台的无缝传输和协同交互。企业外网与内网是网络连接层的两大重要场景，其中外网主要满足工业企业上云的专线需求，我国基础电信企业加快建设低延时、高可靠、大带宽的高质量企业外网，与行业龙头企业探索高质量外网应用模式；而内网更强调操作技术与信息技术的融合，工业企业积极运用工业以太网、窄带物联网、5G、边缘计算等新型网络技术和先进适用技术进行内网改造升级（见图5－1）。

2. 标识解析

根据《工业互联网标识管理办法》，工业互联网标识是工业互联网中使用的用于唯一识别和定位物理对象或数字对象及其相关信息的字符，标识解析体系是工业互联网的重要组成部分，是实现工业全要素、

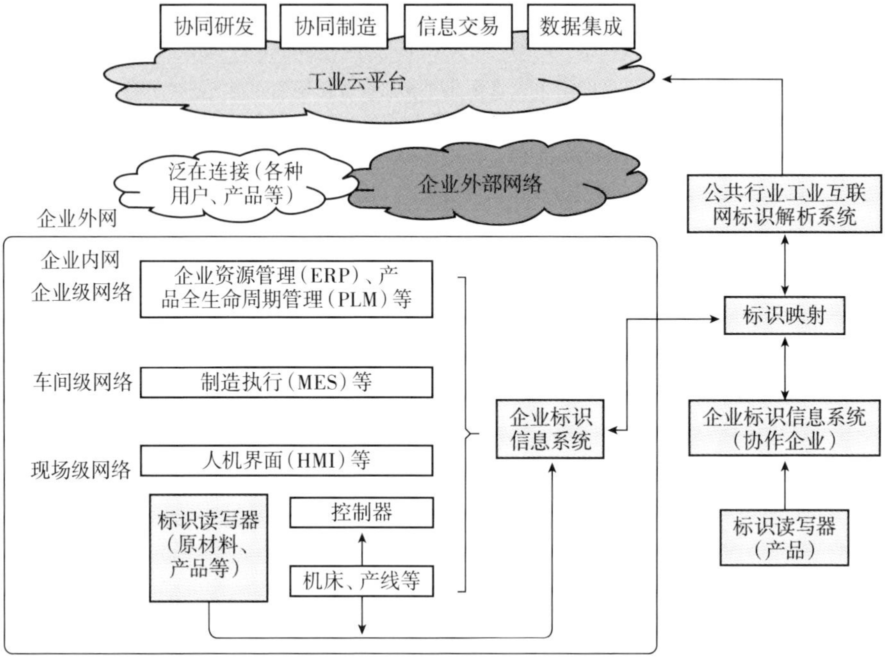

图5-1 工业互联网网络构架

资料来源：动力谷智略，课题组制图。

各环节信息互通的关键枢纽，更是工业互联网安全运行的核心基础设施之一。我国从2015年起开展对工业互联网标识解析体系的研究，2018年正式启动各级工业互联网标识解析节点的建设和标识产业应用的探索。工业互联网标识解析体系包括三个主要任务：一是标识解析体系建设，《工业互联网标识管理办法》已于2021年6月起施行，可保障工业互联网行业规范有序发展；二是标识应用推广，包括将标识解析与工业软件有效对接等技术体系的进一步完善与研究，以促进标识在生产制造各个环节中的应用；三是构建标识解析的产业生态①。

我国工业互联网标识解析体系已实现从“0”到“1”的突破，并

① 李海花．新基建助推工业互联网迈向新阶段［EB/OL］．产业联盟湖北分联盟，https://baijiahao.baidu.com/s?id=1719362425059196382&wfr=spider&for=pc.

建立起北京、广州、上海、武汉、重庆五大国家顶级节点，自 2018 年上线以来持续稳定运行，南京灾备节点正加速建设，初步形成了分层授权、“东西南北中”的一体化格局（见表 5－4）。国家顶级节点是整个工业互联网标识解析体系的核心环节，在国际上通过国家顶级节点与各标识体系分别对接，在国内通过国家顶级节点实现与各标识体系二级节点对接及异构标识解析体系的互联互通和互操作，承载了工业互联网标识服务、管理的关键职能。

表 5－4　工业互联网标识解析国家顶级节点

国家顶级节点	标识注册量	接入二级节点数	接入企业节点数	主要行业应用
北京	超 142 亿	43 个	超 20000 家	航空航天、汽车、医疗器械、食品等
广州	超 98 亿	33 个	4613 家	船舶制造、定制家居、新材料等
上海	超 628 亿	65 个	64542 家	机械、化工、生物医药等
武汉	超 71 亿	24 个	2138 家	汽车制造、电子信息等
重庆	超 71 亿	26 个	2173 家	动摩、建材、汽车、医疗器械、五金等

资料来源：张楠．工业互联网标识解析体系建设稳步推进［N］．中国工业报，2022－03－22.

《工业互联网创新发展行动计划（2021—2023 年）》要求完善标识解析体系建设，提出“到 2023 年，国家顶级节点具备标识、域名、区块链等综合服务能力，引导企业建设二级节点不少于 120 个、递归节点不少于 20 个，标识解析量日均达千万次量级”等目标。当前，我国工业互联网标识体系建设顺利推进，大部分目标已经超额超量完成。中国信息通信研究院发布的数据显示，我国工业互联网标识注册总量已经突破千亿大关，日解析量超过 9000 万次，二级节点数已达 180 个，辐射范围覆盖 27 个省（自治区、直辖市），34 个行业，接入企业节点超过 9 万家。

3. 企业数字化

数字化转型是制造业企业持续发展的必然路径。《“十四五”信息化和工业化深度融合发展规划》要求，到2025年，信息化和工业化在更广范围、更深程度、更高水平上实现融合发展，新一代信息技术向制造业各领域加速渗透，制造业数字化转型步伐明显加快，全国两化融合发展指数达到105，企业经营管理数字化普及率达80%，数字化研发设计工具普及率达85%，关键工序数控化率达68%。

我国制造业企业数字化转型程度不断提升。工业和信息化部数据显示，截至2022年上半年，我国规模以上工业企业关键工序数控化率已经达到55.7%，数字化研发工具普及率达到75.1%，传统产业数字化转型提升进程进一步提速。数字化新业态、新模式也不断发展创新，开展网络化协同和服务型制造的企业比例分别达到了38.8%和29.6%。企业利用网络化、数字化来提升质量、效率和效益的作用非常明显，产业竞争力得到实实在在的提升。据统计，83%的企业表示应用工业互联网后，生产经营效率明显提升①。

（三）工业互联网平台体系

工业互联网平台是工业全要素、全产业链、全价值链全面连接、汇集和配置的枢纽，帮助企业上云上平台与数智化转型，帮助政府进行区域产业治理与公共服务，并面向企业协同打造产业协同平台。《“十四五”信息化和工业化深度融合发展规划》要求，到2025年工业互联网平台普及率达45%。目前，我国“综合型+特色型+专业型”的多层次工业互联网平台体系不断完善，有全国影响力的工业互联网平台已经超过150个，其中重点平台的工业设备连接数超过7900万台，工业

① 上半年经济亮点:产业数字化转型提速升级[EB/OL]. 央广网,https://baijiahao.baidu.com/s?id=1739313896771251923&wfr=spider&for=pc.

APP 数量达 28 万余个[1]。全国“5G + 工业互联网”建设项目超过 3100 个，工业互联网融入 45 个国民经济大类，数字化应用正不断拓展。工业互联网平台企业呈多样化发展，头部企业基本完成布局。根据公开数据，树根互联已连接 69 万台工业设备，覆盖 5000 亿元工业资产。徐工汉云平台覆盖 20 个行业子平台，聚合行业龙头企业超过 100 家，中小企业方案服务商 120 家。海尔卡奥斯覆盖 50 多万家企业、3.4 亿用户，连接的设备数量和产品数量多达 4300 余万件。市场研究与咨询机构 Forrester 发布的《Forrester Wave：中国工业互联网平台，2021Q4》从产品提供、战略布局、市场表现三个维度对中国互联网软件平台厂商进行了综合评估，其中阿里云、华为云、海尔卡奥斯三家厂商入选“领导者象限”，表现出较大的领先优势（见图 5 - 2）。

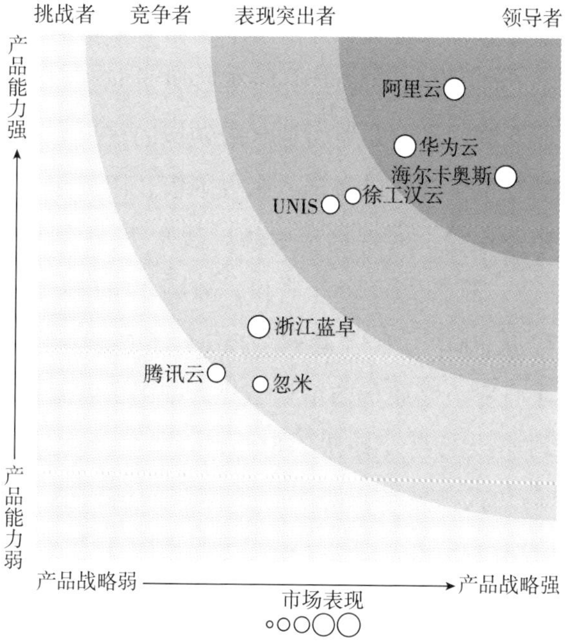

图 5 - 2　中国工业互联网平台竞争力

资料来源：Forrester，课题组制图。

---

① 上半年经济亮点：产业数字化转型提速升级［EB/OL］. 央广网，https://baijiahao.baidu.com/s? id = 1739313896771251923&wfr = spider&for = pc.

此外，由中国工业互联网研究院开展建设和管理的国家工业互联网大数据中心已形成覆盖京津冀、长三角、粤港澳大湾区、成渝双城经济圈的体系化布局，2022 年年底将基本完成重庆、山东、浙江、辽宁、江苏、广东等国家工业互联网大数据中心区域分中心建设工作，形成全国一盘棋的工业互联网大数据中心体系。中国工业互联网研究院发布的《工业互联网发展应用指数白皮书（2020）》显示，国家工业互联网大数据中心已经沉淀全国 34 个主要工业互联网平台及企业数据，可实现对全国各地区、各行业 1085 万家上云企业数据的分析。通过汇聚工业互联网标识解析、网络、平台、安全相关数据，以及各类主体（政府、企业、机构、公众等）产生的与工业互联网相关的数据，构建工业互联网数据资源管理体系，推进工业数据资源整合利用和开放共享，促进数据要素配置市场化进程。

1. 跨行业、跨领域的综合型工业互联网平台（“双跨”平台）

综合型工业互联网平台是跨行业、跨领域的重要合作平台，具有实力强、服务广的竞争优势，以海尔、东方国信、用友等平台为代表，其能够广泛汇聚产业资源，实现创新引领。截至 2023 年年底，我国已培育 50 家双跨平台，覆盖全国 16 个省份，兼顾东、中、西部，重点平台工业设备连接数近 9000 万台（套）。在数量增加的同时，双跨平台的发展规模呈健康有序、高质量的增长态势，中国工业互联网研究院数据显示，平台平均连接工业设备超 218 万台，平均承载工业机理模型超 2.45 万个，覆盖九大领域。双跨平台整体开放运营能力突出，平均营业收入已达到 69 亿元，平均工业 App 数量达 8733 个，平均服务企业数量超过 23.4 万家（见表 5－5）。

表 5－5　不同成长类型的双跨平台

双跨平台类别	平台成长路径	占双跨平台总数的比例
源于传统制造企业的双跨平台	立足行业知识沉淀和工业基因，深耕制造业工业场景的平台	62%

续表

双跨平台类别	平台成长路径	占双跨平台总数的比例
源于信息和通信设备制造企业的双跨平台	立足信息技术优势和互联网基因，为制造业工业场景提供云化软件集成服务的平台	22%
源于软件企业的双跨平台	兼顾软硬件研发，为制造业工业场景提供信息和通信设备生产运维服务的平台	16%

资料来源：中国工业互联网研究院，课题组制表。

2. 面向重点行业和区域的特色型工业互联网平台

特色型工业互联网平台聚焦特定的行业或区域，通过加大垂直深耕力度，提供有差异化的平台服务。2021 年，工业和信息化部共遴选出 104 个特色工业互联网平台，其中，面向特定行业的特色型工业互联网平台有 88 个，着重于数字基础好、带动效应强的行业，促进行业知识经验在平台沉淀集聚，目前覆盖装备、原材料、消费品、能源、电子信息等多个行业（见表 5－6）；面向特定区域的特色型工业互联网平台有 16 个，重点在制造资源集聚程度高、产业转型需求迫切的区域，推动平台在“块状经济”产业集聚区落地（见表 5－7）。

表 5－6　部分面向重点行业的特色型工业互联网平台

平台名称	所属单位	重点行业
船舶动力系统设备全生命周期运维服务工业互联网平台	中国船舶重工集团公司第七一一研究所	船舶制造
汽车电子工业互联网平台云—边—端协同系统示范项目	惠州市德赛西威汽车电子股份有限公司	汽车电子制造业
陀曼机械基础件工业互联网平台	浙江陀曼智造科技有限公司	机械制造行业
腾云（机械加工产能共享）工业互联网平台	山东万腾电子科技有限公司	机械加工行业
汽车制造行业工业互联网平台	宜科（天津）电子有限公司	汽车制造行业
面向电子元器件行业的大规模个性化定制工业互联网平台	山东中瑞电子股份有限公司	电子元器件制造业

续表

平台名称	所属单位	重点行业
航天离散协同制造工业互联网平台构建与创新应用	上海航天精密机械研究所	航天机械制造行业
基于大数据的棉纺产品大规模个性化定制服务平台	吉祥三宝高科纺织有限公司	棉纺织制造业
面向混凝土全产业链的工业互联网平台建设	重庆建工建材物流有限公司	建材制造业
食品工业全流程品质提升大数据平台	河南中裕广恒科技股份有限公司	食品加工业
汇川工业互联网平台通用设备上云行业典型应用	深圳市汇川技术股份有限公司	通用设备制造业
电机设备远程运维服务工业互联网平台电机系统行业典型应用	上海电器科学研究所（集团）有限公司	装备制造业

资料来源：工业和信息化部，课题组制表。

表 5－7　面向重点区域的特色型工业互联网平台

平台名称	所属单位	所在地区	重点领域
云南省冶金行业工业互联网公共服务平台	云南昆钢电子信息科技有限公司	云南	云南，冶金集群
中电福建工业互联网平台制鞋业智造创新应用试点示范	中电望辰科技有限公司	福建	福建，制鞋业集群
面向国家大数据（贵州）综合试验区的工业互联网平台建设与推广应用	贵州航天云网科技有限公司	贵州	贵阳，大数据产业集聚区
辽宁省输配电工业互联网平台	紫光中德技术有限公司	辽宁	辽宁，电力能源
重庆工业大数据公共服务平台	重庆工业大数据创新中心有限公司	重庆	重庆，共性支持
四川省产业园区云平台	工业云制造（四川）创新中心有限公司	四川	四川，园区赋能
长三角区域一体化工业互联网特色服务平台	常州天正工业发展股份有限公司	江苏	长三角，中小企业服务

续表

平台名称	所属单位	所在地区	重点领域
中服工业互联网平台	西安中服软件有限公司	陕西	陕西，中小企业服务
蓝海工业互联网平台区域典型应用	工业和信息化部威海电子信息技术综合研究中心	山东	威海，海洋产业
腾云工业互联网平台 D-park 区域典型应用	腾云互联（浙江）科技有限公司	浙江	宁波，园区赋能
奥链工业互联网平台区域典型应用	奥链工业互联网有限公司	山东	山东，政企服务
精益数字化供应链平台区域典型应用	爱波瑞（江阴）科技发展有限公司	江苏	江苏，共性支持
瀚云 HanClouds 工业互联网平台区域典型应用	瀚云科技有限公司	江苏	江苏，共性支撑
龙易购工业互联网平台区域典型应用	重庆龙易购科技有限公司	重庆	重庆，园区赋能
台州工业互联网服务平台区域典型应用	台州市工业互联网产业有限公司	浙江	台州，中小企业服务
苏云工业互联网平台区域典型应用	苏州协同创新智能制造装备有限公司	江苏	苏州，共性支持

资料来源：工业和信息化部，课题组制表。

3. 面向特定技术领域的专业型工业互联网平台

专业型工业互联网平台是以突破关键技术为核心开展的资源集成平台，重点围绕特定工业场景和前沿信息技术，覆盖数字孪生、工业智能、工业大数据分析、边缘计算、远程监控等特定领域和应用领域。目前，我国共有 28 个面向特定领域的专业型工业互联网平台（见表 5-8）。

表 5-8　部分专业型工业互联网平台

平台名称	所属单位	主要特点
离散制造业工业互联网平台	湖南中南智能装备有限公司	设计、生产和运维环节

续表

平台名称	所属单位	主要特点
陕鼓 5G + 透平装备智能运维工业互联网平台	西安陕鼓动力股份有限公司	运维环节
盛虹智慧印染工业互联网平台	盛虹集团有限公司	印染环节
面向装备产品数字化设计、营销、服务的工业互联网平台	杭州新迪数字工程系统有限公司	设计、营销与服务环节
基于工业互联网的远程监控与智能运维平台	广州机械科学研究院有限公司	运维环节
吉利工业互联网平台数字供应链技术典型应用解决方案	广域铭岛数字科技有限公司	供应链环节
智能物流工业互联网平台 5G 技术典型应用解决方案	首钢京唐钢铁联合有限责任公司	供应链环节
百度智能云开物工业互联网平台 AI 技术典型应用解决方案	北京百度网讯科技有限公司	工业智能
东智工业应用智能平台 AI 技术典型应用解决方案	格创东智（深圳）科技有限公司	工业智能
宏图工业互联网平台大数据技术典型应用解决方案	贵阳宏图科技有限公司	工业大数据分析

资料来源：工业和信息化部，课题组制表。

4. 企业私有云平台

部分大型集团企业或行业龙头企业依托部署在本地或私有云的工业互联网平台，积极推动自身的数字化转型。企业私有云平台如表 5 –9 所示。

表 5 –9　企业私有云平台

企业名称	平台名称
中联重科股份有限公司	云谷工业物联网平台（ZValley OS）
中国电子信息产业集团有限公司	中电云网 BachOS

续表

企业名称	平台名称
联想集团	Leap 工业互联网平台
北汽福田汽车股份有限公司	“北汽云”京津冀地区产业协同工业互联网平台
中海创科技（福建）集团有限公司	海创云工业互联网平台

资料来源：课题组制表。

三、工业互联网平台发展存在的问题

当前，我国工业互联网平台进入快速发展的阶段，也处于实践推进的关键时期，接入平台的设备数量持续上升，应用场景不断丰富。但不容忽视的是，平台发展仍存在着工业软件基础薄弱、平台与制造业企业适配度不足、复合型数字技能人才缺乏、数据共享存在困难等问题，亟待解决。

（一）工业软件基础薄弱

我国工业软件与发达工业国家相比起步较晚，目前在多个领域信息化程度低、国产化程度低，技术与国外厂商存在差距，中高端市场占有率低。我国信息技术产业面临“缺芯少魂”的问题，在智能制造领域，工业软件也是推进我国制造业转型升级、加快工业互联网平台建设的关键。

由于工业门类复杂、涉及领域广泛，在此基础上形成的工业软件也种类繁多，分类维度和方式呈现多样化的趋势，目前国内外尚无公认、适用的统一分类方式。我国工业门类齐全，需要的工业软件数量较多，但自主开发的工业软件难以满足工业领域应用需要，绝大多数领域使用的都是国外软件，在工业软件的功能系统化和技术成熟度方面与国外相比仍有较大差距。中国工业技术软件化产业联盟发布的《工业技术软件化白皮书（2020）》显示，2019 年我国工业软件中研发设计类工业软件占比 21%、生产制造类工业软件占比 48%、经营管理类工业软件占比31%（运维服务类份额较小，统计到经营管理类）（见表5-10）。研发设计类是我国工业软件最大的短板，我国在计算机辅助设计（CAD）、仿真软件（CAE）、辅助制造（CAM）、电子设计自动化（EDA）等核心工业软件领域，至少落后国外最高水平30年。此外，我国软件领域版权保护意识较差、工业软件盗版现象严重，直接影响国产软件的制作和销售，不利于行业发展。整体来看，我国工业设备设施数字化、网络化基础薄弱，企业尤其是中小企业缺乏数字化转型所需资源，设备改造资金投入不足，数据采集能力较弱，制约了其智能制造转型发展。

表5-10　我国工业软件市场情况

种类	占国内工业软件市场份额（2019年）	软件类型	主要特点
研发设计类	21%	辅助设计（CAD）、仿真软件（CAE）、辅助制造（CAM）、电子设计自动化（EDA）新兴的系统级设计与仿真软件等	95%依赖进口，国产可用的产品主要集中在工业机理简单、系统功能单一、行业复杂度低的领域
生产制造类	48%	生产控制类（PLC/DCS/SCADA）、制造执行（MES）	国产软件占据50%的国内市场，以上海宝信、和利时、浙大中控等领军企业为代表在部分细分领域具备一定实力，但高端市场仍不具备优势
经营管理类	31%	企业资源管理类软件（ERP）、供应链管理（SCM）、人力资源管理（HRM/HCM）、营销管理（CRM）	以用友、浪潮、金蝶为代表的国产软件占据70%的国内市场，但高端领域仍以SAP、Oracle等国外厂商为主
运维服务类	31%	工厂运维（MRO）、设备管理（PHM）	70%依赖进口，国产软件主要应用在数据采集与数据监控以及简单的评估预测方面，缺少成熟工程应用，缺乏数据和经验积累

资料来源：课题组制表，根据中国工业技术软件化产业联盟《工业技术软件化白皮书（2020）》《中国工业软件产业白皮书（2020）》整理。

（二）平台与制造业企业适配度不足

制造业企业需要先通过数字化改造后才能参与到平台，实现线上线下的有效互联。从实际来看，虽然一些领先平台已经实现了产业链协同，但更多的合作因企业数字化程度较低而难以达到预期成效。2023年年底，我国制造业数字化渗透率仅为22%，低于发达国家33%的平均水平，与制造强国德国的45.3%相去甚远；我国工业企业智能制造就绪率不足10%。整体来看，中小企业数字化转型的基础还需要进一步提升，不少处在上云阶段的企业对数据缺乏有效采集，平台的数据分析也难以满足深度应用的需求。一是企业升级改造成本较高，这是制约企业数字化转型升级的关键。数字经济与实体经济融合发展涉及组织架构、业务流程、经营管理等全方面的系统工程，企业实现标识解析的应用，需要对相关环节的信息系统进行升级，数字化改造工程具有投资大、周期长、见效慢的特点，对于企业，尤其是资金有限、生存压力较大的中小企业是较大的负担。研究显示，绝大部分企业在数字化升级上投入的资金“一般是其设备投入的10%左右”，若超过这个限度，企业改造意愿会明显下降，导致一般企业数字化转型失败率为80%[①]。同时，很多企业对于标识解析系统本身的安全保障能力，以及标识解析在工业互联网安全应用保障方面都有所顾忌[②]。二是数字技术未能深度渗透制造业各个重要环节。即使完成了数字化改造升级，制造企业全生命周期主要环节的数字技术利用率也普遍低于50%，特别是中小企业，在生产方面的数字技术利用率还不足大型企业的一半。大部分企业对数字技术的应用仍停留在初级层面，并未通过数字技术充分挖掘生产潜力，核心生产环节的数字赋能较弱。三是数字化改造服务难以满足企业

---

① “十四五”数字经济与实体经济融合发展亟待破解五大难题[EB/OL]. 中国发展观察，2022-02.

② 王改静. 由“建”到“用”工业互联网标识规模应用任重道远”[EB/OL]. 通信产业,2022-04-04.

需求。我国工业互联网平台帮助企业数字化转型的业务较少，平台和企业之间存在“鸿沟”，难以形成高价值的商业模式。现有市场上的数字化升级改造服务大多是提供通用型解决方案，难以满足不同企业的个性化、一体化需求，尤其是部分中小企业自身技术水平不高，在企业数字化平台的开发、部署、运营和维护方面都存在问题。

（三）复合型数字技能人才缺乏

工业互联网是新一代信息技术和制造业深度融合的产物，传统制造业企业转型升级需要大批同时熟悉工业互联网技术和工业制造知识技能的复合型人才。目前，我国数字技能人才相对缺乏，成为制约我国工业互联网平台发展、制造业数字化转型升级的障碍。人社部数据显示，我国数字人才总体缺口约在 2000 万至 3000 万左右。且全行业人才需求缺口将随着数字化推进持续扩大。此外，高技术人才向头部企业聚集，也导致在我国工业企业中占据 84% 以上的中小企业，在数字化转型中遭遇极大的人才缺口问题。

虽然工业互联网在快速发展，但人才培养模式和评价体系却没有协同发展，无法满足企业数字化转型需求。一是高校学科专业设置上缺乏与互联网、大数据、云计算等新兴技术领域和交叉学科领域的融合，在教学体系、教材内容、教学方法上普遍滞后于行业前沿的发展。二是在职人才培训不足，相关数据显示，我国制造企业在职培训经费仅占营业收入的 1% ~2% ，远低于发达国家 10% ~15% 的平均水平。[①] 三是信息技术人才更倾向于向提供高薪的互联网、通信等领域聚集，传统制造业在薪酬、晋升机会和发展前景上对人才的吸引力不足，导致复合型数字技能人才难以培养。因此，具备数字技能的复合型人才普遍缺失的现象广泛存在，西门子平台全球开发者已经有 10 万人，而我国工业互联网

① 石嘉婧，雷金英．数字化转型背景下制造业人才协同培育研究［J］．沈阳工业大学学报（社会科学版），2023（5）．

平台开发者仅几千人且以国内为主[①]，人才供给的缺失将导致工业互联网平台发展迟滞，造成前期投入的损耗以及更多的机会成本损失[②]。

（四）数据共享存在困难

数据流动是工业互联网平台发挥价值的关键，但我国当前工业互联网数据仍存在孤立、分散、封闭等问题，数据共享程度较低。一是通用的数据标识解析难以建设和推广。我国制造业门类众多、体系庞大，不同的场景和业务下存在多种标识解析体系，难以形成一套统一的数据标识体系。二是制造业企业使用的工业设备硬件和软件差异较大，工业互联网平台短期内难以满足各类企业差异化的数据传输和处理需求，企业会沿用内部非通用的数据结构和传输模式，致使平台与企业出现脱节、数据体系难以推广、数据流转不畅通。三是平台用户的数据开放意愿不足。对于客户来说，接入平台并开放需求数据后，在某种程度上意味着被平台绑定；对于制造企业来说，生产所需的物料清单、过程控制具有商业价值，在工业互联网平台开放后一旦被竞争对手获取，企业将失去重要的商业机密[③]。重要数据和核心数据正成为新型网络攻击破坏的重要标靶，研究报告显示，2021 年统计的企业平均每起数据泄露事件成本高达 424 万美元。

四、加快工业互联网平台体系建设的政策建议

我国拥有规模领先、门类齐全的制造业，通过工业互联网的应用，将驱动制造业的数字化、网络化、智能化发展，巩固和扩大我国制造业全球竞争优势。同时，工业互联网也正在孕育形成一系列以数据为核心的技术产品、服务模式和商业形态，成为经济增长的重要新动能。工业

---

① 中国信通院．主要国家和地区推动制造业数字化转型的政策研究报告[R]. 2022.

② 胡豫陇，王金照．工业互联网平台发展的路径，竞争格局和政策建议[J]. 发展研究，2021，38(8)：57－62.

③ 蔡跃洲．数字化转型助力高质量发展[J]. 信息化建设，2021(3)：57－58.

互联网平台作为构建工业互联网生态的核心载体，需要通过加强关键共性技术支撑、提高数据管理能力、提升平台应用服务能力、完善人才队伍建设等途径加快推进体系建设，促进工业企业上云，营造建平台和用平台双向迭代、互促共进的制造业新生态。

（一）加强关键共性技术支撑

数字技术是制造业，尤其是高端制造业转型升级的核心，加大投入持续攻坚关键技术，对于加快工业互联网平台建设、保障国家安全具有重要意义。一方面，要根据我国工业互联网平台建设目前凸显的技术短板，制定核心技术攻坚图谱，统筹政府、企业、高校、科研院所的资源，打破人才和资金壁垒，实施关键共性技术的联合攻关计划，增强工业芯片、工业软件、工业控制系统等的供给能力，降低当前中高端工业软件对外的高依存度。同时，营造国产工业软件良好应用生态，鼓励国产软件的研发使用，使其在应用中得到磨砺和提升。加快数据技术发展，聚焦数据分析、软件服务、人工智能、网络安全等技术领域，布局一批“揭榜挂帅”项目，强化工业互联网平台相关的技术支撑。另一方面，数字基础设施是产业数字化转型的重要支撑，还需要继续夯实基础设施工程，不断完善光纤网络、5G 网络、IPv6 等连接基础设施的建设，提高工业互联网平台对海量数据进行采集、存储、处理和分析的能力，促进制造业加快数字转型升级。

（二）提高平台数据管理水平

为促进跨产业、跨环节的数据在工业互联网平台上共享互通，需要打造一个数据安全且能够兼容通用的管理体系，全面加强数据治理体系和治理能力建设。一是加强顶层制度设计，当前工业和信息化部正研究编制《促进数据安全产业发展指导意见》，在《中华人民共和国数据安全法》的基础上，加速研究出台工业互联网平台相关的数据安全管理办法，规范各环节参与主体的权利义务，明确数据的流动条件和共享范围，强化数据质量、责任追究等内容。通过法律保障参与主体的数据安全，完善工业数据的汇集、开放和共享使用的激励机制，支撑数据要素在平台有序开放和深度利用，实现数据价值最大化。二是建设标识解析体系和协议兼容体系，在平台层面推广工业互联网标识解析体系的同时，打造通用的工业数据解析网络，实现制造业领域的多种数据互联互通；在工业设备层面，鼓励标准研制体系与制造业企业加强合作，对于制造业中各类设备和软件开展兼容性协议的制定和推广，增强工业设备的互通联动能力，提升平台的数据连接和资源配置效率。三是深化数据确权体系研究，解决数据权属问题，坚持数据分类分级，兼顾不同类型数据的管理和使用需求。在工业互联网数据确权（登记）中心建设的基础上，推进全国范围开展工业互联网数据要素确权登记工作，对数据开展身份认证与管理，实现数据“溯源”。

（三）提升平台应用服务能力

平台的集成业务、大数据处理等功能将不断激活工业企业的深层次需求，深化平台的应用服务至关重要。一是推动龙头企业示范引领。持续推进“两化”融合创新发展，加速工业设备和业务系统上云上平台，通过行业龙头企业核心业务系统云化改造，带动产业链上下游中小企业业务系统升级。推动地方政府与平台企业合作，依托平台赋能，深度推进区域内制造业资源的互联互通，形成区域产业应用标杆，打造产业互联网发展高地。鼓励龙头企业、平台公司为中小企业提供“工业互联网＋安全生产”解决方案，进一步降低生产成本。建立动态评价机制，遴选不同类别的工业互联网平台试点示范，深化工业要素资源集聚，加速生产方式和产业形态的创新变革，形成可复制可推广的建设运营经验。二是鼓励平台创新发展模式。强化工业互联网平台的数据检测与运行分析能力，开展平台基础能力、运营服务、产业支撑等运行数据的自动化采集。围绕“平台＋产品”“平台＋模式”“平台＋行业/区域”等领域打造一批创新解决方案，加快系统解决方案供应商培育。三是加大财政支持力度。鼓励有条件的地方政府，结合当地产业优势，着力培育一批专精特新中小企业和制造业单项冠军企业，加大中小企业数字化改造的技术、人才、资金支持力度，引导中小企业加快生产装备数字化升级。建立移动 APP 专项投资补贴机制，开展试点示范，支持企业开发运用移动工业 APP。同时，实施差异化的财税政策，对发展较好的工业互联网平台企业加大扶持力度，对于缺乏成长潜力或功能相似的企业，通过退出基金等形式，鼓励落后企业自愿退出或合并发展，充分发挥市场机制，实现更高效的产能升级。

（四）完善复合型人才队伍建设

依托人才队伍打造高质量工业互联网平台。积极引进全球高水平的工业互联网人才和团队，完善人才引进和聘用机制，提升工业互联网复合型人才的待遇和保障，探索工业互联网平台的创新发展路径和模式。依托高水平研究型大学加大对数字化人才的培养，鼓励有条件的高校开设多层次的工业互联网相关专业，探索通过校企联合培养的机制，打造适合不同类型传统制造企业转型升级的工业互联网人才。支持工业互联网平台企业积极引进制造业领域、IT 领域的人才，支撑平台快速开发和升级，促进平台更好为制造业企业提供深度应用和个性化服务。加大对工业互联网人才的从业补贴，减少人才流失。依托制造业产业集群，积极建立协同培育平台，培训相关专业的人员加入智能制造产业，扩大工业互联网领域人才输入的维度。举办形式多样的工业互联网专题培训班，对相关企业领导、技术人员等开展有针对性的数字化升级宣讲以及工作互联网培训，提高企业对工业互联网的认知，鼓励和帮助传统制造企业开展转型升级。

参考文献

[1]中国软件测评中心．工业互联网平台赋能制造业数字化转型分析[J]. 软件和集成电路，2022(4):9.

[2]韩彬．我国新型工业互联网发展现状及探索[J]．江苏科技信息，2020(9):41－43.

[3]施战备,秦成,张锦存,刘丽兰．数物融合:工业互联网重构数字企业[M]．北京:人民邮电出版社,2020.

[4]王建伟．工业赋能:深度剖析工业互联网时代的机遇和挑战(第2版)[M]．北京:人民邮电出版社,2021.

[5]王建伟．赢在平台:解锁工业互联网的动力密码[M]．北京:人民邮电出版社,2018.

[6]王征宇,庞然,蔡德发．我国工业互联网产业发展的财税支持政策研究[J]．商业经济，2022.

[7]杨继东,叶诚．制造业数字化转型的效果和影响因素[J]．工信财经科技，2021(4):79－93.

[8]张杰斐．我国工业互联网创新发展的趋势、挑战及建议[J]．通信世界,2022(6):36－38.

[9]张涛．我国工业互联网创新发展成效及建议[J]．智能制造，2022(2):3.

[10]赵伟．数字化赛道:工业互联网的思考与实践[M]．北京:人民邮电出版社,2022.

（执笔：翟羽佳）

第六章 加强关键核心技术的研发

当前制造业数字化转型成为世界各国展开新一轮信息技术创新竞争的重要战场，其中涉及的关键核心技术更是竞争的制高点。我国由于起步相对较晚、技术积累相对较弱，亟须加大对智能制造、工业互联网关键核心技术领域的支持力度，争取尽早实现制造业数字化转型领域关键核心技术的自主可控，提升产业链供应链韧性和安全水平，助力实现高质量发展。

一、我国制造业数字化转型技术发展态势

我国是全球制造业第一大国，制造业数字化转型方兴未艾，近年来一批相关新兴企业逐渐成长起来，形成较好的发展态势，部分企业已在细分领域形成了较强的国际竞争力，5G、工业互联网、人工智能等部分关键领域技术已呈现出与国际领先水平“并跑”态势。但也应看到，我国在不少关键核心技术、高端芯片、传感器等元器件、基础材料、工业软件等领域依然存在不少短板，原始创新能力不强，重大原创成果偏少，高端人才供给不足。

（一）制造业数字化转型产业发展总体态势

根据相关研究，制造业数字化转型产业链主要由网络及设备层、边缘层、基础层（工业 IaaS）、平台层（工业 PaaS）、应用层（工业 SaaS）以及下游工业企业组成，形成了产业链的上、中、下游，构成网络、平台、安全三大体系（见图 6－1）。

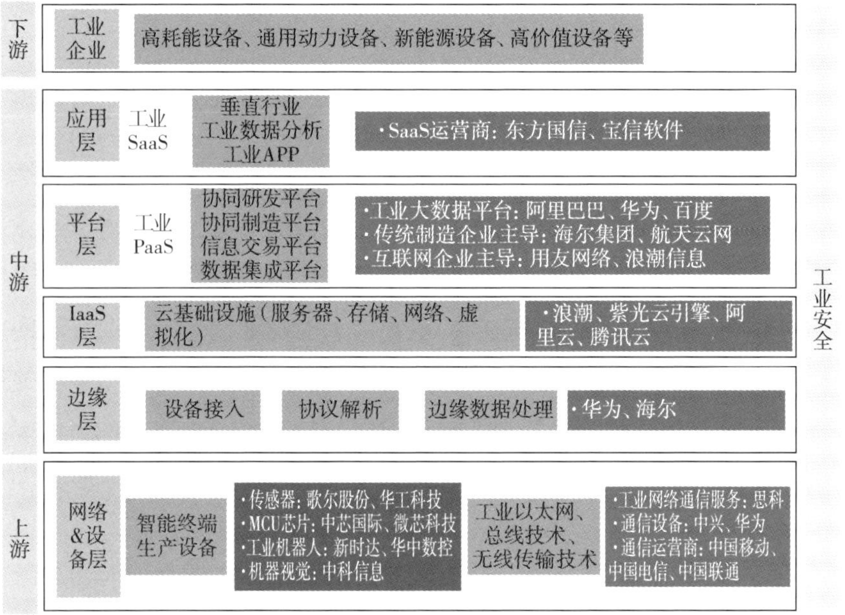

图6－1 制造业数字化转型产业链示意图

如图6－1所示，上游主要提供传感环境、网络等基础保障，包括传感器、控制器、工业级芯片、智能机床、工业机器人、网络等。在传感器领域，国内代表企业有歌尔股份、华工科技等。在工业网络通信领域，国内代表企业有中兴、华为等。

中游主要为制造业企业提供开发环境、运营环境、软件应用和安全保障等，具体涉及工业互联网平台、工业软件、云计算、数据中台、边缘计算服务等。在新兴的云计算、边缘计算等领域，国内企业发展态势较好，涌现出阿里云、华为云、腾讯云、百度云等一批企业。但在工业软件特别是研发软件、生产制造软件等需要长期工业知识积累的领域，国内发展相对落后，相关高端软件基本被国外企业垄断。此外，在ERP软件等运维服务软件上，用友网络等部分国内企业发展较好。

下游主要为制造业企业应用数字化的典型场景，如高耗能设备、通用动力设备、新能源设备、高价值设备等全面系统性优化场景。

总的来看，上游行业在芯片、传感器等领域的制造上仍和发达国家有一定差距，数据采集与感知能力有待提升；中游行业的平台层资源整合能力和综合能力有待加强，应用层工业软件与控制系统落后，工业建模分析能力与数据分析能力较弱，制约了整体的平台开发与应用；下游应用场景适用行业广泛，工业互联网应用场景越来越多，未来融合创新发展潜力巨大。

（二）上游：芯片、传感器等关键元器件“卡脖子”现象严重

我国以芯片、传感器为代表的多数关键零部件仍处于“跟跑”阶段，国产化程度较低，实力亟待加强（见表6－1）。

表6－1 芯片领域受制于人

软件类别	公司	国内替代方案
通信用模拟器件	ADI	无
FPGA 芯片	赛灵思、英特尔	无
高性能 GPO 芯片	英传达	无
AD/DA	亚德诺、德州仪器、美信	无
DSP	博通、英菲克	无
滤波器	村田、RF360、安华高、Qorvo	无
功率放大器	Qorvo、思佳讯、安华高、稳懋	无
光器件	朗美通、贰陆红外、菲尼萨	无
氮化镓（GaN）	恩智浦、飞思卡尔、英飞凌	无
光刻胶	JSR、TOK、罗门哈斯	无
高纯氢氟酸	瑞星化工、大金、森田化学	无

资料来源：课题组整理。

除芯片外，传感器的落后也是亟须改变的一个现状。目前全球传感器市场主要由美国、日本、德国的几家龙头公司主导。美国、日本、德国及中国合计占据全球传感器市场份额的72%，其中中国占比约11%。与全世界生产的超过2万种产品种类相比，中国国内仅能生产其中的约1/3，整体技术含量也较低，远远满足不了国内市场需求。我国中高端传感器进口占比达80%，传感器芯片进口更是达90%，国产化缺口巨大，数字化、智能化、微型化等高新技术产品严重短缺，“小而散”的

国内厂商靠自身积累很难进行设备和工艺更新，虽然具备一批自主研发的工艺和产品，但主要性能指标仍和国外差 1 ~ 2 个数量级，使用寿命差 2 ~ 3 个数量级。

（三）中游：工业软件发展起步慢，呈现出“全而不强”态势

我国工业软件总体表现为产品类别较全，但技术较为落后。

研发设计类软件方面，国产工业软件在国内市场份额最低，据统计，2022 年我国 CAX（CAD + CAM + CAE）行业市场份额前三的企业均是外企，分别是达索、欧特克、西门子，比如，达索 CAD、CAE 市场份额分别为 23.5%（第一）、7.9%（第三）；西门子 CAD、CAE 市场份额分别为 15.3%（第二）、14.7%（第二）。虽然国内已经出现一些自主研发软件的公司，如中望软件、华大九天等，但主要也只适用于工业机理简单、系统功能单一、行业复杂度低的领域，包括模具、家具家电、通用机械、模拟芯片等行业。以 CAE 为例，与国际头部厂商通用 CAE 软件覆盖范围广、核心技术领先、功能齐全完善的优势相比，国内 CAE 厂商关键技术自主可控程度较低，并且在产品化、集成化和规模化上与国外软件还有较大的差距。

生产制造类软件方面，国内企业在部分领域具备一定实力，如宝信软件、和利时、中控技术等，但在高端市场还不占优势。以数据采集与监督控制系统（SCADA）市场为例，目前全球市场领导企业包括艾默生电气、施耐德电气、ABB、罗克韦尔自动化、霍尼韦尔等基础设施系统与解决方案公司。国内 SCADA 企业主要有力控科技、亚控科技、紫金桥软件等公司。根据公开资料，2021 年我国 SCADA 的市场格局基本上是国产品牌行业应用占比 60% 左右，在市政、石油、基础设施等应用领域形成了相对稳定成熟的市场；外资品牌市占率 40%，在电子半导体、轨道交通、烟草、食品饮料、水处理等行业应用广泛。

经营管理类软件方面，国产厂商主要占领中低端市场，主要包括用友网络、金蝶国际和浪潮国际等 ERP 厂商，但在高端市场领域（尤其

是跨国公司）更多被思爱普（SAP）、甲骨文（Oracle）占领。

运维服务类软件方面，国内软件主要关注数据采集、监控等简单能力，缺少成熟的工程应用，缺乏数据和经验的积累，能力测试、系统集成等方面存在短板，国内公司主要有容知日新、博华信智等（见表6-2）。

表6-2　我国工业软件发展呈现出“全而不强”态势

软件类别	研发设计	生产制造	经营管理	运维服务
主要产品类型	CAD、CAE、CAM、EDA	DCS、SCADA、PLC、CMES	ERP、CRM、SCM、EAM、HRM	MRO、PHM、APM
与国外差距	核心软件技术与国外差距极大；部分新兴领域与国外差距不大	国内厂商聚焦中低端产品	国内厂商聚焦中低端产品	能力测试、系统集成等方面存在短板
国产化率	<10%（CAD+CAM+CAE）；11%（EDA）	中低端50%左右；高端30%	中低端70%；高端30%（ERP）	30%
国内领先企业	中望软件、苏州浩辰、数码大方	中控技术、和利时、宝信软件	用友、金蝶、鼎捷、浪潮	博华信智、容知日新
国际领先企业	达索、欧特克、西门子	西门子、罗克韦尔、通用电器	思爱普、甲骨文、Infor	西门子、思爱普、甲骨文

资料来源：亿欧智库、华经产业研究院、OFweek、前瞻产业研究院、赛迪智库。数据截至2020年年底。

（四）下游：发展水平参差不齐

从下游工业企业整体来看，我国制造业数字化转型进度、能力、水平参差不齐，总体呈现出企业规模越大，工业知识积累越丰富、数字化水平越高的特性。

对于头部企业而言，其资金、技术、人才优势明显，普遍已经建立起覆盖“研—产—供—销—服”等环节的完整数字化系统，转型效果明显。截至2023年12月，世界经济论坛（WEF）累计发布全球“灯塔工厂”及“可持续灯塔工厂”共153家，其中我国的数量达62家，占据全球总数的约 40%，如宁德时代、三一重工、海尔、美的等。

对于中型企业而言，普遍尚未构建完整的 ERP 系统，更多聚焦在人财物领域的狭义内部管理数字化建设层面，数字化转型进程不容乐观。在车间现场级信息化系统和数字化应用建设方面处于起步阶段，系统间集成、数据共享能力较弱，部门墙隔阂较为明显。

对于小微企业而言，由于其业务相对不成熟且不稳定，多以直接采用 SaaS 服务为主，以支撑企业采购、营销、客户管理、在线办公等方面的内部管理信息化需求，数字化转型直接赋能生产业务作用甚微。

二、我国关键核心技术能力不强的原因分析

（一）研发投入不足

以芯片为典型代表的关键核心技术和元器件，普遍具有技术、资金密集型特点，但我国投入相比国际远远不足。以传感器芯片为例，一种主流智能传感器芯片研发投入在 10 亿元左右，需要数十人的科研团队 6～8 年的积累，实现数千万只（甚至上亿只）产品批量生产规模才可能盈利。而且传感器芯片研究失败风险较高，一般中小型的中国本土企业难以承受如此高的代价和风险，即使研发成功，也常常难以形成盈利规模的出货量。国内传感器企业基本集中在产业链中下游，具有自主芯片设计能力的企业较少，智能传感器芯片的国产化率不足 10%，核心技术严重滞后于发达国家。这种“投入不足—市场占有较小—盈利能力较弱—制约投入增加”的循环在关键核心技术领域是普遍现象。

（二）复合型人才缺乏

制造业数字化转型发展是新一代信息与通信技术、工业技术的高度融合，不仅要求技术人才能深入了解各行业设计、生产、加工等流程，还要掌握云计算、大数据等新一代信息与通信技术，具备全方位、立体化的综合技能体系。我国适应产业互联网发展的高端专业人才供需矛盾

突出，目前的从业人员大多是单一的工科背景或者计算机背景，所拥有的知识技能与当下的产业发展速度和方向不匹配，复合型、创新型、高端化人才储备明显不足。以 EDA 软件设计为例，EDA 软件涉及半导体、数学、芯片设计三方面知识，需要掌握这三方面知识的复合人才。根据新思科技中国区副总经理陈志昌先生所言，培养一个 EDA 人才不容易，从高校课题研究到能够真正实践从业，往往需要 10 年的时间。根据第 23 届我国集成电路制造年会披露数据，全球 EDA 行业从业人数仅有 4 万人左右。我国 EDA 从业人员仅约 4400 人左右。

（三）既有路径依赖程度较强

国际领先企业的制造业数字化体系和工业体系一起发展，占据全球大量市场份额，其中的工业知识更贴合工业的实际生产，因此国际领先企业往往在可用性和先进性上领先于国内企业。我国 95% 的研发设计软件依赖进口，国内工业企业会倾向于使用海外产品，有很强的客户黏性，不会轻易选择更换软件。对于制造业企业而言，更换制造中某个环节的底层技术，可能需要配套进行全生产流程的再造，机会成本高昂，且面临一定的不确定性风险，这会对国内企业在关键核心技术环节实现赶超也带来一定的不利影响。总的来看，在既有路径依赖下，尚未形成良好的生态，补齐关键核心技术短板任重道远。

三、强化制造业数字化转型技术发展的国际经验

当前，制造业数字化转型成为各国增强竞争力、培育新动能的重要抓手，各国积极发挥政策作用，推动实现制造业数字化转型。

（一）美国

总的来看，美国数任政府在推动制造业数字化转型上具有一定的连续性。奥巴马政府提出“先进制造”战略，将制造业数字化、网络化、智能化转型作为主攻方向。特朗普政府上台后推行美国有限战略，大力

推动制造业回流，先后发布《先进制造业领导力战略》《国家人工智能战略》《关键和新兴技术国家战略》，将基础科技和信息技术体系与制造业相结合，构筑高端竞争优势。拜登政府在延续前任政府做法的同时，力图通过多元化的政策手段扩大前沿技术领先优势和提振制造业整体水平，为制造业数字化转型发展营造良好的政策环境。具体来看，主要体现在以下几个方面：

一是不断强化产业政策的支持力度。直接进行产业补贴，通过《芯片与科学法案》《削减通胀法案》《基础设施投资和就业法案》等，支持关键领域制造业发展。提出《联邦采购条例》的修正案，加大政府采购对“美国制造”产品的支持力度。新的规则提案提出，将把美国国产成分的百分比立即（2021 年）提升至 60%，到 2024 年这一比例将进一步提高至 65%，到 2029 年将再次提升至 75%。分阶段提升国产成分占比门槛，实际上是政府为美国制造业企业的市场提供了变相的保障。不仅如此，该提议提出，将对被视为关键产品或由关键部件组成的最终产品和建筑材料实行更高的价格优惠。关键组件和/或关键产品的定义以及清单将被添加到《联邦采购条例》中。供应商需要在其报价中明确含有关键成分的最终产品，以便采购部门可以在适当的时候应用更高的价格优惠。这些优惠一旦到位，将为美国生产的关键产品提供稳定的需求来源，从而支持关键产品供应链的发展壮大。

二是积极打造制造业创新中心。始于 2012 年的美国制造项目（Manufacturing USA，原名为国家制造业创新网络计划，即 NNMI，后于 2016 年更名），是美国政府以核心关键共性技术的研发和应用推广为目标打造的创新载体，是其推动数字化、网络化、智能化发展的核心政策抓手。截至 2023 年年底，已建成 17 个制造业创新研究所，涵盖电子、材料、能源/环境、数字化/自动化、生物制造等领域。目前，以创新中心为关键依托，逐步形成集群化发展态势，学术界、产业界、非营利机构等组织积极加入创新中心，而且与美国国内的教育机构开展积极合作，通过制定和实施先进制造技术的教育、培训和劳动力培育课程、教材、计划等，为从事相关工作的工人提供所需的先进技术知识与技能，以提升先进制造业从业人员储备。

三是提供长期、稳定、连续的资金支持。联邦政府也为促进先进制造、工业 4.0 等相关技术的应用提供资金支持，且支持资金规模呈现出整体上升趋势。美国国家标准与技术研究院（NIST）是美国支持产业应用发展最主要的机构，希望通过支持国家制造业网络、推进标准和关键新兴技术等举措，最终促进美国的创新力和工业竞争力提升。2021—2023 财年，NIST 预算总额分别为 7.88、8.5、9.53 亿美元，保持较快增长。

（二）欧盟

欧盟是全球数字化转型的重要参与者，近年来，其制造业数字化转型取得了积极成效，主要政策措施如下：

一是做好顶层设计和规划。2020 年 2 月，欧盟发布了《欧洲数据战略》，通过完善治理框架、加强数据基础设施投资、提升数据技能、打造数据空间等举措，为企业和个人更好地利用数据创造良好环境，加速构建单一数字市场。2021 年 3 月，欧委会发布《2030 数字化指南：实现数字十年的欧洲路径》（*2030 Digital Compass: the European way for the Digital Decade*），围绕企业数字化、数字化教育与人才建设等四个方面提出具体目标，指出到 2030 年，75% 的欧盟企业应使用云计算服务、大数据和人工智能，90% 以上的中小企业应至少达到基本的数字化水平。2021 年 5 月，欧盟委员会发布更新版《欧盟新工业战略》，聚焦加强单一市场弹性、应对欧洲战略依存关系以及加速绿色化和数字化过渡三大领域，提出出台紧急方案解决关键产品短缺问题、审查关键领域战略依存关系、支持中小企业双轨转型等 16 项措施。在数字化转型方面，战略提出强化利益相关者间协同，创新合作机制，打造可持续过渡方案，提供一致性的监管方案，强化、重塑数字技能以加速双轨过渡。

二是针对短板出台产业政策。根据欧盟委员会的报告《战略依赖和能力》（*Strategic Dependencies and Capacities*），欧盟的137种关键产品（约占进口价值6%）有近一半依赖从中国进口，涉及能源、医药等领域，34种产品难以实现自主生产，在人工智能、高性能计算、大数据、云计算、工业生物技术和微电子六大技术领域也面临挑战和依赖。为此，欧盟深入审查半导体、云和边缘技术等六个关键供应链领域的对外依存关系，并进一步审查能源、网络等关键领域，将更多生产纳入区域内部。由于目前欧盟的监管政策无法应对外国补贴，欧盟提出关于扭曲单一市场的外国补贴的法规，旨在解决非欧盟政府补贴带来的扭曲问题。新规允许欧委会对涉及外国补贴的并购、公共采购投标以及特定部门或经济活动进行调查。

三是提供多元、连续的资金支持。鉴于数字化转型的长期性，欧盟构建了专门的2021—2027年的跨年度财务支撑框架（Multiannual Financial Framework，MFF）。该框架共包括7个计划，累计资金规模达到1.21万亿欧元，为欧盟各国数字化转型目标的实现提供资金支持。数字欧洲项目（Digital Europe Programme，DEP）是MFF的核心，旨在弥合数字技术研究和应用之间的鸿沟，加速相关技术的市场应用和推广。该计划着重投资于超级计算和数据处理、人工智能、网络安全、数字技能、支持企业和公共管理的数字化等五大领域，累计投资76亿欧元。2021年11月，欧盟委员会通过了总体项目、数字创新中心、网络安全等三个工作方案，累计投资19.8亿欧元助力欧洲实现数字化转型目标。

四、政策建议

习近平总书记在2018年5月的两院院士大会上明确指出：“实践反复告诉我们，关键核心技术是要不来、买不来、讨不来的……以关键共性技术、前沿引领技术、现代工程技术、颠覆性技术创新为突破口，敢于走前人没走过的路，努力实现关键核心技术自主可控。”党的二十大报告也明确提出“以国家战略需求为导向，积聚力量进行原创性、引领性科技攻关，坚决打赢关键核心技术攻坚战”。加强核心技术攻关、夯实技术基础刻不容缓。

一是实行差异化策略原则。鉴于我国无法在短期内实现全部核心零部件国产替代，有必要根据不同情况采取差异化替代策略，坚持建链延链补链强链。对于像高端芯片制造等完全依赖国际供给的关键核心技术及元器件，要加快组织实施技术攻关，大力推进自主创新及替代应用。加大对通信、网络、人工智能、核心器件、基础软件等领域的技术研发资助力度，加强底层操作系统、嵌入式芯片、人机交互、工业大数据、核心工业软件、工业传感器等核心技术攻关。对于存在多个供给替代方案的领域，要充分利用好我国超大规模市场对国际领先企业的吸引力，鼓励相关企业、研究院所与其开展国际合作，支持其研发、生产落户中国境内。对于我国具备优势的领域，比如封测环节，要长板加长，采取多种方式形成垄断局面，打造反制裁撒手锏，形成有力威慑。

二是持续加大研发投入。国外相关经验表明，长期、持续、稳定的投入是实现关键核心技术突破的必要举措。要统筹推进国产工业传感器、工业芯片、工业机器人等底层硬件的研发与应用，从企业扶持、人才培养、技术研发、资金政策等多方面助力相关产业发展；要抓住MEMS 传感器正逐步取代传统机械传感器主导地位的有利机遇，加快推进关键核心技术与零部件的国产替代进程。要更好发挥新型举国体制优势，整合各方投入，避免重复投资，形成全国上下一盘棋。

三是创新人才培养机制。增加对技术人才的补助，加大对基础性人才从业补贴，减少人才流失。借鉴美国经验，推广协同育人平台，比如将化工、能源等专业人才引进到自动化、微电子等行业中来，扩大人才输入的维度。要加强复合型人才培养。在大学教育中增加对产业学科、互联网学科复合教育；积极推进大学双学士、双硕士培养；鼓励在校学生跨学科攻读硕士及博士研究生，适当放宽相应门槛；建立高校与各行业企业联合培养基地。拓宽人才培养渠道，健全人才培养机制，深入推进教育部产学合作协同育人项目，推动以企业为核心的“产学研”联合，重点选拔、培养一批核心技术骨干和带头人，引导和支持企业开展产业互联网领域技能培训。

四是加大金融财税支持力度。要积极鼓励银行等金融机构完善与掌握关键核心技术的中小微、民营企业相配套的信贷管理和贷款评审制度，创新金融产品体系和服务模式，支持具备良好发展前景的中小微、民营企业做精做专做优。推动建立中小微、民营企业重点企业及项目储备库，实施白名单管理，给予入库企业优先成为金融机构信贷及国家融资担保基金支持的机会。要积极发挥国家级战略性新兴产业发展基金和创业投资引导基金的引领和示范作用，鼓励成立定向支持中小微、民营企业的子基金。大力推进多层次资本市场建设，探索在北交所、创业板、科创板等板块建立掌握关键核心技术的优质中小微、民营企业上市绿色通道。加大财政资金支持力度。借鉴国际相关经验，完善政府采购制度，完善中小微、民营企业新技术新产品政府采购和补贴支持政策，加大采购力度，从需求侧拉动技术发展，帮助新技术、新产品进入市场。加大对前沿新技术领域中小微、民营企业的政府采购力度，推进新技术应用示范应用。发挥中央财政资金引导作用，引导各地支持掌握关键核心技术的中小微、民营企业发展。

参考文献

[1]武一奇，孙智．美国国家标准与技术研究院发展现状及启示[J]．工程建设标准化，2023(7)：64－67.

[2]刘岳平，覃剑．国外制造业数字化转型经验及对广州的启示[J]．中国物价，2023(10)：29－32.

[3]朱焕焕，陈志．从“国家制造业创新网络”到“美国制造”——美

国制造业战略的延续与变化[J]．全球科技经济瞭望，2019，34(2)：1－6.

[4]史冬梅，王晶，张景胤．美国拜登政府制造业发展战略措施及启示[J]．全球科技经济瞭望，2023，38(5)：21－32.

[5]张毅．EDA 国产化浪潮势不可当[N]．电脑报，2023：006.

[6]佚名．IDC：长期主义——cad/cae 设计研发类工业软件市场份额报告发布[EB/OL](2023－10－22)[2024－05－13]. https://www.idc.com/getdoc.jsp? containerId=prCHC51326323.

[7]Anonymous. FY 2024：presidential budget request summary [J/OL]. NIST，2023 [2024－05－13]. https://www.nist.gov/congressional－and－legislative－affairs/nist－appropriations－summary/fy－2024－presidential－budget.

[8]Anonymous. FY 2023：presidential budget request summary [J/OL]. NIST，2022[2024－05－13]. https://www.nist.gov/director/congressional－and－legislative－affairs/nist－appropriations－summary－1/fy－2023－presidential.

[9]Anonymous. NIST appropriations summary fy 2021－fy 2023 [J/OL]. NIST，2022 [2024－05－13]. https://www.nist.gov/congressional－and－legislative－affairs/nist－appropriations－summary.

[10]Anonymous. FY2021：presidential budget request summary [J/OL]. NIST，2020 [2024－05－13]. https://www.nist.gov/congressional－and－legislative－affairs/fy2021－presidential－budget－request－summary.

[11]Anonymous. Lighthouses | global lighthouse network[EB/OL](2024－05－10)[2024－05－13]. https://initiatives.weforum.org/global－lighthouse－network/home.

[12]陶元，窦克勤，王程安．推进新型工业化背景下制造业数字化转型的定位、态势和路径[J]．新型工业化，2023，13(6)：5－11.

［13］佚名.2023年中国制造业数字化转型路径实践［R］. 艾瑞咨询，2023.

［14］郭鑫，张婧婧，池康伟，等. 中国与美国、日本、德国制造业国际竞争优势比较研究及相关政策建议［J］. 中国科学院院刊，2023，38（8）：1130－1153.

（执笔：李志鸿）

第七章

加强数据安全治理和监管能力体系建设

在如今全球暗潮涌动的经济形势下，谁先抢得制造业数字化转型的先机，自然也就在未来全球大国博弈中拥有了更多的话语权。我国制造业数字化转型关键要在供应链体系的数字化连接、生产组织柔性管理、响应消费者需求反向定制生产等方面，锐意创新，以新的生产管理模式和新的商业模式，颠覆传统制造业规模经济主导的发展方式，加快构建工业 4.0 时代的竞争优势，以此引领全球制造业的变革发展。而制造业要想成功实现工业化和信息化融合，设计—工艺—制造一体化融合，云计算、大数据、物联网融合的智能制造，底层数据开发利用及治理是关键，制造企业需要明确数据治理的目标和范围，搭建好主数据管理平台，做好数据资产盘点、持续不断地改进数据质量，形成数据资产管理制度与文化，才能成功促进制造业的数字化转型。

一、数据对制造业的作用和意义

（一）国内外形势对制造企业信息化提出了更高的要求

美国的“再工业化”“制造业复兴”“制造业行动计划”，德国的“工业 4.0”，欧盟的“未来工厂计划”，日本的“再兴战略”，法国的“未来工业法国”等，都在推动着制造业的转型升级。中国制造业要想由大变强，必须注重数字化建设，尽快占领先进制造业的技术制高点。比如，《中国制造 2025》将智能制造变为制造业的主攻方向，进一步强调了信息化、数字化、智能化建设对制造企业未来发展的重要性。

（二）未来制造企业数字化转型建设离不开准确可靠的数据

数据是制造企业信息系统的基础，保证其准确、一致和完整是一项非常重要的工作内容。经过多年的发展，我国大多数制造企业已经完成了业务系统的建设，提升了自身的业务运营能力。但这些系统中的业务数据越存越多，数据之间的关系越来越复杂，数据质量不高、重复冲突明显、无法集成共享等问题相继出现，导致数据可靠性低。决策层无法获得准确的信息，在某种程度上已经制约了制造企业数字化转型的进一步发展。

（三）数据治理是保证制造企业数据准确可靠的有效手段

制造企业开展信息化工作需要获得更多准确可靠的数据，数据治理可以帮助制造企业规范数据流程，管理企业内部主数据，提升企业数据质量，保证企业在业务运营管理中得到准确、及时和完整的数据支持。因此，对于拥有多个信息应用系统、数据存储方式复杂的大型制造行业，有必要提升其对数据治理相关建设的关注。

二、新形势下制造业数据安全风险日益突出

近年来，我国围绕“加快数字化发展，建设数字中国”战略目标，持续出台数字化转型相关政策，驱动传统产业数字化转型，推动数字化赋能千行百业。数字化技术持续创新并加速向制造业、服务业等领域融合渗透，为数字经济提供新的发展活力，促进数字红利加速释放，为行业领域数字化转型注入了新动能。工业互联网是制造业数字化转型的必然选择，数据安全是工业互联网安全的核心所在。随着数字化转型提速，工业数据安全风险越发突出，加速从虚拟世界向物理空间蔓延。当前虚拟世界与物理空间边界逐渐模糊，数据安全泄露事件一旦发生，极有可能对经济生产、社会生活及国家安全带来威胁。现阶段，有效降低工业数据安全风险已成为热点和难题。

一是受工业数据高价值驱动，黑客将重点目标锁定为能源、制造等领域的工业数据。近期，制造业等领域工业数据安全事件频发。2022

年 2 月和 3 月，芯片制造商英伟达和西班牙能源公司相继遭受网络攻击，分别导致 1TB 数据被盗和 130 万客户数据泄露。Verizon 发布的《2020 年数据泄露调查报告》显示，当年全球数据泄露事件多达 3950 起，同比增长 96%，制造业在受影响行业中排名第三。

二是互联开放环境下，风险点增多、风险面扩大，工业数据安全风险进一步增加。随着越来越多的工业控制系统与互联网连接，传统相对封闭的工业生产环境被打破。工业主机和数据库等存在端口开放、漏洞未修复、接口未认证等安全问题，降低了黑客入侵窃密的难度，数据更易泄露。此外，工业数据跨境流动安全风险也较为突出，近期监测发现多起跨境数据泄露事件，涉及钢铁、石油、天然气等众多行业，涉及研发设计、生产制造等重要敏感数据，将威胁企业生产经营、国家经济发展甚至国家安全。

三是工业数据全生命周期各环节均存在安全风险，做好工业数据安全保障工作任重道远。从数据采集看，不同行业和企业间的数据类型、接口规范、通信协议不统一，难以实施有效的整体防护，采集的数据容易被黑客注入“脏数据”，存在数据不可靠风险。从数据传输看，工业数据实时性强，传统加密传输等安全技术难以胜任，数据传输面临泄露、监听等多重安全风险。从数据存储看，缺乏完善的数据分类分级隔离措施和授权访问机制，存在被非法访问、窃取、篡改等风险。从数据使用看，工业数据多维异构、碎片化，传统数据清洗与解析、数据包深度分析等措施的实施效果不佳。

四是新技术、新应用在促进工业数据深度开发利用的同时，引入了新风险、新挑战。人工智能、区块链等新技术在工业领域的深入应用，在促进工业数据分析、开放利用的同时，也引入了新的数据安全问题。机器学习可将过去分离的信息进行关联、碰撞和整合，使原始数据中被隐藏的信息再次显现出来，造成一些敏感数据被提取利用；人工智能技术的广泛应用带来深度伪造、数据污染等数据安全方面的新风险。

三、企业视角制造业数据治理的三个阶段

（一）数据管理是制造业数据治理的重点

制造业在数据管理方面起步较晚，大部分企业会根据自身发展情况的不同而选择适合自己的建设目标，数据管理是重点。作为信息流动的载体，数据在制造企业的业务链条中起着承前启后的推动作用，其准确性将会直接影响到制造企业业务和决策的准确性。比如，准确的物料数据可以优化供应链管理战略；准确的供应商数据能改善供应商配送和评估；准确的客户数据能改善客户关系；准确的财务数据可以提升财务管理的真实性、透明性和合规性。对于制造企业来说，对数据进行合理管理可以将分散在各业务系统中相互独立的数据进行统一，让所有系统只用“一”份数据，使对系统比较重要的数据保持一致，通过提高数据质量，简化各业务系统之间的集成复杂度，打通上下游产销衔接。制造企业物流管理流程数据情况如图 7 – 1 所示。

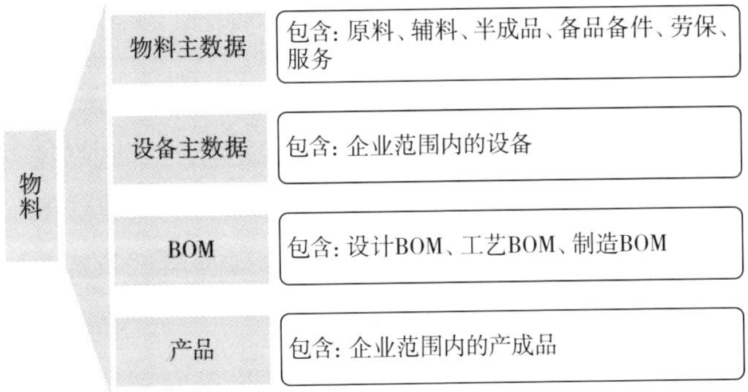

图 7 – 1　制造企业物流管理流程数据情况

资料来源：笔者整理。

（二）利用元数据做好制造企业数据资产的盘点

对于制造企业来说，完成数据管理工作，从一定程度上可以保证企

业数据的质量，但不能消除其他数据问题给业务带来的影响。企业数据通常在企业内部呈碎片化分布，这些数据究竟是如何被使用的？数据的来源和流向是什么？这些都是制造企业在做数据治理时需要弄明白的问题。而利用元数据做好制造企业数据资产的盘点，可以帮助企业自动抽取企业内部所有元数据，并展现出完整的数据视图，帮助企业了解元数据与其他数据资产之间的关系，明确企业数据的影响范围，更好地配合数据管理，完成企业数据治理相关建设。

（三）持续监控与优化数据质量是终极目标

数据质量管理是数据治理中一项关键的支撑流程，制造企业在做数据管理的同时，还要保证企业数据质量能够满足企业制定的标准，在必要的时候对已定义的数据进行检查，并对出现的数据质量问题进行跟踪和监控，只有持续不断地做好数据质量管理，才能实现全面的数据管控。

四、经济学视角数据大安全治理的原则和国际实践

（一）数据大安全治理原则

一是提高效率。考虑到数据非竞争性的巨大潜在价值，应尽可能地鼓励数据的广泛使用，保障公平竞争，防范大型科技公司囤积数据、通过技术资本优势挤压和收购潜在竞争者等不当行为。最激进的方式是推进数据开源，但强制数据共享可能进一步牺牲个人隐私，并抑制企业投资数据经济的积极性。二是维护公平。当前，监管部门应深化对数据经济财富效应的理解，尽可能将“数据红利”在数据市场参与者之间公平分配。对科技企业价格歧视等损害消费者福利的行为应进行严格监管。三是保护隐私。尽管加密技术的快速进化有助于部分解决隐私问题，但明确数据的所有权和使用权的归属，及其相应的交易机制的建立，仍是解决数据滥用问题的关键所在。同时，监管部门应致力于推动

数据市场信息透明化，为数据主体/消费者理解和控制数据采集和使用提供便利。四是保障安全。数据安全问题会降低公众信任、削弱分享意愿，不利于数据经济的长期健康发展，并可能引发金融风险。监管部门必须完善数据安全立法，提高全民数据安全意识，落实主体责任，进而调动企业投资网络安全建设的积极性。

（二）数据大安全治理的国际实践

从国际实践看，数据大安全治理主要聚焦在反垄断、数据确权和数据安全三个方面。首先是反垄断。传统反垄断措施主要包括征税、反垄断诉讼和强制拆分。近年来，欧洲多国开始对互联网平台企业课征数字服务税，突破了传统税收的属地原则。反垄断诉讼属于事后监管，目前谷歌、脸书等科技企业在全球正接受多起反垄断调查。随着科技公司力量快速加强，拆分垄断巨头的呼声日益高涨，但由于数据经济的规模效应和网络效应，即使拆分大型企业，也可能很快再度形成新的垄断。针对数据市场的这一特性，欧盟于2020年年末发布《数字市场法》草案，直接干预大型互联网平台企业运营，规定了判断和禁止不正当行为的统一规则，并提供了相应的执法机制，这是反垄断法在数字领域的拓展和体现。其次是数据确权。构建数据权责框架的标志性措施是欧盟颁布的《通用数据保护条例》（*General Data Protection Regulation*，GDPR）。它将数据控制权赋予个人，确保数据处理基于个人自愿同意，个人拥有知情权、更正权、删除权、限制处理权和反对权。它帮助个人更好地权衡隐私和便利，并确保数据处理是出于合法、公平和透明的目的，被公认为全球对用户个人数据保护最严格的法律。同时，它要求企业通过加密和标记等手段，屏蔽敏感信息，实现数据匿名，保护数据隐私。不过，欧盟的做法也引起了一些争议，例如，它们所倡导的数据最小化原则，可能使得数据收集受限；其对数据隐私的强调增加了数字企业的运营成本，会对企业创新积极性造成不利影响。有观点认为，过分强调公平和隐私可能导致效率受损，更为严格的隐私控制很可能是欧洲在数字经济竞赛中落后于中国和美国的重要原因。最后是数据安全。目前，防范数据安全隐患的法律包括欧盟发布的《数字服务法》草案和中国发布的《中华人民共和国数据安全法》。欧盟的法案旨在打击网络非法和不安全行为、假冒商品及有害内容；中国的法案旨在建立数据安全制度，明确企业数据安全保护义务。总的来说，各国都非常重视数据安全基础设施建设，鼓励企业对数据安全进行投资。

五、我国制造业数据大安全治理思考

由于数据具有“非竞争性”（Non - rival）、“排他性”（Excludable），以及“数据市场的负外部性”等特性，数据经济的迅猛发展在提升效率、促进创新的同时，也给各国的经济治理带来了严峻挑战。

首先，数据的规模报酬递增、范围经济和网络效应催生了垄断。当前数据市场已被大型科技企业分割，如亚马逊占据了美国线上购物超过40%的份额，脸书和谷歌控制了美国线上广告市场2/3的收益。垄断会带来一系列不当行为：一是企业囤积数据，阻碍数据充分利用，降低经济效率；二是企业通过大数据分析进行“杀熟”等价格歧视，损害消费者及总体社会福利；三是拉大财富收入差距，拥有数据资源的行业、企业、居民将更多受益。

其次，数据市场无法达至经济学上所说的“有效均衡”，数据滥用成为普遍现象。一方面，数据确权困难，数据主体无法对数据主张权利，导致数据被过度收集和使用；另一方面，即使数据产权明晰，数据主体也容易低估自己隐私的价值，无法追踪数据实际用途，导致产权执行过程中交易成本过高。

最后，制造业部门投资数据保护的动机不足，网络安全成为问题。技术进步导致数据复制和传输的成本变低，同时也极易遭受黑客攻击。一旦发生重大数据安全事件，可能引发系统性风险。然而，数据安全投资成本大、潜在收益不确定，因此，私人企业缺乏投资激励。数据侵权的立法不完善，侵权案件侦查技术难度大，难以追责和处罚，导致安全问题愈加严重。

（一）反垄断：保障平台经济数据安全，离不开治理政策的协调

2022 年 7 月 21 日，国家互联网信息办公室依据《中华人民共和国网络安全法》《中华人民共和国数据安全法》《中华人民共和国个人信息保护法》《中华人民共和国行政处罚法》等法律法规，对滴滴全球股份有限公司处 80.26 亿元罚款，对滴滴全球股份有限公司董事长兼 CEO 程维、总裁柳青各处 100 万元罚款，引发公众关注。“滴滴事件”并非单纯的国家—资本关系偶发事件，它反映出在新一轮技术革命时期，资本要素与国家安全能力之间的深刻紧张关系。“滴滴事件”以数据安全问题为表征，但其背后体现的是数据安全与资本垄断逻辑的并生与杂糅。

随着通用电气、微软、亚马逊、美国参数技术公司、罗克韦尔、思科、艾默生、霍尼韦尔等诸多大型企业积极布局工业互联网平台，工业互联网平台加速从概念验证走向应用落地，围绕平台的创新与竞争将更加活跃。当前，数据作为新型生产要素，正深刻影响着国家经济社会的安全发展。数据安全保障能力是国家竞争力的直接体现，数据安全是国家安全的重要方面，也是促进数字经济健康发展、提升国家治理能力的重要议题。平台作为企业要接受政府的调控，也要发挥一定的调控功能。平台治理的目标应该是公平、公正、透明，实现平台经济的有序发展。

（1）完善数字经济领域的法律体系，将制定数字经济法提上议事日程，为平台经济治理提供系统性的法律依据。我国已经颁布了不少与数字经济治理有关的法律法规，包括《中华人民共和国消费者权益保护法》《中华人民共和国电子商务法》《中华人民共和国反不正当竞争法》《中华人民共和国反垄断法》《中华人民共和国网络安全法》《中华人民共和国数据安全法》和《中华人民共和国个人信息保护法》等。

建议全国人大尽快推动制定一部能够覆盖所有数字经济领域的数字经济法，改善各已有法律之间的衔接，同时明确必要的法律界限，特别要阐释一些数字经济领域的重要概念，明确界定“资本无序扩张”的含义，避免一些行政部门根据自己的意愿在经济领域做扩大化的解读。将来，数字经济法可以作为数字经济领域的基本法，统领平台经济治理实践。

（2）改善平台经济治理政策的协调，短期内尽量明晰机构分工、增强政策一致性协调，长期可考虑建立综合性平台经济治理机构。我国的平台经济监管，既有行业监管部门，如交通运输部、人民银行和工业和信息化部，又有一般性的监管部门，如市场监管总局。它们既管理市场秩序，又负责反垄断执法，还制定数据治理规则。但各机构之间的分工不是很清晰，且缺乏有效的协调，容易造成监管竞争的局面。基于现状，可以考虑在国务院层面设立一个协调机制，既要消除监管空白，也要防止重复施政，同时控制政策施行的节奏，尽量争取平稳过渡。平台经济的范围经济特性意味着传统的行业监管体系不一定有效。从长远看，还是应该考虑建立综合性平台经济治理机构，这样才能全面地评估综合性平台的行为与效果。

（3）建议成立数据治理委员会，创新性地制定、协调数据政策，同时推行算法审计，不能简单地套用传统要素的治理思路。基于数据作为准公共品的非竞争性和部分排他性等特征，先确权、再交易的传统方法不再适用。建议成立一个高规格、跨部门、政企结合的数据治理委员会，统筹数据政策。包括：制定数据生产要素的交易范围、算法治理、个人信息保护与数据安全等方面的指南；执行数据牌照的申请、审核、发放、限制使用和吊销；推动算法审计；协调个人信息保护和数据安全方面的工作；设定争端解决与协调机制；等等。建议算法审计以要求相关企业报告输入输出和进行结果评估为重点。报告输入输出是指要求平台对不同利益相关方明确报告算法训练、算法评估及算法选择中用到的数据来源和质量，算法预测或优化目标，算法使用的技术，算法运行效果，等等。结果评估则可包含对是否歧视、有效性、透明度、安全性和可获得性等的评估。算法治理的目标是既要加强算法的可解释性，同时也要推动平台公布相关规则，减少信息不对称性。

（二）数据确权：明确数据权属关系，依法保护数据安全

没有数据安全，就没有网络安全。部分国家、企业、个人数据屡遭黑客攻击或因各种原因泄露，出现各种风险隐患，凸显出依法保护数据安全的重要性。目前，数据在法律上未被赋予资产属性，其所有权、使用权等权利未被明确认同和界定，国际社会也未形成共识和规则，带来一系列问题，特别是安全问题。我国数字经济规模已从“十三五”之初的 11 万亿元增长到 2019 年的 35.8 万亿元，占 GDP 比重超过 36%，各行各业的数字化进程越来越快。在数字经济与实体经济加快融合、消费互联网向产业互联网转化过程中，必须解决好数据权属问题。只有厘清数据权属，数字经济才能实现安全发展。比如，如果数据权属关系处理不好，企业的数据被非法窃取、非法交易、非法利用，将严重影响企业的核心利益和数字经济安全发展进程。

基于区块链等密码基础设施能够保证在数据全生命周期过程中应用的一致性。一致性指数据在广泛的网络空间中流通、共享、交易，需要进行各种确权、权属转移、数据开发利用的过程中，均可理解和接受上一环节的数据保护机制，确认其数据来源的真实性、验证数据的完整性，遵照数据来源一致的数据保护方式解密获得数据。一致性还包括数据在跨越较长时段的存储、流通、交易等环节中，保证数据保护机制是可用的、安全的。

（1）数字资产的确权。利用区块链进行数据证据固化是一种全新的模式。2018 年 9 月 7 日，最高人民法院《关于互联网法院审理案件若干问题的规定》正式施行。其中规定，通过电子签名、可信时间戳、哈希值校验、区块链等证据收集、固定和防篡改的技术手段或者通过电子取证存证平台认证，能够证明其真实性的，互联网法院应当确认。可

见，《关于互联网法院审理案件若干问题的规定》的实施，为区块链确权提供了法律依据和有力保障。

资产确权是指确定资产的使用权和归属权。传统的实物类资产并不经常出现确权问题，因为各国的法律体系能够明确地表明实物资产的各种衍生权利。但是对于数据类资产，确权问题极大地影响了其流通和使用。由于数据具有可复制性，当把数据发给某个程序之后，连带交出的除了数据的使用权，还有数据的归属权，程序不仅可以做事先约定的一些动作，还可以做很多其他未知的操作，例如，把这个数据转发给其他程序执行。随着云计算、物联网的普及，数据的归属权、访问权等问题越发显现。在云计算出现之前，大多数商业模式、计算模式都是自己的机器处理自己的数据。在云计算出现之后，场景发生颠覆性的变化，数据存储在其他公司的云存储器上，我们无从得知该云存储的管理员或程序是否会将数据拷走另作他用。

区块链技术从一定程度上能够有效解决数字资产的确权问题。不过需要指出的一点是，区块链技术并不能对上链之前的原始数据的真伪做出判断，这并不是区块链可以真正使用的地方。需要配合其他技术，如可信物联网，利用智能终端收集数据后直接自动作打包上链处理，或借助线下的第三方机构对数据进行真实性认证。区块链能够对数据上链后的动向进行清晰明确的记录，形成数据的使用日志。日志记录了数据被访问的行为信息，即“3W——Who、When、What”，谁（Who）在何时（When）访问或使用了哪段数据（What）。日志又被分布式存储在不同的节点中，其不可篡改性保护了数据信息的使用权。

（2）数字资产的流通。区块链技术可以实现在没有第三方背书的情况下，在一个开放式平台上进行远距离价值的安全交付。通过点对点的价值转移体系，使用密钥和签名来管理用户权限，从而保障数字资产的安全性；通过共识机制保障交易信息的不可篡改，甚至在被攻击的情况下依然能够准确传递信息。区块链技术通过整合传统 IT 技术、法律框架和现有新技术，在不需要各节点互信的情况下，确保数字资产具备多维度信息的完整性和安全性，从而脱离第三方机构背书，有效地降低交易的复杂性和风险。

构建在分布式账本基础上的智能合约实现了数字资产转移的智能化。交易主体通过设置表达价值传递的条件和需求，构建在陌生人之间自动执行的交易契约，保证价值传递过程中的合规性、经济性和权责性。例如，政府部门的福利金分配，政府基于分布式账本的透明度、完整性，通过区块链系统的身份验证功能和收款人的权限管理功能，保证福利金在规定时间内流向符合救助条件的个人，并且福利对象支取的时间和流向可以被跟踪。因此，利用智能合约能够提高政府财务透明度，实现高效的财务管理制度，减少或防止诈骗、盗窃及挪用公款，促使整个社会的福利金管理工作进入良性循环。

（三）数据安全："让数据使用自由而安全"

《中华人民共和国数据安全法》的正式发布，对数据的安全和发展在国家层面给出明确指示，提出"国家统筹发展和安全，坚持以数据开发利用和产业发展促进数据安全，以数据安全保障数据开发利用和产业发展"。这进一步表明数据加工使用、开放共享与数据交易将更加推进数据价值的体现，数据只有在使用中才能创造价值，而数据价值越大越需要保护，将治理愿景由"让数据使用更安全"更加清晰地表述为"让数据使用自由而安全"，构筑数据安全保障底座，更好地促进数据的自由运用、助力数据价值的释放，有效推动数据开发利用与数据安全的一体两翼、平衡发展。以数据保护为目的、以安全合规为驱动、以敏感数据管理为核心的数据安全需求日益明确。

加强数据安全保护，既是数据产业自身发展的主观需要，也是国家监管的客观要求。但我国数据产业正处于发展初期，数据利用与数据安全的平衡兼顾存在"对数据资产识别不完整""数据流动路径无法溯源""安全与业务难以兼顾"等现实问题，与国外大多数国家一样，数据利用与数据安全的协同发展在很长一段时间内将是我国数据产业发展的主要矛盾。

（1）数据分类分级。数据资产保护的核心在于数据分类分级。通过对数据资产识别、梳理及数据的有效理解和分析，对数据进行不同类别和密级的划分；根据数据的类别和密级制定不同的管理和使用策略，尽可能对数据做到有差别和针对性的防护，实现在适当安全保护下的数据自由流动，避免敏感数据的防护不足、非敏感数据的过度防护。数据分级的目的主要是便于明确防护措施的力度和粒度，实施差异化分级防护，避免“一刀切”粗放型防护监管。数据分级的方法与国内网络安全等级保护定级、关键信息基础设施识别认定等相关思路一脉相承，都是从遭破坏后造成的最大后果影响来界定。对于工业数据分级，尤其还要关注数据对各类生产业务、工业经济、工业生产等方面造成的影响。

（2）角色授权。数据安全访问控制核心在于数据访问主体的角色授权。数据安全访问分为两条线，即客体数据线与主体用户线，在数据线上明确数据资产及分类分级梳理后，另外一条用户线，通过业务流、数据流分析，梳理用户角色对数据的主客体访问关系，明确数据的访问角色以及数据的使用方式，在不影响数据资源正常访问的前提下，围绕不同分类和级别的数据，针对各用户角色赋予相应的访问权限，实现按需、动态的数据访问和使用安全。

（3）安全评估。安全评估是指企业或组织在业务经营模式发生调整时，信息系统上线或发生升级时，系统运营环境发生变化或发生重大安全事件等情况下，企业或组织通过数据安全自评估工作，发现当前面临的数据安全问题，找到安全防护差距并及时落实整改，保障数据安全。数据安全评估是数据安全治理的重要基础，针对数据收集、存储、使用、加工、传输、提供、公开等数据处理活动以及数据出境风险，根据相关法规标准要求，围绕敏感数据处理活动与数据跨境转移涉及的数据本体内容及数据载体环境，按照风险分析的方法，运用工具测试、配置检查、旁站验证、人员访谈等手段，从管理脆弱性、技术脆弱性、面临的暴露面威胁及已采用的防护措施等多个角度进行风险评估，分析、梳理数据处理相关活动存在的安全风险，为后续针对性地完善管理制度与流程及防护技术手段提供依据，确保有的放矢地开展数据安全治理。突出评估实效，建立完善“以评促防、以评促建”的长效工作机制，只有通过安全评估进行科学把脉问诊，才能给出准确的“体检报告”，才能更好地提醒推动构建以数据为中心的安全防护体系，才能持续促进数据安全保护水平螺旋式上升。

（4）场景化安全。数据安全治理的核心在于场景化安全。随着数据要素市场持续健全和深化，数据加工、共享、开放等应用场景不断丰富，数据交易、数据出境等数据运用新模式持续涌现，不同用户基于业务、访问途径、使用需求，会产生不同的使用场景。一刀切、固化的防护方式已无法适应不同场景下安全防护要求，在保证数据被正常使用的目标下，基于不同的使用场景特点制定相应的数据安全策略。实现场景化的数据安全治理，能及时发现不同场景下的数据风险暴露面，使数据安全治理更具针对性，从而实现数据使用自由而安全。

（执笔：梁鹏）

第八章 主要发达国家制造业数字化转型经验及政策支持体系研究

制造业数字化转型是新一代信息技术与制造业的深度融合，不仅给制造业产品的生产、运输、销售等流程带来了变革，而且还将催生出新产业、新业态、新模式，对制造业的降本增效具有极大的促进作用。制造业数字化转型已成为第四次工业革命的重要内容，是各个国家培育新动能、抢占新一轮国际产业竞争制高点的重要抓手。近年来，美国、德国和日本等主要发达国家出台了一系列推动制造业数字化转型的政策举措，明确了发展目标和实施策略，提出了科技创新、人才培养、资金支持等配套措施，旨在巩固或提升制造业的国际竞争力。发达国家的发展经验对于我国推动制造业数字化转型具有重要的借鉴意义。

一、主要发达国家制造业数字化转型的战略框架

（一）美国的“先进制造”战略

2008 年全球金融危机发生后，美国深刻认识到产业空心化会给国家带来危机，并反思过度依赖虚拟经济的产业政策，重新调整经济发展战略，进而将制造业作为振兴美国经济的重要抓手。2009 年美国出台《重振美国制造业框架》，成为美国发展制造业的战略指引。2011 年提出的《先进制造业伙伴计划》（AMP）中将先进材料、下一代机器人技术以及创新制造工艺流程等作为重点投资领域，为美国先进制造业的顶层设计奠定基础。2012 年发布的《先进制造业国家战略计划》进一步突出政府在推进先进制造业发展中的作用，提出要加快发展先进生产技术平台、先进制造业工艺以及设计与数据基础设施等先进数字化制造技术。在 2016 年发布的《国家人工智能研发战略计划》强调要加强政府

投资来深化对人工智能的认识和研究，确保美国在人工智能领域的全球领导地位。2018 年发布的《美国先进制造领先战略》明确将发展和转化新的制造技术作为三大战略方向之一，同时将智能和数字制造、高级工业机器人、人工智能基础设施和制造业的网络安全作为技术优先事项。同年发布的《美国机器智能国家战略报告》提出国家机器智能战略，旨在加快数字技术的应用，进一步提升国家先进制造业的数字化创新水平。2021 年美国参议院通过的《美国创新与竞争法案》中不仅加大了对芯片和 5G 网络的资助力度，而且在《无尽前沿法案》中要求美国国家科学基金会 5 年内在人工智能、机器学习、高性能计算、半导体和先进计算机硬件、量子计算和信息系统、机器人、自动化与先进制造等 10 个关键技术领域投资 1000 亿美元，主要用于基础研究、人才培养和技术成果转化。

在美国大力推进先进制造业发展以及智能化、数字化加快发展的背景下，通用电气公司（GE）于 2012 年发布《工业互联网：突破智慧与机器的边界》白皮书，提出“工业互联网”的概念。随后在 2014 年与思科、美国电话电报公司（AT&T）、英特尔、美国国际商用机器公司（IBM）等成立工业互联网联盟（IIC）。“工业互联网”通过互联网平台将设备、生产线、工厂、供应商、产品和客户等紧密融合，利用大数据收集及分析等技术大幅提高现有产业效率，同时能够进一步延长制造业链条，实现制造业和服务业的跨越发展，使制造业中的各种资源要素高效共享，并推动制造服务体系智能化，从而打破了制造业固有的流程限制，实现制造业跨设备、跨系统、跨区域的互联互通。然而在推进制造业数字化转型过程中，美国并没有将“工业互联网”上升为国家战略，“工业互联网”平台建设仅是企业自身行为，企业参与平台建设的主动性较高，平台种类和数量较多，“工业互联网”的发展由市场主导，政府参与平台建设会引发对垄断的担忧，易遭受外部指控，反而不利于平台的发展。这与德国、日本等国家将工业互联网平台作为政策支持的重要抓手形成了鲜明对比。

（二）德国的“工业 4.0”战略

德国既面临国内人力成本持续上升、产业升级压力不断加大等多重挑战，又面临以美国为首的发达国家再工业化以及以中国为首的新兴经济体制造业崛起的双重冲击。为进一步提高德国工业竞争力，特别是保持德国在制造业和机械工程方面的传统优势地位，抢占全球价值链最高点，巩固德国在全球的品牌影响力，德国于 2013 年在汉诺威工业博览会上正式提出“工业 4.0”战略。

德国的“工业 4.0”战略是其前期战略的延伸，即“工业 1.0”对机械制造设备的引入、“工业 2.0”对电气化的应用、“工业 3.0”对信息化的发展。“工业 4.0”是利用物联信息系统（CPS）将物理设备连接至互联网，进而将资源、信息、物体以及人员紧密地联系起来。通过加强相关数据的收集、整理和分析，工业 4.0 将为客户和企业提供更全面、更便捷的服务，能够实现由集中式控制向分散式增强型控制的基本模式转变，旨在建立高度灵活的个性化和数字化产品与服务生产模式。“工业 4.0”是制造业与新一代信息技术的深度融合，通过智能工厂、智能生产、智能物流等方面的建设，推动制造业向智能化转型。“工业 4.0”战略已成为推动德国第四次工业革命的主导力量。

为加快推进“工业 4.0”战略，德国于 2014 年出台了《数字议程（2014—2017）》，将促进经济增长与就业、参与数字生活以及实现数字世界的信任与安全作为三大核心目标，明确了七个核心行动领域，推动德国经济与社会数字化转型，为将德国建设成为未来数字强国做出战略部署。随后又于 2016 年发布《数字战略 2025》，确立了包括推进基础设备领域的智能联网、利用“工业 4.0”实现德国生产基地的现代化、加强顶层数字技术研发和创新等在内的十大步骤及具体实施措施，这也是德国首次就数字化发展做出系统安排。2018 年发布《高技术战略 2025》，作为德国未来几年促进科技创新进步的指导方针，该战略聚焦三大行动领域，更加关注数字化潜力的开发，强调数字化将作为所有领域的核心交叉主题进行重点发展，明确将人工智能的应用作为重点发展任务之一。同年推出的《人工智能战略》将人工智能的重要性提升至国家的高度，明确要将德国和欧洲打造成人工智能的领先基地，以此确保德国的未来竞争力，同时进一步加强人工智能与“工业 4.0”的对接融合，并提出一系列举措确保战略顺利推进。2019 年发布的《国家工业战略 2030》提出未来应大力发展突破性创新技术，从而确保德国在关键技术领域抢占制高点和掌握主动权。德国认为当今最重要的突破性创新是数字化，尤其是人工智能，而机器与互联网相互连接构成的“工业 4.0”是一项极其重要的突破性技术。该战略是“工业 4.0”战略的进一步深化和具体化，旨在推动德国在数字化、智能化时代实现工业全面升级。

（三）日本的“社会 5.0”战略

面对国内日益突出的老龄化、少子化以及制造业巨大的国际竞争压力等问题，日本于 2016 年发布《第五期科学技术基本计划（2016—2020）》，首次提出了“社会 5.0”的概念，即超智能社会，认为“社会 5.0”是继狩猎社会（“社会 1.0”）、农业社会（“社会 2.0”）、工业社会（“社会 3.0”）和信息社会（“社会 4.0”）之后的新社会形式。该计划明确以制造业为核心，灵活利用信息通信技术，不断创造新价值和新服务，进而打造一个网络空间和物理世界高度融合的社会。同年，日本推出《工业价值链参考架构》，以智能制造单元（SMU）为基础和出发点，通过制造业组织自治单位之间的相互沟通和联系来提高生产效率。

为加快实现“社会 5.0”，日本于 2017 年提出了“互联工业”愿景。“互联工业”是指在物联网和人工智能技术下，通过连接各种数据、技术、人员和组织，创造新的附加值并为社会挑战提供解决方案。2018 年发布了《互联工业价值链的战略实施框架》，提出新一代工业价值链参考架构，强调通过发现问题、共享问题、确立课题以及解决问题的动态循环，实现 SMU 的自主进化，同时提出宽松定义标准确保企业的互联互通，进而实现互联工业体系的构建。新版工业价值链参考架构已成为日本发展互联工业的行动指南。而在《制造业白皮书（2018）》中对制造业发展战略进行调整，明确将“互联工业”作为日本制造业发展目标，通过优化制造流程、提高生产效率等方式，以提高日本制造业的全球竞争力。日本在“互联工业”战略的推进过程中将人工智能应用作为重要抓手，先后推出《人工智能战略 2019》和《人工智能战略 2021》，强调要构建数据基础，率先实现人工智能在医疗与健康、农业、国土资源、交通基础设施与物流、智慧城市以及制造业等重点领域的应用。2021 年发布的《第六期科学技术基本计划（2021—2025）》对“社会 5.0”的概念进行具体化描述，同时日本将实现数字化变革作为实现“社会 5.0”目标的三大支柱之一，更加注重以数字技术推动产业数字化转型。

二、主要发达国家制造业数字化转型的经验

（一）加大研发创新投入力度

美国在《先进制造业国家战略计划》中明确了政府在基础研究方面的关键作用，特别是政府加大研发投入能够有效应对严重的和持续的市场失灵问题。为此，美国加大对制造业相关基础研究与早期应用研究的资助，组建以制造为基础的技术体系和有效利用技术的平台，形成从基础研究到产业化应用的创新通道。其中，《无尽前沿法案》议案提议通过竞争性申请和选拔，投入 350 亿美元帮助研究型大学成立大学技术中心，以此促进关键技术领域的基础创新和技术研发。该项议案还提出要建设 10 ~ 15 个具有潜力的区域技术中心，以此缩小美国区域间的经济鸿沟。德国政府、政策性银行以及大型企业等设立了高科技创业基金，对实施“工业 4.0”过程中的创新型企业研发给予资金支持。同

时，德国在《高科技战略2025》中明确联邦政府将与经济界和州政府共同增加科研与创新投入，力争实现2025年研发强度达到3.5%的目标，从而夯实德国科技创新的世界强国地位。日本在《第五期科学技术基本计划（2016—2020）》中提出要扩大研发投资规模，力争官民研发支出总额占GDP的4%以上、政府研发投资占GDP的1%，进而将日本建成世界上最适宜创新的国家。日本在《第六期科学技术基本计划（2021—2025）》中提出未来五年政府计划投入30万亿日元用于研发支出，官民研发投资总额将达120万亿日元。

（二）建立创新机构促进科技进步及成果转化

美国于2012年设立国家制造创新网络（NNMI）。NNMI汇集了产业界、各级政府机构、学术界、工业联合会等制造业的各方利益相关者，旨在促进新技术、教育能力、生产过程和产品的开发，从而推动美国先进制造业的发展。NNMI由多个制造业创新中心组成，每个创新中心均肩负着特定领域内先进制造技术成果转化与应用推广的职责，是NNMI的核心。2014年美国政府资助建立了数字制造与设计创新中心，主要研究数据在产品全生命周期中的交换以及在供应链网络间的流动，推进数字化、智能化制造，重点关注先进制造业、智能机器、先进分析以及网络物理安全。

德国重视从基础研究到成果转化和应用的完整价值创造链，在《数字议程（2014—2017）》中提出要将“高技术战略2020”打造成跨部门的全面创新战略，为“工业4.0”、信息安全、微电子和智能服务等核心研究项目注入研究动力。为跨过科技成果转化的“死亡之谷”，德国成立了弗劳恩霍夫协会，大力资助由高校、企业和社会研究机构组成的集聚不同科学领域和研发经验的研发集群，为市场提供具有相当产品成熟度的科研创新服务，令科技成果能够迅速转化为市场成熟产品，从而在学术研究和工业生产之间架起一座桥梁，实现产学研的紧密结合，在面向产业的应用研究与面向未来的创新研究之间实现了动态平衡。2020 年，弗劳恩霍夫协会确定了包括人工智能、数字医疗、下一代计算、量子技术等在内的具有巨大开发潜力的面向未来的战略研究领域，旗下的部分研究所已取得一定的创新成果。此外，参照美国国防部高级研究计划局（DARPA）模式，德国在《高技术战略 2025》框架下专门设立了“飞跃式创新局”（SPRIN－D），为颠覆性技术提供专门支持，促进技术和市场变革创新。与弗劳恩霍夫协会不同的是，SPRIN－D 自身不进行研究，而是通过组织创新竞赛、与优秀颠覆式创新项目签订公共采购合同等方式实现激发创新目标，扮演着颠覆性技术项目寻找者、项目资助者、项目实施与转化者三个不同角色。作为 SPRIN－D 的支持机构，联邦教育和研究部（BMBF）在 SPRIN－D 筹备时期已举行了包括高能效人工智能系统创新竞赛等在内的试点竞赛，试图寻找首批颠覆性技术。

日本文部科学省是推动科学技术发展及其产业化的主要部门，其下属的科技振兴机构（JST）在科技成果转化过程中承担着重要职责，集中了产学官等各方力量，大力推进基础研究、高新技术研究和应用开发研究，建立了从基础研究、技术研发、工程化研究、产业孵化到科技成果转化等的一体化创新链条，将政府、大学和企业紧密地联系在一起，弥补了企业不愿做或不能做而留下的研究空白。同时，文部科学省于 2013 年还启动了技术创新中心计划（COI），并由 JST 负责创新中心的建设任务，该计划以 10 年后的社会愿景为出发点来设置研究课题，并由企业牵头进行产学研合作，力争在项目支持结束后将研究所在地打造成产业创新中心并能在某个领域进行根本性创新。此外，2014 年日本内阁府和 JST 联合推出了“颠覆性技术创新计划”（ImPACT）。ImPACT 并不支持一般性的和持续性的创新活动，而是支持具有挑战性和高风险性的创新活动，从而推动对产业和社会发展具有巨大影响力的颠覆性技术突破，并为日本其他领域和行业树立成功的案例和模板。ImPACT 经费规模占到日本科技计划经费的 4% 左右，项目执行周期为 5 年左右。

目前 ImPACT 已对包括大脑信息的可视化和控制技术、基于量子网络人工大脑的高度智能化社会、仿生机器人开拓的新产业创新等在内的多个领域展开研究。随后又于 2019 年提出了“登月型”研发制度，对 ImPACT 进行了改善和强化，旨在进一步激发创新活力并强调研究成果的转化应用。“登月型”研发制度明确了包括实现人工智能与机器人的共同进步等在内的多个目标，并计划在 2050 年前全部达成。

（三）重视制造业数字化转型中的专业人才培养

美国将人才培养作为众多战略规划的主要目标之一。《美国先进制造领先战略》中明确，将通过吸引和壮大未来制造业劳动力队伍，更新和扩大职业和技术教育途径，促进发展学徒制和行业认可证书制，匹配熟练工人与对口行业等来教育、培训和连接制造业人力。为进一步提高美国先进制造业人才的适配性，美国还采取推动教育制度改革，加大对中小学、社区学院以及高校教育的投资力度，加强职业教育和培训等诸多措施。教育改革聚焦于开发科学、技术、工程和数学（STEM）技能等课程，开发灵活的教育渠道，通过社区学院、职业贸易学院和工作培训项目等培养 STEM 能力。制造业创新中心将人才培养作为其主要职责之一，提供教育培训机会来改善和增加劳动力，包括 K－12 课程、实习机会、技能鉴定、与社区学院和大学的合作，以及研究生、博士生等的再培训。《无尽前沿法案》将教育作为推动科技创新的关键，提出增加大学研究支出、资助优秀大学生、实施关键领域教育计划和奖学金体系、培养多样化的 STEM 人才，其中对 STEM 教育的直接投入达 82.3 亿美元，奖学金和研究资金支持超过 50 亿美元。

为使教育更加适应数字化转型的要求，德国加强了数字化教育与职业教育。其中，德国于 2016 年推出《面向数字化知识社会的教育行动战略》，将其作为全面促进德国数字化教育的行动框架。同时，德国 BMBF 与联邦职业教育研究所共同提出了“职业教育 4.0”倡议，旨在为“工业 4.0”战略的推进提供专业化的人才保障。“职业教育 4.0”

计划已对“适应未来数字化工作的技能人才资格与能力”“企业间职业培训中心和能力中心的数字化”以及“职业培训中的数字化媒体”等多个项目进行资助，不仅加强对职业教育教师的数字化培训，提升职业学校教师和企业培训师的数字化素养，而且还为职业学校、企业和跨企业培训中心提供良好的数字化教学与学习环境，并对中小企业的人才培养和数字化转型需求给予重点关注。此外，BMBF 于 2019 年发布《数字化战略》，强调要提高全民的数字化能力，力争到 2025 年将国民中具有基本数字化知识人群的比例从 68% 提高至 75%，进一步加强师资队伍建设，力争到 2030 年所有高校都能为其教师开展数字化教学提供专业化支持，并形成高校数字化网络。通过实施“中小学数字化公约”，德国加强培养学生与数字技术相关的能力，从而适应经济社会数字化发展的需要。为解决理工科等专业人才缺口问题，德国还于 2019 年启动了数学、计算机、自然科学与技术（MINT）行动计划，以此来加强针对儿童和青少年的理工科教育、培养理工科专业技术人才、增加女性接受理工科教育的机会以及扩大理工科专业在社会中的应用。随后又于 2022 年启动了规模更大的 MINT 行动计划 2.0，涉及学前教育、基础教育、高等教育、培训与职业培训等各教育阶段与层次，从而夯实理工科类人才培养基础。

为增强人工智能发展的竞争力，日本大力推进教育改革，推广人工智能素质教育，建立了由素养教育、应用基础教育、专家型人才培育等构成的多层级人才培育体系。《人工智能战略 2019》提出，力争在 2025 年前实现在高中、大学普及人工智能知识教学，培养能将人工知识用于其他领域的复合人才，为普通民众提供数据科学等继续教育机会等目标。如在小学、初中和高中加强编程教育，从 2020 年开始所有小学开设编程课程并作为正式考试科目，加强小学、初中和高中的统计教育等。日本文部科学省发布《超智能社会高级技术人才培养计划》，涵盖了信息技术人才基地建设、超智能社会数据专家培养以及产学合作实践型人才培养等项目，形成了覆盖本科生、IT 技术人员、社会在职人员、大学教师等在内的培养体系。《2022 科技创新白皮书》中提出要强化支撑研究能力的人才培养措施，制定了关于“实现社会 5.0 的教育和人才资源开发计划”，包括探索建立支持全社会科学、技术、工程、艺术、数学（STEAM）教育生态系统等。

（四）大企业引领、中小企业积极参与

推动制造业数字化转型往往需要大量的人力、物力、财力。中小企业的脆弱性较高，数字化转型后可能面临收不抵支、数据安全等风险，主动进行数字化转型的意愿不高。因此，大企业更有可能率先实现数字化改造。如美国的 GE 公司率先提出工业互联网发展战略，负责推动制造业智能化转型落地，对美国制造业数字化转型起到引领和示范作用。西门子和博世是德国“工业 4.0”战略的重要推动者。西门子打造的数字工厂被认为是未来互联网与传统制造业结合的落地场景，博世提出的“慧连制造”解决方案对整个生产流程进行“云化”和再造，实现了公司管理效率和工厂生产效率的提升。日本的三菱电机、川崎重工、牧野机床、发那科、马扎克等大企业深耕自动化、智能化、网络化多年，部分已具备成为智能工厂的条件。

在推动制造业数字化转型过程中离不开中小企业的参与。美国国家制造创新网络的参与成员中有六成以上为中小企业。德国工业互联网主要面向中小企业，“工业 4.0”标准化项目的 67% 是由中小企业承担完成的。日本参与“工业价值链促进会”的企业中有四成是中小企业。为进一步促进中小企业参与数字化转型，世界各国纷纷采取为中小企业搭建基础设施平台、传授创新技能、培训专业人才、加强对中小企业的资助和金融支持、税收减免等措施。

（五）根据自身比较优势制定数字化转型策略

各国根据自身比较优势，均从不同层面以及角度出发搭建了工业互联网平台，并将其作为加快新一代信息技术与制造业融合发展的重要抓

手。当前工业互联网平台建设主要存在两种方式：一种方式为“互联网+工业”，即信息和通信技术（ICT）领军企业构建面向工业的云平台，以此来强化对工业的服务能力。ICT依靠大数据、云计算、人工智能等新一代信息技术优势，为工业与互联网的结合提供必要支撑。如美国在信息通信技术领域长期处于全球优势地位，希望利用信息技术方面的优势向传统产业渗透，巩固其在全球先进制造业领域的领先地位。因此，GE公司是美国工业互联网的主要推动者，但以IBM、亚马逊、谷歌、微软等为代表的互联网企业占据大多数。另一种方式为“工业+互联网”，即工业领域的龙头企业构建互联网平台，根据自身深厚的专业背景和工业积淀等优势，为工业互联网平台业务能力的开发和完善提供更多的专业知识。如制造业是德国和日本的优势产业，通过以工业为基础融入新一代信息通信技术，推动工业向智能制造和智能服务转型，以此来提高制造业的生产效率。

（六）制定行业技术标准抢占发展主动权与国际话语权

统一的标准是各国顺利实现制造业数字化转型的基本保障，建立适合自身的标准体系不仅能够加快企业的优胜劣汰，有利于技术创新的迅速扩散并实现生产力的提升，而且又能与世界规则相接轨并影响他国的规则制定，进而占据制造业数字化转型的主动权和话语权。为此，美国、德国和日本纷纷制定数字化转型的标准体系。

美国工业互联网联盟进行了工业互联网体系架构研究、应用案例征集、测试平台建设以及商业部署支撑能力建设等工作，发布了《工业互联网参考架构》（IIRA）、《工业互联网安全框架》（IISF）、《工业互联网链接框架》（IICF）、《商业策略和创新框架》（BSIF）以及《工业互联网术语技术报告》等一系列文件。此后又于2021年发布了《全球工业互联网行业标准白皮书》，为工业互联网标准的开发和使用提供行业指导，促进了以物联网为基础的工业互联网标准形成。

德国高度重视标准化在“工业4.0”中的作用，将标准化排在8项优先行动计划的首位，并发布了“工业 4.0”标准化路线图，规划了“工业 4.0”中所涉及的工业自动化技术和 IT 技术等标准化工作。随后又从层次结构、架构和生命周期/价值链三个维度构建了“工业 4.0”参考架构模型（RAMI4.0），还设立了“工业 4.0”标准化委员会（SCI4.0），帮助制定“工业 4.0”数字化产品相关标准并协调在德国和全球范围内落地。

日本基于制造业的现有基础制定了具有日本特色的参考架构，即工业价值链参考架构体系（IVRA）。IVRA 从资源轴、执行轴和管理轴三个维度进行构建，并细分出智能制造单元（SMU），进而提出了智能制造的总体功能模块架构。此后日本进一步完善 IVRA，提出了新一代工业价值链参考架构（IVRA - NEXT），从资产、活动、管理的角度对 SMU 进行详细定义。

此外，为寻求国家间互联网平台的对接，各国还积极扩大标准化的国际合作。其中，美国 IIC 与德国“工业 4.0”平台的相关企业就 IIRA 和 RAMI4.0 的一致性方面加强合作，同时还与包括 ISO 等在内的多个标准化组织建立协作关系。德国与法国就“工业 4.0”提出联合行动计划，为“工业 4.0”应用程序的使用开发适合客户需求的场景。德国还与日本签订了关于物联网和“工业 4.0”的合作协议，旨在加强标准领域的合作。

三、启示与建议

（一）结合我国实际情况推动制造业数字化转型

我国工业化起步较晚，存在工业基础底子薄、产业工人队伍素质低等问题，东部发达地区“工业 3.0”尚未全覆盖。需补齐短板、打好基础，循序渐进，以夯实自动化、信息化基础为首要目标，切忌盲目跟风和片面认识。鼓励实力较强的企业进行数字化车间、智能工厂等方面的升级改造，发挥引领带动作用。支持互联网企业为制造业等行业进行数字赋能，促进业务流程的数字化转型。

（二）加强工业互联网平台建设

以龙头企业为基础对全产业链要素资源进行整合，扩大平台的规模效应和协同效应，形成开放协同、价值互动的良性生态体系。加快培育平台新模式新业态，推动向个性化定制、智能化生产和服务等方面延伸，降低行业应用门槛以及用户使用成本，帮助企业提质增效降本，提升平台应用价值。提升场景赋能水平，探索差异化发展路径，针对特定场景应用需求，开发一批专用工业 APP。

（三）进一步完善工业互联网标准化体系

明晰工业互联网的标准化需求，完善在技术、应用、服务等方面的工业互联网标准体系建设，强化产业链供应链各环节标准之间的有效衔接，避免标准分割化发展，形成符合工业互联网发展规律的标准化体系。引进并学习美国、德国等发达国家制造业相关标准，加强与美国、德国、日本等国家的互动交流，推动工业互联网平台与国际标准对接。

（四）加强数字化人才培养

重视数字技能、先进制造等未来产业发展所需技能的开发和培养，以培育数字化跨界人才为改革导向，鼓励高等院校以及职业院校探索工业互联网相关学科建设，增设智能制造、大数据、人工智能等专业和课程。加强企业与高校合作，推动企业参与高校课程设置、教学设计、实训课程开发，通过组建实训基地、开展联合培养以及定向培养等方式打造跨界教学培育体系。加大对本土人才挖掘和国外人才引进力度，完善考核、激励以及待遇保障等制度，为数字创新人才营造良好环境。

（五）加大科技创新力度

加强数字技术基础性研究，重点对智能芯片、智能传感器等硬件以及互联网底层算法等软件的核心技术进行攻关，加快补齐“卡脖子”技术短板。加强产学研创新生态体系建设，支持企业与高校、科研院所共建研发机构和联合实验室。加快建设一批促进数字化转型的服务机构，强化技术扩散与科技成果转化，推动科技创新与产业发展高效对接。完善科技创新的金融体系，加大风险投资对科技型中小企业的支持力度。

（六）加强数据治理和监管体系建设

加强工业互联网安全顶层设计，明确各部门、机构和企业的安全职责，建立健全数据安全、网络安全、技术安全、控制安全等多层次的安全保障体系。坚持包容审慎的监管原则，把握好促进数字经济发展与数据安全保护之间的平衡，探索数据驱动的弹性监管和柔性治理模式，避免监管缺位和越位。完善数字技术应用审查机制和监管法律体系，切实维护社会公共利益和消费者权益。

参考文献

[1]杜传忠,金文翰．美国工业互联网发展经验及其对中国的借鉴[J]．太平洋学报，2020，28（7）:80－93.

[2]雷芳,王媛媛．美德日制造业智能化转型创新模式比较——基于国家创新体系的视角[J]．亚太经济,2022(3):72－79.

[3]李小妹．主要发达国家工业互联网政策的演变与启示[J]．区域经济评论,2022(4):32－44.

[4]王罗汉,王伟楠．德国工业4.0十年发展回顾与对中国的启示[J]．全球科技经济瞭望，2021，36(12):6－11.

[5]谢琳灿,吴沁沁．美德工业互联网发展经验及借鉴[J]．宏观经济管理,2022(3):83－90.

[6]朱相丽,王溯,董瑜．浅析日本“登月型”研发制度[J]．世界科技研究与发展，2021，43(1):111－118.

（执笔：邬琼）

第九章

促进制造业数字化转型政策体系研究

自工业革命以来，制造业一直是科学和技术进步成果的重要载体，是创新的重要发源地，是推动一个国家经济崛起的燃料。当前，以云计算、大数据、物联网、人工智能、5G、数字孪生等为主的新一代信息技术加速发展，积极推动新一代信息技术与制造业融合发展，构建形成以数据为核心驱动要素的新型工业体系，有助于充分释放我国制造大国和网络大国的叠加、聚合、倍增效应，提高资源配置效率和全要素生产率，是我国建设制造业强国和工业现代化的关键举措。坚持问题导向，不断适应数字化新技术、新应用、新业态、新产业与制造业发展趋势，精准施策，着力完善制造业数字化转型政策体系，将为我国实现制造强国的战略目标提供有力的制度保障。

一、新一代信息技术与制造业深度融合的趋势

工业4.0，也称为第四次工业革命，将定义制造业的未来。这将成为制造业数字化转型的载体，其重点是连接性、通信和自动化。制造业数字化转型，是以云计算、大数据、物联网、人工智能、5G、数字孪生等新一代信息技术作为支撑基础，以数字资源为核心生产要素，实现制造业生产方式向数字化、网络化到智能化，相应的企业形态向扁平化、平台化、自组织、无边界转变。制造业数字化转型成为企业在不断变化的商业环境中保持竞争力和可持续发展的必要条件，推动制造业研发、生产、运营、服务全生命周期智慧赋能，保证产品和服务高效保质交付，持续提升企业核心竞争力。

新一代信息技术正在帮助制造商降低成本、优化流程、提高产品质量并提高劳动力的整体生产力，重点表现在以下方面：一是提高效率和

生产力。新的设计和模拟工具可以创建物理产品和生产流程的“数字孪生”，验证产品设计并使用虚拟现实模拟在生产流程上线之前解决它。协作机器人可以处理危险任务并消除安全风险，而 3D 打印现在可以生产复杂的多材料组件和最终产品。一家实施快速仿真平台的飞机制造商缩短了设计时间，将设计返工减少了 20%，并提高了工程生产力。在工厂车间之外，用于协调分布式供应商网络的新应用程序改善了原材料和制造零件的流动和跟踪。二是降低成本。据 SAP Center for Business Insights 和 Exford Economics 的报告，80% 的进行数字化转型的组织增加了利润。“云 + 制造业”基于云的解决方案将有助于提高制造生产中的决策能力，流程会变得更加精简，避免代价高昂的返工和停机，简化性能监控，识别弱点和瓶颈等，帮助节省大量时间和金钱，并更有效地开展工作。物联网传感器可以将实时数据输入分析系统，该系统可以远程调整机器以最大限度地减少缺陷、提高产量并减少停机时间和浪费。数字化制造帮助企业更好地洞察问题，如库存水平、交付状态和需求周期。进而最大限度地减少由库存、材料过多等相关问题带来的不必要风险和成本。三是适应消费个性化、生产服务定制化需要。随着全球各国消费需求不断升级、新兴国家中产阶级持续壮大，客户越来越希望得到能够迎合当地文化偏好的产品，而非同质化的全球品牌及 B2B 服务。尤其是电子商务及其许多在移动互联网上涉及更简单透明交易的分支领域，都颠覆了客户体验，使消费者能够了解更多的有关产品及其潜在竞争产品的信息、定价详情，并通过同业评论了解产品质量。客户可合理要求主流制造企业为其提供本地化的产品。当企业通过定制化服务满足了客户需求，客户忠诚度也会随之提高，制造业数字化可大幅简化供应链，缩短产品从工厂送至客户的路径，也让小批量生产及产品定制化变得更为经济可行。数字化带来了制造流程再造，为客户提供定制选项的同时保持产品质量。

云计算、大数据、物联网、人工智能、5G、数字孪生等新一代信息技术与制造业融合发展，可能是单一信息技术运用于制造业，也可能是多项信息技术相结合推动制造业数字化转型。近十年来，以“新一代信息技术 + 制造业”（ICT + manufacturing）、“云计算 + 制造业”（Cloud computing + manufacturing）、“大数据 + 制造业”（Big Data + manufacturing）、“物联网 + 制造业”（Internet of Things + manufacturing）、“人工智能 + 制造业”（Artificial Intelligence + manufacturing）、“5G + 制造业”（5G + manufacturing）、“数字孪生 + 制造业”（Digital Twin + manufacturing）等为代表的新技术与制造业融合发展，或者多种技术融合进步，推动制造业领域数字技术快速发展。创新推动了全球客户导向型软件、数字化工厂、机器人与人工智能、工业物联网等蓬勃发展，这些创新及其应用代表了新一代信息技术与制造业融合发展的趋势。各领域数字技术创新中，制造业领域的数字技术创新远远高于其他行业。据德勤估计，2019 年，制造业每年产生约 1812（PB）的数据（见图 9－1），超过通信、金融、零售和其他几个行业。预计从 2023 年开始，对直接数字化转型（DXT）的投资总额将达到 6.8 万亿美元。

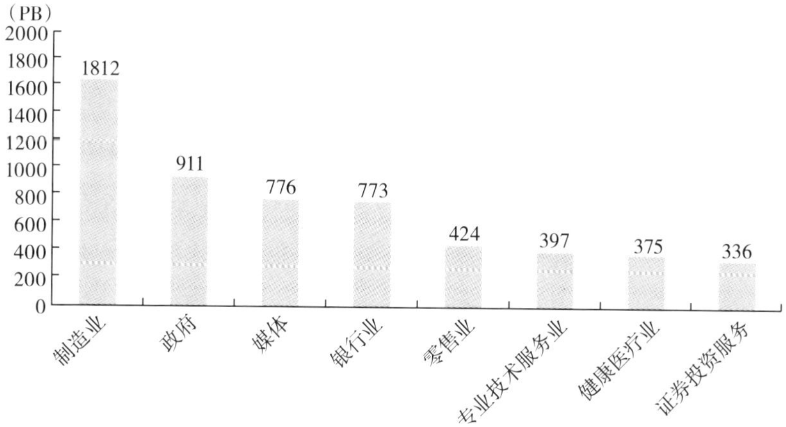

图 9－1　2019 年各行业数字产生的数据量

资料来源：德勤研究。https://www2.deloitte.com/cn/en/pages/consumer-industrial-products/articles/ai-manufacturing-application-survey.html.

二、美国和欧盟制造业数字化转型相关支持政策分析

制造业对新一代信息技术寄予厚望，美国、德国、日本、法国、英国等发达国家都将人工智能、数字化工厂、工业机器人、工业物联网作为制造业数字化转型的重点，持续加大产业政策、投资、金融、人才等各方面的支持力度，并随着新冠疫情的结束，各国制造业数字化转型的基础研究、基础设施建设等都取得了显著进展。为做好制造业数字化转型政策研究，本部分先对美国、欧盟支持制造业数字化转型的相关政策进行梳理和分析，为我国完善数字化转型支持政策体系提供参考借鉴。

（一）以美国为代表的人工智能支持政策分析

1. 机器学习、人工智能全球发展趋势

机器学习或人工智能都是关于智能软件或硬件的创建，人工智能能够复制“人类”行为，例如学习和解决问题。从自动驾驶汽车到重要的救生医疗设备，人工智能几乎被融入每一个设备和程序中。人工智能被证明是即将到来的数字时代的重要革命性元素。2023 年全球人工智（AI）市场规模已经达到了约 11879 亿元。市场预测显示，到 2030 年全球人工智能市场规模将实现飞跃式增长，预计达到 114554 亿元。这一增长表明，2023—2030 年全球工人智能市场将实现超过 35% 的复合增长率，凸显出该领域的强劲发展势头和巨大潜力。[①] 全球越来越多的公司和政府采用人工智能解决方案。全球科技巨头的持续研究和创新正在推动采用行业垂直领域的先进技术，如汽车、医疗保健、零售、金融和制造。亚马逊、谷歌有限责任公司、苹果公司、Facebook、国际商业机器公司和微软等科技巨头正在大力投资人工智能的研发，致力于使企业用户更容易使用人工智能。

---

① 全球人工智能市场规模及预测，格物致胜．winteligence，2024－04－01．

对于任何走向数字化的公司来说，最大的资产是数据，即记住机器收集的数据量，使用算法执行快速操作，完成人类无法高效、快速和准确完成的事情。“数据量”和“计算能力”使企业制造更具效率和减少浪费，这已成为制造业企业部署人工智能主导技术的两个重要原因。人工智能还能创建一个复杂的系统，用于收集数据并将其完全整合以实现更高级别的商业智能。借助该系统，组织中的每个职能部门都可以将原始数据转化为洞察力。因此，处理机器收集的数据量软件解决方案正领跑人工智能市场，这可归因于信息存储能力、高计算能力和提供高端服务的并行处理能力的审慎进步。此外，提取数据、提供实时洞察力和辅助决策软件或硬件细分市场占据了最大的市场份额。预计企业需要理解和分析视觉内容以获得有意义的洞察力等为主的人工智能软件解决方案和 AI 硬件将被制造业广泛采用，也将成为 2022—2030 年制造业数字化转型重要的基础。

深度学习领域同样将引领市场，越来越广泛地用于各种业务，以更好地了解客户偏好、不断变化的趋势、购买行为、决策过程等，为制造业提供更为精准的服务支撑。

从全球各国人工智能与机器学习的支持政策来看，美国人工智能领域取得的成效尤为显著。

2. 美国人工智能支持政策梳理

statista 数据显示，2020 年，尽管美国制造业仅占 GDP 的 11% ，但更广泛的制造业价值链支撑着 GDP 和 1/3 的就业。此外，制造业占美国企业研发投资总额的 2/3，雇用了美国 33% 的科学家和工程师。2006—2019 年，实际制造业增加值下降了 13%（从占国内生产总值的 13% 下降到 11. 5%）。从 2000 年到 2020 年年初，美国制造业的工作岗位减少了25. 5% 。其中，自 2020 年年初以来，美国制造业已经失去了 136 万个工作岗位。在先进技术产品方面，美国 2019 年的贸易逆差达到创纪录的 1320 亿美元。在过去的 20 年里，美国制造业产出增长集中在包括制药、电子和航空航天等在内的少数几个行业。同时，美国制造业采用数字技术的步伐相对缓慢，拖累了其生产力表现。美国工业机器人的使用强度仍然低于德国、日本和韩国等国家。虽然生产汽车和电子产品的美国工厂通常高度自动化，但机器人在金属和食品加工等美国大型行业的渗透率相对较低。自 2019 年起，美国出台一系列与人工智能相关联的支持政策，推动人工智能技术快速发展，其人工智能技术服务为全球各领域数字化转型提供了重要技术支撑，并占据了较高比重的市场份额。主要支持政策梳理如下：

2019 年是美国人工智能（AI）政策具有里程碑意义的一年。联邦政府采取了几个重要步骤，优先考虑人工智能的开发和部署，并定位加强美国全球人工智能领导地位。2019 年 2 月，特朗普总统发起了题为“维持美国在人工智能领域领导地位的行政命令”的美国人工智能倡议，作为提升人工智能领导力的国家战略，该命令为美国的其余人工智能政策出台奠定了基调。

作为该计划的一部分，联邦机构通过为不同工业部门的开发和实际实施制定指导方针，促进了公众对基于人工智能系统的信任。创新和技术是美国人工智能（AI）政策文件中最受关注的主题，其中，2019—2020 年美国政策文件中有 115 个文件的主要议题为人工智能政策产品。其他与人工智能相关的主题受到大量关注，包括国际事务和安全，以及行业和监管。美国推动人工智能相关政策如表 9 - 1 所示。

表 9 - 1　美国推动人工智能相关政策

时间	政策名称	主要内容
2019 年 2 月 11 日	美国总统《美国人工智能倡议》	该倡议包括五个支柱：投资人工智能研发、使联邦人工智能资源更加可用、制定人工智能标准、培训人工智能劳动力以及促进有利于创新的国际环境。它优先考虑与私营部门、学术界、公众和其他国家的合作

续表

时间	政策名称	主要内容
2019 年 4 月 2 日	美国食品药品监督管理局（FDA）发布了一项人工智能拟议的监管框架	将基于人工智能的软件作为医疗设备，包括作为疾病检测、诊断、靶向治疗或个性化医疗的工具。随着越来越多的医疗设备采用人工智能来改善患者的治疗效果，FDA 计划更新其关于上市前的批准的规则，以跟上医疗保健领域的技术创新。在上市前的批准过程中，医疗器械制造商必须向 FDA 证明器械是安全有效的，才能在美国销售该器械
2019 年 5 月 22 日	美国与 OECD 其他 35 个成员国和 6 个非成员国签署了 OECD《人工智能原则》	经合组织建议签署国政府投资人工智能研发，促进数字技术和基础设施以及共享数据的机制，营造有利于创新的政策环境，为劳动力过渡做好准备，并就国际倡议开展合作。诸如《人工智能原则》之类的经合组织建议不具有法律约束力，但它们设定了一个国际标准，各国政府可以用来激励自己的国家努力
2019 年 6 月 21 日	白宫国家科学技术委员会（NSTC）2019 年更新的《国家人工智能研发战略计划》	该计划基于 13859 号行政命令的第一条原则，投资于人工智能研发。该计划确定了美国的八项战略重点，其中七项是从以前的更新中继承下来的，第八项是新增的。优先事项强调长期投资、工作的未来、道德、安全、数据访问、技术标准、研发人员和公私合作伙伴关系
2019 年 7 月 10 日	管理和预算办公室（OMB）发布了信息请求	给了公众 30 天的时间来评论“需要额外访问或改进联邦数据和模型的质量，以改善国家的人工智能（AI）研发（R&D）和测试工作”。第 13859 号行政命令要求 OMB 在命令发布之日起 90 天内发布此通知
2019 年 7 月 31 日	美国国家人工智能安全委员会（NSCAI）发布了一份初步报告	概述了调查美国在人工智能领域领导地位的早期活动。国会根据 2019 财年国防授权法案建立了 NSCAI，以推进人工智能的发展并解决相关的国家安全和国防需求。2019 年上半年，NSCAI 致力于保持美国在人工智能研究和国家安全应用方面的领先地位，为美国劳动力、为人工智能赋能的未来做好准备，以及增强人工智能领域的国际竞争力与合作

续表

时间	政策名称	主要内容
2019 年 8 月 9 日	美国国家标准与技术研究院（NIST）发布了一项计划	呼吁联邦政府“更深入、一致、长期地”参与人工智能技术标准的制定。具体来说，它呼吁联邦机构加强对人工智能标准的了解、领导和协调，促进对人工智能标准的研究，在人工智能标准制定中建立公私合作伙伴关系，并在国际舞台上推进美国人工智能标准。行政命令 13859 要求 NIST 在命令发出之日起 180 天内发布此计划
2019 年 8 月 27 日	美国专利商标局（USPTO）发布了关于授予“人工智能发明”专利的评论请求	由人工智能而不是“自然人”或公司开发的发明——让公众在 11 月 8 日之前提交他们的意见——人工智能对版权、商标和知识产权等专利相关问题的影响。该请求包括关于版权法应如何适用于人工智能发明的 13 个问题
2019 年 9 月 6 日	能源部长里克佩里宣布成立能源部（DOE）人工智能和技术办公室（AITO）	该办公室将协调该部门在人工智能方面所做的任何工作。美国能源部设立该办公室是为了响应第 13859 号行政命令和佩里部长所说的“人工智能的黄金时代”，在此期间，联邦政府将需要扩大其人工智能能力并建立人工智能合作伙伴关系，以保持美国在人工智能领域的全球领导地位
2019 年 9 月 9 日	白宫主办了政府人工智能峰会	会聚了超过 175 位领导人和专家，就联邦政府的人工智能进行了讨论。该活动强调了政府、工业界和学术界如何在人工智能方面进行合作并共同开发最佳实践，以及劳动力发展对于为联邦政府雇员提供人工智能技能的重要性。美国首席技术官 Michael Kratsios 宣布了政府计划使用卓越中心模型来促进联邦机构之间在人工智能方面的合作
2019 年 9 月 10 日	国家科学技术委员会发布了总统 2020 财年网络和信息技术研究与开发（NITRD）计划预算的补充报告	该计划包括一个 AI 组件，它将协调联邦政府对 AI 研发的长期投资，促进人与 AI 协作，开发用于培训和测试的共享公共数据集，创建标准和最佳实践，强调道德和安全，并扩大公共—私人合伙企业

续表

时间	政策名称	主要内容
2019 年 9 月 27 日	美国食品药品监督管理局（FDA）发布了临床决策支持（CDS）软件指南草案	或“为（医疗保健提供者）和患者提供知识和个人信息的技术，在适当的时间进行智能过滤或现，以加强健康和保健。”该指南阐明了 FDA 对 CDS 软件的监管方法，并补充了其早先提出的将基于人工智能的软件作为医疗设备的监管框架。该指南草案在发布后的 90 天内公开征求公众意见
2019 年 11 月 5 日	NSCAI 发布了一份中期报告	更新了国会自 7 月报告以来的进展情况。该报告解释了人工智能开发和采用对于国家安全的重要性，认为美国需要保持技术创新的前沿地位，以保持其军事和经济优势。它还提出了美国重点关注的五个领域：投资人工智能研发、将人工智能应用于国家安全、培养和招募人工智能人才、保护和利用美国的技术优势、鼓励全球人工智能合作
2019 年 11 月 20 日	NSTC 发布了“2016—2019 年进展报告：推进人工智能研发”	其中记录了联邦机构在推进人工智能研发方面的最新进展，并根据其 2016 年和 2019 年战略计划中概述的八项战略对其进行了评估。该报告得出的结论是，联邦人工智能研发状况强劲，这些投资“产生了影响深远的突破，正在使我们的社会变得更好”
2019 年 12 月 5 日	退役军人事务部（VA）成立了国家人工智能研究所（NAII）	这是其研发办公室和战略合作中心之间的一项联合倡议。NAII 将领导该部门的 AI 研发工作，确定 VA 可以使用 AI 更好地为退伍军人及其家人服务的方式，包括减少等待时间和帮助医生解释患者数据并做出明智的决定。它的成立是在 11 月的全国退伍军人和军人家庭月之后
2020 年	国家人工智能倡议法案（HR 6216）（2021 年 1 月 1 日实施）	在未来五年内提供近 65 亿美元，用于增加对人工智能研发（R&D）、教育和标准开发的资金。迄今为止，该法案是国会推动美国人工智能发展的最雄心勃勃的尝试，可以加强美国在人工智能方面的领导地位

续表

时间	政策名称	主要内容
2020 年	国家云计算工作组法案（S. 3890）	建立一个工作组来规划用于人工智能研究的国家云计算系统，召集来自学术界、政府和工业界的专家，制定实施和部署该资源的详细路线图。目标是为跨学科的学生和研究人员提供对云计算资源、政府和非政府数据集以及研究环境的访问。众议院已提出一项配套法案（HR 7096）
2020 年	识别生成对抗网络（IOGAN）法案的输出（HR 4355）	指示美国国家科学基金会（NSF）和美国国家标准与技术研究院（NIST）支持对操纵或合成媒体的研究，包括生成对抗网络的输出，这些网络是设计用于通过真实输入（例如照片）进行训练的软件系统以生成类似但人工的输出（例如，deepfakes）。具体而言，NSF 必须支持对操纵或合成的内容和信息真实性的研究，NIST 必须支持开发测量和标准所必需的研究，以加速技术工具的开发，以检查生成对抗网络或其他技术的功能和输出、合成或操纵内容
2020 年	生成人工智能网络安全（GAINS）法案（HR 6950）	指示商务部和联邦贸易委员会确定美国采用人工智能的好处和障碍，调查其他国家的人工智能战略并对美国的比较情况进行排名，评估供应链风险以及如何应对这些风险。该法案要求各机构向国会报告结果，以及制定国家人工智能战略的建议
2020 年	推进 2020 年人工智能研究法案（S. 3891）	在美国国家标准与技术研究院（NIST）建立一个推进人工智能研究的国家计划，并授权多个研究机构研究人工智能的好处和面临的挑战
2020 年	确保美国领先于国际标准法案（HR 7139）	指示 NIST 委托美国国家科学、工程和医学研究院开展一项研究，以检查中国政府针对新兴技术的政策和标准制定及其对国际标准制定组织的影响
2020 年	AI 服务奖学金法案（S. 3901）	为人工智能从业者、数据工程师、数据科学家和数据分析师提供高等教育奖学金，以换取承诺为联邦、州、地方或部落政府，或州、地方或部落附属的非营利组织工作。作为关键基础设施，该法案通过包括人工智能从业者来扩展现有的联邦网络服务奖学金计划

续表

时间	政策名称	主要内容
2020 年	为生产半导体（CHIPS）制定有益的激励措施（S. 3933 / HR 7178）	提供激励措施以支持美国的半导体研究、开发和制造，包括到 2024 年，为半导体制造和设施投资提供 40% 的投资税收抵免。指示商务部制定 100 亿美元的联邦赠款计划，以匹配州和地方对在美国建造先进制造半导体制造设施的公司的激励措施。在美国国家标准与技术研究院（NIST）建立一个新的 5000 万美元的半导体计划，以支持美国的先进制造、STEM 劳动力发展和生态系统集群。指示总统建立 NIST 委员会半导体领导小组委员会，以制定确保美国在半导体技术和创新方面处于领先地位的战略
2020 年	武装部队人工智能法案（S. 3965）	确保联合人工智能中心（JAIC）主任是三星级的，并要求主任直接向国防部长报告。国防部长需要制订培训和认证计划，以更好地使国防部的人力资源人员能够将人工智能和网络专业人员带入国防部，部长必须就国防部如何更好地利用现有的直接雇用权力来加入人工智能发布指导专业人士
2020 年	2021 财年国防授权法（HR 6395）	要求美国总审计长向国会提供国防部关于人工智能的资源、能力和计划的评估。需要为国防部内部的数据共享制定标准数据格式和合作协议。建立一个由国防部官员和外部专家组成的 JAIC 董事会，为 JAIC 主任提供战略指导。要求国家情报总监和国防部长报告中俄关系，包括科技教育和专业交流项目
2020 年	美国国家科学基金会投资未来制造业重点领域	宣布投资 24 个新项目，以推动未来的制造业发展。其中，网络制造将通过应用人工智能、机器人技术和预测建模等领域的进步来改变所有制造的可预测性、可靠性和效率。这项研究将创造新的方法来提高装配线的灵活性、模块化构造的机会以及生产量子和半导体技术的速度和可靠性。受助者还将研究人类与机器人和人工智能系统的交互，以及在制造环境中与复杂技术的交互

续表

时间	政策名称	主要内容
2021 年	美国《美国创新和竞争法》	在财政部设立“为美国生产半导体创造有益激励”基金；为国家科学基金会设立 10 个“技术重点领域”，重点关注：人工智能、机器学习、自治和相关进展；高性能计算、半导体和高级计算机硬件和软件；机器人、自动化和先进制造；先进的通信技术和沉浸式技术；数据存储、数据管理、分布式账本技术和网络安全，包括生物识别技术等
各州的主要行动		
2019 年		至少有 15 个州提出了专门针对人工智能的法案或决议，其中 7 个州颁布或通过了措施
2020 年		至少有 13 个州提出了通用人工智能法案或决议，并在犹他州颁布。犹他州的立法在高等教育中创建了一项深入的技术人才计划。“深度技术”被定义为基于科学发现或有意义的工程创新导致新产品和创新的技术，包括与人工智能相关的技术
2021 年		至少有 17 个州提出了通用人工智能法案或决议，并在亚拉巴马州、科罗拉多州、伊利诺伊州和密西西比州颁布

数据来源：1. Congressional Research Service. https://crsreports. congress. gov2. U. S. Department of state.

3. 政策制定与实施的主要目的

一是投资人工智能研发。美国已决定与工业界、学术界、国际合作伙伴和盟友以及其他非联邦实体开展合作，促进联邦对人工智能研发的投资，以在人工智能方面取得技术突破。特朗普总统在其 2021 财年（FY）预算提案中呼吁将非国防 AI 研发两年翻一番，并在 2019 年更新了其 AI 研发战略计划，制定了第一份描述联邦研发投资影响的进度报告，并首次发布了政府范围内的非国防 AI 研发支出报告。

二是释放 AI 资源。美国坚持加强对高质量联邦数据、模型和计算资源的访问，以增加它们对人工智能研发的价值，同时维护和扩展安全、安保、隐私和保密保护。美国人工智能倡议呼吁联邦机构寻找新的机会，以增加对联邦数据和模型的访问和使用。2019 年，白宫管理和预算办公室制定了联邦数据战略，将其作为联邦机构如何使用和管理数据的运营原则和最佳实践框架。

三是消除人工智能创新的障碍。努力减少安全开发、测试、部署和采用人工智能技术的障碍，方法是为符合国家价值观的人工智能治理提供指导，并推动制定适当的人工智能技术标准。作为美国人工智能倡议的一部分，白宫发布了美国人工智能监管原则以征求意见，这是第一个推动以美国价值观和良好监管实践为基础创新的人工智能监管政策。此外，美国国家标准与技术研究院（NIST）发布了联邦参与人工智能技术标准开发的首个战略。

四是培训 AI 熟练的劳动力。美国通过学徒制赋予当代和未来几代美国工人权利；实施技能计划；实施科学、技术、工程和数学（STEM）教育，重点是计算机科学，以确保包括联邦工作人员在内的美国工人能够有充分利用人工智能的机会。特朗普总统指示所有联邦机构优先考虑与人工智能相关的美国人工智能倡议：第一年年度报告——学徒和职业培训计划和机会。除了其研发重点外，美国国家科学基金会新的国家人工智能研究所计划还将促进劳动力发展，尤其是人工智能研究人员的发展。

五是营造支持美国人工智能创新的国际环境。美国正致力于国际参与，以营造支持美国人工智能研究和创新并为美国人工智能产业开放市场的全球环境，同时保护美国在人工智能方面的技术优势。2019 年，美国在经济合作与发展组织（OECD）领导下制定了就可信赖的人工智能管理的基本原则的第一个国际共识协议。美国还与 G7 和 G20 的国际伙伴合作采用相类似的人工智能原则。

六是推动人工智能技术用于政府服务。美国通过鼓励采用政府人工智能等技术，以提供政府服务和提高其效率。美国总务管理局建立了一个人工智能卓越中心，使联邦机构能够确定将人工智能纳入其组织的最佳实践。

七是形成紧密伙伴关系推动保持美国在人工智能领域的领导地位。政策性文件中，特别强调和引导学术界、工业界、非营利组织、民间社会、其他非联邦实体以及国际合作伙伴和盟友的跨行业、跨领域、跨区域合作，形成重要伙伴和协作关系。政府、大学和行业共同进步，合作创新。引导形成有力的公私合作伙伴关系，战略性地利用资源，包括设施、数据集和专业知识，推进公司伙伴之间的知识、信息共享，联合创新。这些合作伙伴关系还通过利用行业专业知识将开放和已发表的研究成果转化为市场上可行的产品和服务，以促进经济增长，从而加速研究创新向实践的转变。

在教育和劳动力领域，通过引导合作伙伴关系加强下一代研究人员、技术人员和工人的教育和培训。引导与非营利组织和民间社会建立伙伴关系应对技术发展带来的重要社会挑战。推动联邦机构和国际合作伙伴之间的合作，共同努力来应对关键挑战，形成更具合力的人工智能领域技术话语权与技术标准推行通道。

4. 美国人工智能支持政策下人工智能发展取得主要应用成效

在联邦战略投资、有远见的科学家和企业家以及知名研究机构的推动下，美国强大的创新生态系统推动了美国在人工智能领域的全球领导地位的形成。基于美国政府鼓励各行业采用人工智能的有力举措，美国企业强化了人工智能领域研发与应用的投资（见图 9－2）。与全球其他地区相比，美国在人工智能领域的私人投资处于领先地位，特别是全球人工智能投资的前三名投资者是美国公司，即英特尔投资、500 Startups 和 Y Combinator。

statista 数据显示，北美在人工智能与机器学习市场上占据主导地位，2021 年其收入份额超过 42.0%。目前在美国机构工作的顶级人工智能（AI）研究人员中有 1/3 在美国获得了本科学位，其中，27% 的美国领先人工智能研究人员来自中国，11% 来自印度。北美目前是人工智能专利出版物最多的地区，这也可能有助于美国在人工智能领域占据主导地位。2010—2021 年，美国是世界上最大的 AI 市场，拥有 11772 家活跃的 AI 公司，收到 13793 笔投资交易，筹集了超过 5250 亿美元资金；基于有利的法规、更低的商业成本、更大的利润前景，以及政府出台的相关激励政策，美国国内投资者占 68%，收到 12191 笔投资交易。2010—2020 年，美国人工智能研究在全球研究总量中排名第二，约占 17%（见表 9 - 2）。2020 年，北美占全球人工智能（AI）专利出版物的 3.2%，为全球占比最高的区域。

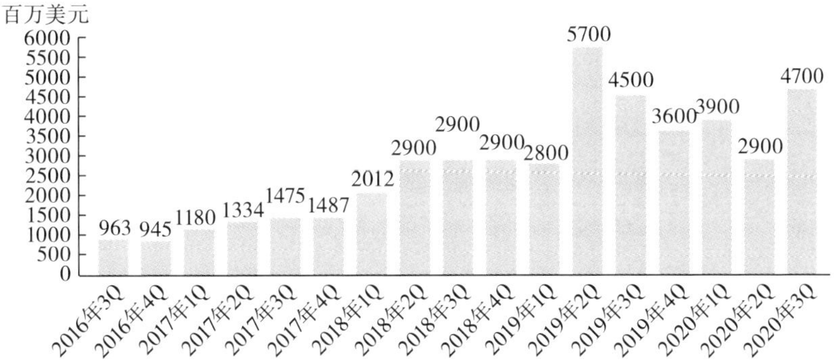

图 9 - 2　2016—2020 年按季度划分的美国人工智能（AI）资金投资情况

数据来源：statista.

表 9 - 2　2010—2020 年按人工智能相关学术论文产量排名前 10 位的国家

国家	学术论文数/篇	占比/%
中国	603467	26.2
美国	395464	17.2
印度	116319	5
英国	111879	4.9
日本	104716	4.5
德国	101541	4.4
法国	78214	3.4
澳大利亚	66106	2.9
加拿大	64929	2.8
意大利	60429	2.6

数据来源：statista.

（二）欧盟地区工业数字化转型的主要支持政策分析

1. 欧盟地区制造业数字化转型的主要政策梳理

在欧洲，就像在世界其他地方一样，数字创新和转型预示着第四次工业革命的到来。工业 4.0 重点是工业中所有部门的数字化转型。欧盟地区工业数字化转型主要集中在工业数字平台、人工智能和相关技术的新兴发展；在商业战略中整合数字化创新是创造价值的重要手段，因此，欧盟认为系统的数字化整合和连接可以创造无缝的数字化价值链，提出了欧洲数字化战略，使欧洲成为“数字十年”，“数字十年”将着力加强欧洲数字主权并制定欧洲标准，明确关注数据、技术和基础设施。制造业及工业数字化转型的相关政策梳理如表 9－3 所示。

表 9－3 欧盟制造业数字化转型的相关政策

时间	政策名称	主要内容
2019 年 2 月 11 日	欧盟《确保欧盟在数字制造领域处于世界领先地位的宣言》	确保欧盟成为数字制造领域的世界领导者，推动创建跨行业生态系统和高价值制造产品及服务。到 2025 年的主要目标：欧盟有一个监管框架，允许制造业在国际上处于领先地位，并刺激关键使能技术的开发和部署；欧盟已开发出引领创新和竞争力的数字制造生态系统；欧盟正在推动和加强对数字制造生态系统和使能技术的投资；欧盟在创建高价值数据驱动服务以及在欧洲和世界范围内共享数据方面处于领先地位；欧盟正在不断对其劳动力进行再培训和提高技能，以接受数字生产流程；欧盟通过新的工业技术解决方案加速了可持续发展和绿色增长。具体行动：制定以制造业为重点的欧盟政策；为数据的自由流动创建基础设施；产生和加强投资和公共资金；对其员工进行再培训和技能提升，以接受数字化生产流程；通过工业技术加速可持续发展；发展与“数字工厂”相关的数字生态系统
2019 年 6 月	欧洲理事会《欧盟 2019—2024 年新战略议程》	加强欧盟在数字革命和人工智能各方面的凝聚力：基础设施、互联互通、服务、数据、监管和投资减少了欧洲研发和创新活动的碎片化，确保了欧盟内部和全球舞台上的公平竞争

续表

时间	政策名称	主要内容
2020 年 2 月 19 日	欧盟委员会《欧洲数据战略》	创建一个单一的数据市场将使欧盟在全球更具竞争力，并将促进创新流程、产品和服务。具体产业数据战略：装满了数千个传感器的喷气发动机收集并传输数据，以确保高效运行；风电场利用工业数据来减少视觉冲击，优化风力发电
2020 年 4 月 2 日	欧洲议会《政治优先事项 2021》	2020 年，议会成功争取强大的欧盟长期预算和独特的 7500 亿欧元。复苏工具（NextGenerationEU），以加强欧洲经济，使所有公民受益，同时充分尊重欧盟的核心价值观。它旨在使欧洲社会更有弹性地应对未来的危机，特别是对年轻人、中小企业、救援和卫生系统、研究、公平气候和数字化转型的支持
2021 年 5 月 28 日	欧盟委员会发布《欧洲数字身份证框架的提案》	欧盟公民、居民和企业将可以使用欧洲数字身份来证明自己的身份或提供对某些个人信息的确认。它可用于整个欧盟的在线和离线公共和私人服务。每个欧盟公民和欧盟居民都将能够使用个人数字钱包
2022 年 2 月	欧盟委员会发布了《数据法案》	以确保数字环境的公平性，刺激竞争性数据市场，为数据驱动的创新提供机会，并使所有人更容易获得数据。数据法案提案包括： ①允许连接设备的用户访问其生成的数据并与第三方共享此类数据以提供售后市场或其他数据驱动的创新服务的措施。 ②防止滥用数据共享合同中的合同不平衡措施。 ③公共部门机构在特殊情况下访问和使用私营部门持有的数据的手段，特别是在洪水和野火等公共紧急情况下，或在无法获得数据的情况下执行法律授权的手段。 ④新规则。允许客户在不同的云数据处理服务提供商之间进行有效切换，并采取措施防止非法数据传输。 ⑤修改数据库指令某些方面的规定（包括关于包含来自物联网（IoT）设备和对象的数据的数据库）
2022 年 2 月 15 日	欧盟委员会《关于建立 2023—2027 年期间的联盟安全连接计划的法规提案》	该计划将提供移动和固定宽带卫星接入、B2B 服务的卫星中继、交通运输的卫星接入、通过卫星和卫星宽带以及基于云的服务加强网络。它可以支持边缘计算、物联网、自动驾驶、电子健康、智能工作和教育、机上和海上连接以及智能农业。除此之外，它还可以用于三个主要支柱：监控、危机管理以及关键基础设施的连接和保护

续表

时间	政策名称	主要内容
2022年2月24日	欧盟委员会《欧洲芯片法案》	为支持《芯片法案》，欧盟委员会计划到2030年，总计投资超过430亿欧元支持芯片产业，这将与长期私人投资相匹配
2022年第二季度	欧盟委员会《欧盟政府互操作性战略提案》	该倡议旨在评估当前的欧洲互操作性框架并评估其在制定建立可互操作的数字公共服务。其目的是确保跨境协调，支持公共部门创新，并为安全和无边界的公共部门数据流和服务定义最低通用规范
5G行动计划		
2017年6月1日	欧洲议会通过了《互联网连接促进增长、竞争力和凝聚力：欧洲千兆社会和5G》的决议	决议欢迎欧盟委员会的战略并支持其目标，同时呼吁制定明确的5G部署时间表，包括解决数字鸿沟的技术中立方法，以及包括潜在和现有欧盟资金在内的雄心勃勃的5G融资战略。它还要求为公平竞争提供有利于投资的监管环境，制定连贯的欧洲频谱战略，改善频谱分配的协调，并要求加快欧盟的5G标准化工作。
2018年12月17日	欧洲议会和理事会《电子通信代码》	该准则确立了欧盟关于监管电信行业的共同规则和目标，并定义了国家当局如何监管网络和/或服务提供商
2019年6月7日	欧洲议会主席和理事会主席《欧盟网络安全局和网络安全法案》	支持将ENISA升级为欧盟永久性网络安全机构，并为ICT产品和服务创建一个自愿的欧盟范围内认证框架
2020年9月18日	欧盟委员会发布了一项5G投资建议	呼吁成员国增加对包括5G在内的超高容量宽带连接基础设施的投资
2021年2月3日	欧盟委员会	要求ENISA为5G网络准备欧盟网络安全认证计划
2021年3月9日	欧盟委员会公布了“数字十年”通信下的联通性目标	以支持欧洲的数字化转型。作为其中的一部分，所有欧盟家庭都应该拥有千兆连接，到2030年，所有人口稠密的地区都应该被5G覆盖
2021年3月25日	成员国与委员会密切合作，根据2020年9月18日的联通性建议，就联通性工具箱达成一致	该工具箱包含一组被认为最有效的最佳实践，并鼓励运营商推出超高容量网络和5G

续表

时间	政策名称	主要内容
2021 年 12 月 17 日	欧盟提出了首个大规模 6G 研究和创新工作计划	专项公共资金约为 2.4 亿欧元。它将资助从 5G 演进（包括垂直行业的大规模试验和试点）到 6G 系统的前沿研究等活动
中小企业（SME）战略		
2020 年 3 月 10 日	欧盟委员会《可持续和数字欧洲的中小企业战略》	既定目标是使欧洲成为最有吸引力的地方，以开展小型企业，使其成长和扩大规模。该战略基于三个支柱：能力建设和支持向可持续发展和数字化过渡；减轻监管负担并改善市场准入；改善融资渠道
2021 年 5 月 5 日	欧盟委员会《更新 2020 年产业新战略：为欧洲复苏建立一个更强大的单一市场》	共同创建相关工业生态系统的转型路径；支持绿色和数字化转型的业务项目，其中，要求欧盟预算和下一代欧盟（NextGenerationEU），特别是复苏和弹性基金（Recovery and Resilience Facility），加强对绿色和数字化转型的承诺。鼓励各成员国在国家复苏和恢复力计划中纳入数量有限的旗舰领域的投资和改革，确保至少 37% 的资金用于绿色投资，至少 20% 用于数字化。关键行动：以旅游业和能源密集型产业为切入点，共同打造相关生态系统的绿色和数字转型路径
人工智能		
2020 年 2 月 19 日	欧盟委员会《关于人工智能、物联网和机器人技术的安全和责任影响的报告》	人工智能、物联网和机器人等新数字技术的出现在产品安全和责任方面提出了新的挑战，如连接性、自主性、数据依赖性、不透明性、产品和系统的复杂性、软件更新以及更复杂的安全管理和价值链。虽然原则上现有的欧盟和国家责任法能够应对新兴技术，但人工智能挑战的维度和综合影响可能会使在所有合理的情况下向受害者提供赔偿变得更加困难。因此，可以考虑通过适当的欧盟举措对产品责任指令和国家责任制度进行某些调整，以有针对性的、基于风险的方法，即考虑到不同的人工智能应用会带来不同的风险
2021 年 4 月 21 日	欧盟委员会《2021 年人工智能审查协调计划》	制定了以下战略：通过采用新的数字解决方案，加快对人工智能技术的投资，以推动有弹性的经济和社会复苏；通过全面及时地实施人工智能战略和计划来采取行动，以确保欧盟充分受益于先行者、采用者的优势；调整人工智能政策以消除碎片化并应对全球挑战。它将通过以下方式进行：为人工智能在欧盟的发展和采用创造有利条件；使欧盟成为从实验室到市场的卓越发展的地方；确保人工智能为人类服务，并成为造福社会的力量；在高影响力领域建立战略领导地位

续表

时间	政策名称	主要内容
2021 年 4 月 21 日	欧盟委员会《欧洲议会和理事会关于机械产品的法规的提案》	该法规将解决嵌入机械中的高风险 AI 系统或未来机械产品监管中属于安全组件的安全风险
2022 年 5 月	欧洲议会《人工智能法》：审议报告草案	该法案制定了关于人工智能的统一规则，旨在确保基于人工智能的商品和服务的自由流动，同时维护欧盟价值观和基本权利
数字教育与培训支持政策		
2020 年 9 月 30 日	欧盟委员会《2021—2027 年数字教育行动计划》	提出了提高各级教育和培训以及所有级别的数字素养、技能和能力的愿景——确保 70% 的 16 ~ 74 岁的人至少应拥有到 2025 年基本数字技能。战略重点：促进高绩效数字教育生态系统的发展；加强数字化技能和能力，以适应数字化转型，其中，包括更新欧洲数字能力框架，以纳入人工智能和数据相关技能。支持学校、职业教育机构和其他培训机构开发人工智能学习资源。提高对人工智能在教育和培训方面的机遇和挑战的认识。为培训者颁发欧洲数字技能证书（EDSC）

数据来源：European Commission. https：//commission European. eu/strategy - and - policy.

2. 欧盟制造业数字化转型的主要特点

2021 年 3 月 9 日，欧盟委员会提出了到 2030 年欧洲数字化转型战略，该战略涵盖包括企业、政府、个人和其他社会组织在内的全社会数字化转型，其出台的政策也是一揽子推动欧洲全社会数字化转型的全面系统的支持政策，由于现有的年限初步定为十年，重点集中在技术、基础设施、数据平台等的搭建。根据欧盟委员会欧洲数字化转型战略的愿景和途径，欧洲数字十年的发展要点为：一是加强技能人才培养，包括培育 2000 万不分性别的 ICT 专家；加强全体公民基本数字技能，实现至少 80% 的欧洲人口掌握基本数字技能。二是推动企业数字化转型，其中包括加强技术普及，实现 75% 的欧盟公司使用云/人工智能/大数据；培育更多服务数字技术的创新者和创新型企业，推动创新型企业扩大规模和融资，使欧盟独角兽企业翻倍。三是推动中小企业广泛使用数字技术，实现超过 90% 的中小企业至少达到了基本的数字化强度水平。

围绕实现这些愿景目标，欧洲数字化战略推出后，正逐步推进一系列政策出台，出台基于委员会和成员国的年度合作机制的治理框架，推动欧洲“数字十年”愿景的最终实现，围绕该战略实施，欧盟委员会还同步实施了一系统支持数字化转型的行动计划，主要包括围绕欧洲芯片供应链布局、人工智能、数据、高性能计算（HPC）、数字市场、空间站、数字服务、网络安全、数字技能教育与培训、连接性等，加速相关领域立法、标准制定，加大以 5G、高性能计算等为主的基础设施投入，制定相关规划，为实现 2030 年数字欧洲愿景目标出台一系列行动计划，并自 2021 年起，加速推动实施。

欧盟制造业数字化转型的主要特点与相关行动：

一是立法与标准先行。如果把欧洲数字化战略看成欧盟推动欧洲数字化发展的中长期规划，那么围绕这一规划，欧盟首先是完善相关法律法规、标准建设，在欧洲数字化转型上重点关注的是加强其数字主权的维护并制定标准，而不是遵循其他国家的标准，以确保欧洲在数字经济中成为全球的领先者。欧盟的数字化转型监管框架是世界上最早的监管框架之一，欧盟希望通过开创性的标准和法规，为当地企业提供一些优势。

二是注重战略的系统性和全面性。从当前全球数字化转型趋势出发，立足当前，着眼长远，站在全球数字经济竞争关系未来产业发展的角度，系统考虑数字化转型所涉及的技术、基础设施、基础条件、欧洲数字经济现状，出台或者拟出台 5G、连通性、人工智能、数字市场数据保护与使用等的相关法律，规范各类社会主体参与数字化转型过程中的数字行为，全面推进关系数字化转型的基础标准体系建设。根据数字经济与社会指数（DESI），每 10 个成年人中就有 4 个和在欧洲工作的 1/3 的人缺乏基本的数字技能。欧洲还面临数字专家的短缺，在与技术相关的专业和研究中，女性的比例也很低，只有 1/6 的 ICT 专家和 1/3

的科学、技术、工程和数学（STEM）毕业生是女性；超过 70% 的企业表示，缺乏具备足够数字技能的员工是投资的障碍。提出了欧洲数据战略的人才培养与基本数字技能普及教育计划，欧盟委员会出台的《2021—2027 年数字教育行动计划》中，包含了现状分析、基本目标、欧盟委员会及各成员国的职能分工、主要任务与行动、实现路径、资金预算与分配计划等内容。

三是强化欧洲产业数字化转型。2020 年新冠疫情期间，欧盟委员会更新欧洲产业战略，新战略将支持向绿色和数字经济的双重转型，旨在使欧盟工业在全球更具竞争力，并增强欧洲的开放战略自主权。为应对因疫情所致的限制人员、货物和服务自由流动；全球供应链中断，影响基本产品的供应；需求中断等。提出了强化单一市场弹性、加强欧盟开放的战略自主权、新的措施。与数字化转型相关联的具体举措包括：探索协调重点业务服务标准；加强市场监督的数字化和针对中小企业的其他有针对性的措施；准备启动处理器和半导体技术联盟以及工业数据、边缘和云联盟，并考虑建立空间发射器联盟和零排放航空联盟等，明确了向绿色与数字化双转型过渡时期的主要路径与举措。

四是各国政府与欧盟范围内的倡议合作、协调资金，以及开展数字化转型的联合行动。比如，2018 年 4 月通过人工智能（AI）战略的同时，欧盟委员会提出了一项与成员国共同制定的协调计划，以促进欧洲人工智能的开发和使用。该计划提出了联合行动，以便成员国、挪威、瑞士和欧盟委员会在四个关键领域开展更密切和更有效的合作，其中包括增加投资、提供更多数据、培养人才和确保信任。在通过合作实现最大投资方面，提出了投资协调计划和联合行动。在投资协调方面，考虑了资金的分配问题，从 2018 年到 2020 年年底，为使人工智能研究和创新方面产生更高的协同效应，至少需要 200 亿欧元的公共和私人投资，在接下来的十年中，每年还需 200 亿欧元的公共和私人投资。作为国家投资的补充，欧盟委员会到 2020 年将投资 15 亿欧元，比 2014—2017

年增加 70%。对于下一个欧盟长期预算（2021—2027 年），欧盟已提议从 Horizon Europe 和数字欧洲计划中投资至少 70 亿欧元用于人工智能。① 联合行动方面，比如为实现人工智能战略的投资目标，要求从这些方面形成联合行动，包括：①国家人工智能战略。到 2019 年年中，所有成员国都应制定自己的战略，概述投资水平和实施措施，这些战略将被纳入欧盟层面的讨论。②建立新的欧洲人工智能公私合作伙伴关系。建立新的人工智能研究和创新伙伴关系，以促进欧洲学术界和工业界之间的合作，并确定人工智能的共同战略研究议程。③支持建立新的人工智能扩大基金。委员会对处于早期阶段的人工智能和区块链领域的初创公司、创新者以及处于扩大阶段的公司给予资金支持。④建立开发和连接世界领先的人工智能中心。将开发和连接欧洲人工智能卓越中心，在互联移动等领域建立世界参考测试设施，并通过数字创新中心鼓励人工智能在整个经济中的应用（其中，6600 万欧元用于机器人中心）。还将启动欧洲创新委员会试点计划，以支持下一代人工智能技术。

为支撑人工智能技术的开发提供大型、安全和强大的数据集。委员会将与欧洲国家一起创建共同的欧洲数据空间，以实现数据跨境无缝共享，同时确保各成员国完全遵守《通用数据保护条例》。委员会将与成员国合作，支持开发一个由患者捐赠的对受伤人员进行匿名扫描的通用健康数据库，以利用人工智能技术改进癌症诊断和治疗。到 2019 年年中，欧盟委员会启动数据共享支持中心，为数据经济的所有欧洲参与者提供实用建议。

通过委员会与欧洲国家合作，设立专门的奖学金来支持人工智能的高级学位。委员会继续支持全社会的数字技能和终身学习，尤其是受人工智能影响最严重的工人。通过立法，将人工智能纳入其他学科的教育

---

① 资料来源：Europe's Digial Decade：digital targets for 2030. https://Commission. europa. eu/strategy - and - policy/。

项目。充分利用蓝卡系统，留住和吸引高技能的人工智能专业人士。采用开放式方式，通过学术界、商业界和民间社会的欧洲专家小组制定人工智能开发和使用的道德准则，专家们在欧洲人工智能联盟广泛协商后向欧盟委员会提交最终版本。

五是加强与美国等国家的开放合作。2021 年 6 月 15 日在布鲁塞尔举行的欧盟—美国峰会期间，欧盟—美国贸易和技术委员会成立，其职能是致力于为美国和欧盟协调解决关键全球贸易、经济和技术问题，并基于这些共同价值观深化跨大西洋贸易和经济关系论坛。欧盟委员会向所有愿意分享相同价值观的非欧盟国家开放合作。

3. 实践进展和案例①

（1）重视发展高性能计算。在数字化十年中，高性能计算（HPC）是重大进步和创新的核心，是欧洲未来繁荣、数字化转型和复原力的关键。凭借来自 Horizon Europe、数字欧洲计划和连接欧洲基金的 70 亿欧元资金，欧盟委员会将加强对超级计算的投资，通过购买世界级的百亿亿次超级计算机、后百亿亿次设施并支持雄心勃勃的高性能计算研究和创新议程来提升超级计算和数据处理能力。

2018 年，汇集了欧盟、32 个欧洲国家和三个私人合作伙伴的欧洲高性能计算联合企业（EuroHPC JU）于卢森堡成立，该联合企业成立的目的在于提高欧洲公民的生活质量、推进科学发展、提高工业竞争力并确保欧洲的技术自主权，使欧洲成为超级计算领域的世界领导者。JU 联合承诺由其参与国和私人成员共同资助，其 2021—2027 年预算约为 70 亿欧元，其中包括：来自数字欧洲计划的 19 亿欧元用于支持百亿亿次超级计算机和百亿亿次后设施的采购、部署，超级计算服务联盟以及 HPC 使用和技能的扩大；来自 Horizon Europe 的 9 亿欧元用于支持研究和创新活动，以在欧洲开发世界级的超级计算生态系统；来自 Connect-

① 资料来源：https://Commission. europa. eu/strategy - and - policy/。

ing Europe Facility 的 2 亿欧元用于改善 HPC 和数据资源的互连，以及与欧盟通用欧洲数据空间和安全云基础设施的互连。参与国将进行同等投资，而私人成员的出资额为 9 亿欧元（实物和现金出资）。

截至 2022 年 6 月 15 日，欧盟宣布新的超级计算托管站点进入百亿亿次计算时代。高端百亿亿次超级计算机 JUPITER 在德国托管，中端超级计算机 DAEDALUS、LEVENTE、CASPIr 和 EHPCPL 在希腊、匈牙利、爱尔兰和波兰托管。次日，欧洲高性能计算联合企业宣布，Bull SAS（Atos）赢得了 MareNostrum 5 的采购，这是一款新的欧洲世界级超级计算机。MareNostrum5 将置于巴塞罗那超级计算中心（BSC）的场地内，将于 2023 年供欧洲研究人员和工业界使用。

（2）成立欧盟—美国贸易和技术委员会。2021 年 6 月 15 日，欧盟委员会主席乌尔苏拉·冯德莱恩与美国总统乔·拜登于布鲁塞尔举行的欧盟—美国峰会上发起了欧盟—美国贸易和技术委员会。2021 年 9 月 29 日在美国匹兹堡举行的首次会议上，理事会商定了五个关键合作领域：出口管制、外商直接投资筛选、安全的供应链（尤其是关于半导体）、技术标准（包括人工智能合作）、全球贸易挑战。

三、我国促进制造业数字化转型的支持政策分析

随着全球新一轮科技革命和产业变革到来，互联网、人工智能等新一代信息技术与各领域融合发展，成为不可阻挡的时代潮流，对各国经济社会发展产生着战略性和全局性的影响。我国紧紧把握新技术革命带来的发展机遇，加快推进工业化与信息化融合发展，围绕“互联网+”、中国制造 2025、人工智能、工业物联网等及时出台了一系列重大战略与政策法规，加强技术标准建设，积极推动新一代信息技术创新成果与经济社会各领域深度融合，推动技术进步、效率提升和组织变革，不断提升实体经济创新力和生产力，推动形成更广泛的以互联网为基础设施和创新要素的经济社会发展新形态。根据研究需要，本章重点

梳理了国务院、工业和信息化部、国家发展改革委等政府部门自2015年以来出台的推进制造业数字化转型的重大政策，如表9－4所示。

表9－4 近年来我国出台的制造业数字化转型的相关重要政策

时间	政策名称	主要内容
2015年1月	国家发展改革委《标准联通“一带一路”行动计划（2015—2017）》	提出要聚焦沿线国家共同的重点关切。在电力、铁路、海洋、航空航天等基础设施领域，以及节能环保、新一代信息技术、智能交通、高端装备制造、生物、新能源、新材料等新兴产业领域
2015年5月	国务院《中国制造2025》	目标是到2025年，中国制造业整体素质大幅提升，创新能力显著增强，全员劳动生产率明显提高，智能化、服务化、绿色化达到国际先进水平，中国进入世界制造强国的行列。其中明确提出把智能制造作为两化深度融合的主攻方向
2015年7月	国务院《关于积极推进“互联网＋”行动的指导意见》	提出推动互联网与制造业融合，提升制造业数字化、网络化、智能化水平，加强产业链协作，发展基于互联网的协同制造新模式。在重点领域推进智能制造、大规模个性化定制、网络化协同制造和服务型制造，打造一批网络化协同制造公共服务平台，加快形成制造业网络化产业生态体系
2016年1月	工业和信息化部、国家标准委《国家智能制造标准体系建设指南》	制定智能制造建设思路、系统体系结构、框架等，制定智能制造基础共性、关键技术、重点行业三大标准
2016年5月	国务院《关于深化制造业与互联网融合发展的指导意见》	提出打造制造企业互联网“双创”平台、推进互联网企业构建制造业“双创”服务体系，支持制造企业与互联网企业跨界融合，培育制造业与互联网融合新模式等七项主要任务
2016年7月	国务院《国家信息化发展战略纲要》	推进信息化和工业化深度融合。加快实施《中国制造2025》，推动工业互联网创新发展。以智能制造为突破口，加快信息技术与制造技术、产品、装备融合创新，推广智能工厂和智能制造模式，全面提升企业研发、生产、管理和服务的智能化水平

续表

时间	政策名称	主要内容
2016年8月	质检总局、国家标准委、工业和信息化部《装备制造业标准化和质量提升规划》	提升装备制造业服务质量。鼓励企业优化产品设计，加快质量技术创新，开展个性化定制、柔性化生产，增加优质新型产品有效供给，满足不同群体不断升级的多样化消费需求。适应生产性服务业社会化、专业化发展要求，发展技术支持和设备监理、保养、维修、改造、备品备件等专业化服务，提高设备运行质量。积极运用互联网、物联网、大数据等新理念和新技术，发展远程检测诊断、运营维护、技术支持等售后服务新业态，提高装备制造业服务质量
2016年6月	工业和信息化部、国家发展改革委、财政部《机器人产业发展规划（2016—2020）》	到2020年，形成较为完善的机器人产业体系。技术创新能力和国际竞争能力明显增强，产品性能和质量达到国际同类水平，关键零部件取得重大突破，基本满足市场需求
2016年7月	工业和信息化部、国家发展改革委、中国工程院《发展服务型制造专项行动指南》	推动网络化协同制造服务。支持建设以制造业企业为中心的网络化协同制造服务体系，突破资源约束和空间约束，实现企业间协同和社会制造资源广泛共享与集成
2016年7月	工业和信息化部、财政部、国土资源部、环境保护部、商务部《关于深入推进新型工业化产业示范基地建设的指导意见》	推动职能发展，引领转型升级。鼓励示范基地向智能化方向转型，加快推进示范基地与"互联网+"融合发展，开展智能制造、工业互联网试点示范，引领产业优化升级
2016年9月	工业和信息化部《智能硬件产业创新发展专项行动（2016—2018年）》	到2018年，我国智能硬件全球市场占有率超过30%，产业规模超过5000亿元
2016年11月	工业和信息化部《信息化和工业化融合发展规划（2016—2020年）》	到2020年，信息化和工业化融合发展水平进一步提高，提升制造业创新发展能力的"双创"体系更加健全，支撑融合发展的基础设施和产业生态日趋完善，制造业数字化、网络化、智能化取得明显进展，新产品、新技术、新模式、新业态不断催生新的增长点，全国两化融合发展指数达到85，比2015年提高约12，进入两化融合集成提升与创新突破阶段的企业比例达30%，比2015年提高约15个百分点

续表

时间	政策名称	主要内容
2016 年 11 月	工业和信息化部、财政部《智能制造发展规划（2016—2020 年）》	2025 年前，推进智能制造实施“两步走”战略：第一步，到 2020 年，智能制造发展基础和支撑能力明显增强，传统制造业重点领域基本实现数字化制造，有条件、有基础的重点产业智能转型取得明显进展；第二步，到 2025 年，智能制造支撑体系基本建立，重点产业初步实现智能转型
2017 年 1 月	工业和信息化部《促进新一代人工智能产业发展三年行动计划（2018—2020 年）》	推动建设相关领域的制造业创新中心。支持重点行业和关键领域加大应用力度，促进人工智能产业突破发展。力争到 2020 年，实现“人工智能重点产品规模化发展、人工智能整体核心基础能力显著增强、智能制造深化发展、人工智能产业支撑体系基本建立”的目标
2017 年 1 月	工业和信息化部《关于进一步推进中小企业信息化的指导意见》	到 2020 年，中小企业信息化水平显著提升。互联网和信息技术在提升中小企业创新发展能力和推动组织管理变革方面的作用明显增强。中小企业在研发设计、生产制造、经营管理和市场营销等核心业务环节应用云计算、大数据、物联网等新一代信息技术的比例不断提高。培育和发展一批有效运用信息技术、具有创新发展优势、经营管理规范、竞争力强的中小企业。中小企业信息化服务体系进一步完善。中小企业通过基于互联网的产业生态体系，与大企业协同创新、协同制造能力显著提升
2017 年 3 月	工业和信息化部《云计算发展三年行动计划（2017—2019 年）》	到 2019 年，我国云计算产业规模达到 4300 亿元，突破一批核心关键技术，云计算服务能力达到国际先进水平，对新一代信息产业发展的带动效应显著增强。云计算在制造、政务等领域的应用水平显著提升
2017 年 7 月	国务院《新一代人工智能发展规划》	分三步走：第一步，到 2020 年人工智能总体技术和应用与世界先进水平同步。第二步，到 2025 年人工智能基础理论实现重大突破，部分技术与应用达到世界领先水平。第三步，到 2030 年人工智能理论、技术与应用总体达到世界领先水平，成为世界主要人工智能创新中心

续表

时间	政策名称	主要内容
2017 年 7 月	《关于深入推进信息化和工业化融合管理体系的指导意见》	到 2020 年，两化融合管理体系标准体系初步形成，超过 5 万家企业开展两化融合管理体系贯标，遴选确定 200 家以上贯标示范企业，培训超过 100 万人次，基本形成规范、有序、健全的市场化机制。15 万家企业开展两化融合自评估、自诊断、自对标，两化融合发展数据地图成为政府、行业、企业分业施策的重要依据。形成一批两化融合新方法、新工具、新解决方案，两化融合管理体系成为引领企业战略转型、组织变革、技术创新、生产方式和服务模式转变的重要抓手
2017 年 8 月	工业和信息化部《制造业“双创”平台培育三年行动计划》	以构建基于互联网的制造业“双创”平台为主线，打造资源富集、开放共享、创新活跃、高效协同的“双创”新生态，到 2020 年底，重点行业骨干企业互联网“双创”平台普及率超过 85%
2017 年 9 月	工业和信息化部《工业电子商务发展三年行动计划》	主要行动：一是工业电子商务普及应用方面，提出“大企业工业电子商务发展水平提升行动”和“中小企业工业电子商务推广行动”。二是围绕平台建设，提出“重点工业行业电子商务平台培育行动”。三是聚焦区域转型，提出“区域工业电子商务培育行动”。四是支撑服务体系建设方面，提出“工业电子商务支撑服务体系建设行动”
2017 年 10 月	工业和信息化部《高端智能再制造行动计划（2018—2020 年）》	到 2020 年，突破一批制约我国高端智能再制造发展的拆解、检测、成形加工等关键共性技术，智能检测、成形加工技术达到国际先进水平；发布 50 项高端智能再制造管理、技术、装备及评价等标准；初步建立可复制推广的再制造产品应用市场化机制；推动建立 100 家高端智能再制造示范企业、技术研发中心、服务企业、信息服务平台、产业集聚区等，带动我国再制造产业规模达到 2000 亿元

续表

时间	政策名称	主要内容
2017 年 11 月	国务院《关于深化“互联网+先进制造业”发展工业互联网的指导意见》（简称《意见》）	到 2025 年，实现覆盖各地区、各行业的工业互联网网络基础设施基本建成，标识解析体系不断健全并规模推广，形成若干家具有国际竞争力的工业互联网平台等；到 2035 年，我国工业互联网重点领域实现国际领先；到 21 世纪中叶，工业互联网综合实力进入世界前列；《意见》提出要打造网络、平台、安全三大体系，推进大型企业集成创新和中小企业应用普及两类应用，构筑产业、生态、国际化三大支撑 7 项任务，简称“工业互联网发展 323 行动”
2017 年 11 月	中共中央办公厅、国务院办公厅《推进互联网协议第六版（IPv6）规模部署行动计划》	用 5～10 年时间，形成下一代互联网自主技术体系和产业生态，建成全球最大规模的 IPv6 商业应用网络，实现下一代互联网在经济社会各领域深度融合应用，成为全球下一代互联网发展的重要主导力量
2018 年 5 月	工业和信息化部《工业互联网发展行动计划》	到 2020 年年底，初步建成工业互联网基础设施和产业体系
2018 年 5 月	工业和信息化部《工业互联网 APP 培育工程（2018—2020 年）》	提出到 2020 年，培育 30 万个工业 APP，全面覆盖研发设计、生产制造、运营维护和经营管理等制造业关键业务环节的重点需求；工业 APP 应用取得积极成效，创新应用企业关键业务环节工业技术软件化率达到 50% 等
2018 年 5 月	工业和信息化部、国务院国资委《关于深入推进网络提速降费加快培育经济发展新动能 2018 专项行动的实施意见》	围绕促进经济转型升级，推动信息通信技术与实体经济深度融合。 推广物联网行业融合应用。加快完善 NB－IoT 等物联网基础设施建设，实现全国普遍覆盖。进一步推动模组标准化、接口标准化、公众服务平台等共性关键技术研究。面向行业需求，积极推动产品和应用创新，推进物联网在智慧城市、农业生产、环保监测等行业领域的应用。 提升工业互联网基础设施能力。面向工业企业低时延、高可靠、广覆盖的网络需求，推动企业内外网建设。大力推进工业企业内网 IP 化、扁平化、柔性化技术改造和建设部署，利用 IPv6、软件定义网络（SDN）以及新型蜂窝移动通信技术对工业企业外网进行升级改造。鼓励工业企业以 IPv6、工业无源光网络（PON）、工业无线等技术改造企业内网

续表

时间	政策名称	主要内容
2018 年 6 月	工业和信息化部《工业互联网发展行动计划（2018—2020 年）》	计划到 2020 年年底，初步建成工业互联网基础设施和产业体系，以及 10 大项 36 项具体行动方案，对 2018—2020 年的工业互联网发展和负责的具体部门进行了紧密的部署
2018 年 7 月	工业和信息化部《工业互联网平台建设及推广指南》	到 2020 年，在地方普遍建设工业互联网平台的基础上，分期分批遴选 10 家左右的跨行业跨领域工业互联网平台，形成一批面向特定行业、特定区域的企业级工业互联网平台；实施工业互联网 APP 培育工程，推动基础共性、行业通用、企业专用工业 APP 的大规模开发与商业化应用；选择重点工业设备作为推动平台应用的切入点，带动工业企业上云，遴选一批工业互联网试点示范（平台方向）项目；按照“以测促建、以测带用”的思路，建成平台试验测试、公共支撑和标准体系，形成工业互联网平台发展生态
2018 年 8 月	工业和信息化部、国家标准委《国家智能制造标准体系建设指南》	明确提出到 2018 年，累计制修订 150 项以上智能制造标准，基本覆盖基础共性标准和关键技术标准。到 2019 年，累计制修订 300 项以上智能制造标准，全面覆盖基础共性标准和关键技术标准，逐步建立起较为完善的智能制造标准体系。建设智能制造标准试验验证平台，提升公共服务能力，提高标准应用水平和国际化水平
2018 年 8 月	工业和信息化部《推动企业上云实施指南（2018—2020 年）》	推动企业利用云计算加快数字化、网络化、智能化转型。推进互联网、大数据、人工智能与实体经济深度融合
2018 年 12 月	工业和信息化部《关于加快推进虚拟现实产业发展的指导意见》	VR + 制造。推进虚拟现实技术在制造业研发设计、检测维护、操作培训、流程管理、营销展示等环节的应用，提升制造企业辅助设计能力和制造服务化水平。推进虚拟现实技术与制造业数据采集与分析系统的融合，实现生产现场数据的可视化管理，提高制造执行、过程控制的精确化程度，推动协同制造、远程协作等新型制造模式发展。构建工业大数据、工业互联网和虚拟现实相结合的智能服务平台，提升制造业融合创新能力。面向汽车、钢铁、高端装备制造等重点行业，推进虚拟现实技术在数字化车间和智能车间的应用

续表

时间	政策名称	主要内容
2019 年 7 月	工业和信息化部《加强工业互联网安全工作的指导意见》	到 2020 年年底，工业互联网安全保障体系初步建立；到 2025 年，制度机制健全完善，技术手段能力显著提升，安全产业形成规模，基本建立起较为完备可靠的工业互联网安全保障体系
2019 年 8 月	国家发展改革委等 15 部门《关于推动先进制造业和现代服务业深度融合发展的实施意见》	多部门联合提出推进建设智能工厂、加快工业互联网创新应用等培育融合发展新业态新模式，探索重点行业重点领域如原材料、消费品工业与服务业融合发展新路径、发挥多元化融合发展主体作用等意见
2019 年 10 月	《关于加快培育共享制造新模式新业态促进制造业高质量发展的指导意见》	到 2022 年，形成 20 家创新能力强、行业影响大的共享制造示范平台；推动支持 50 项发展前景好、带动作用强的共享制造示范项目；逐步健全信用、标准等配套体系，支持共性技术研发，不断夯实数字化发展基础，初步形成共享制造协同发展生态。到 2025 年，共享制造发展迈上新台阶，示范引领作用全面显现，共享制造模式广泛应用，生态体系趋于完善，资源数字化水平显著提升，成为制造业高质量发展的重要驱动力量
2020 年 2 月	工业和信息化部《关于工业大数据发展的指导意见》	提出促进工业数据汇聚共享、融合创新，提升数据治理能力，加强数据安全管理，着力打造资源富集、应用繁荣、产业进步、治理有序的工业大数据生态体系
2020 年 2 月	工业和信息化部《建材工业智能制造数字转型三年行动计划（2020—2022 年）》	加快新一代信息技术在建材工业推广应用，促进建材工业全产业链价值链与工业互联网深度融合，构建网络安全和密码应用支撑体系。促进行业智能化生产、网络化协同、规模化定制、服务化延伸，夯实建材工业信息化支撑基础。提升智能制造关键技术创新能力
2020 年 3 月	工业和信息化部《中小企业数字化赋能专项行动方案》	坚持统筹推进新冠疫情防控和经济社会发展，以新一代信息技术与应用为支撑，以提升中小企业应对危机能力、夯实可持续发展基础为目标，集聚一批面向中小企业的数字化服务商，培育推广一批符合中小企业需求的数字化平台、系统解决方案、产品和服务，助推中小企业通过数字化网络化智能化赋能实现复工复产，增添发展后劲，提高发展质量

续表

时间	政策名称	主要内容
2020年3月	工业和信息化部《关于推动工业互联网加快发展的通知》	主要任务：加快新型基础设施建设、加快拓展融合创新应用、加快健全安全保障体系、加快壮大创新发展动能、加快完善产业生态布局、提升要素保障水平
2020年3月	工业和信息化部《关于推动5G加快发展的通知》	实施“5G+工业互联网”512工程。打造5个产业公共服务平台，构建创新载体和公共服务能力；加快垂直领域“5G+工业互联网”的先导应用，内网建设改造覆盖10个重点行业；打造一批“5G+工业互联网”内网建设改造标杆网络、样板工程，形成至少20大典型工业应用场景。突破一批面向工业互联网特定需求的5G关键技术，显著提升“5G+工业互联网”产业基础支撑能力，促进“5G+工业互联网”融合创新发展
2020年5月	工业和信息化部《工业和信息化部关于工业大数据发展的指导意见》	为促进工业数字化转型，激发工业数据资源要素潜力，加快工业大数据产业发展。牢固树立新发展理念，按照高质量发展要求，促进工业数据汇聚共享、深化数据融合创新、提升数据治理能力、加强数据安全管理，着力打造资源富集、应用繁荣、产业进步、治理有序的工业大数据生态体系
2020年7月	工业和信息化部等15部门《关于进一步促进服务型制造发展的指导意见》	到2022年，新遴选培育200家服务型制造示范企业、100家示范平台（包括应用服务提供商）、100个示范项目、20个示范城市，服务型制造理念得到普遍认可，服务型制造主要模式深入发展，制造业企业服务投入和服务产出显著提升，示范企业服务收入占营业收入的比重达到30%以上。支撑服务型制造发展的标准体系、人才队伍、公共服务体系逐步健全，制造与服务全方位、宽领域、深层次融合发展格局基本形成，对制造业高质量发展的带动作用更加明显
2020年8月	国家标准委、国家发展改革委、工业和信息化部等《国家新一代人工智能标准体系建设指南》	到2023年，初步建立人工智能标准体系，重点研制数据、算法、系统、服务等重点急需标准，并率先在制造、交通、金融、安防、家居、养老、环保、教育、医疗健康、司法等重点行业和领域进行推进。建设人工智能标准试验验证平台，提高公共服务能力

续表

时间	政策名称	主要内容
2020 年 9 月	工业和信息化部《建材工业智能制造数字转型行动计划（2021—2023 年）》	建材工业信息化基础支撑能力显著增强，形成较为完善的产业生态和服务体系，智能制造关键共性技术取得创新性突破，重点领域示范引领和推广应用取得明显成效，全行业数字化智能化网络化水平大幅提升，推动建材工业全产业链高级化、现代化，加快迈入先进制造业
2020 年 10 月	工业和信息化部、应急部《“工业互联网 + 安全生产”行动计划（2021—2023 年）》	深化工业互联网和安全生产的融合应用。为保障工业互联网向安全生产场景纵深发展，提升工业企业数字化、网络化、智能化水平，需通过深入实施基于工业互联网的安全生产管理，推动生产、仓储、物流、环境等各环节各方面的管理模式升级，促进跨企业、跨部门、跨层级的生产管理协同联动，提升数字化管理、网络化协同、智能化管控水平
2021 年 1 月	工业和信息化部《工业互联网创新发展行动计划（2021—2023 年）》	目标是到 2023 年，新型基础设施进一步完善。融合应用成效进一步彰显，技术创新能力进一步提升，产业发展生态进一步健全，安全保障能力进一步增强。工业互联网新型基础设施量质并进，新模式、新业态大范围推广，产业综合实力显著提升
2021 年 3 月	国家发展改革委《关于加快推动制造服务业高质量发展的意见》	加快发展工业软件、工业互联网，培育共享制造、共享设计和共享数据平台，推动制造业实现资源高效利用和价值共享
2021 年 7 月	工业和信息化部等六部门《关于加快培育发展制造业优质企业的指导意见》	引导优质企业高端化智能化绿色化发展。对标世界一流企业，加快推进新一代信息技术和制造业融合发展，加大技术改造力度，加强质量品牌建设，参与国际技术规范、标准制定，提高中高端供给能力。实施智能制造工程、制造业数字化转型行动和 5G 应用创新行动，组织实施国有企业数字化转型行动计划，打造一批制造业数字化转型标杆企业，培育一批综合性强、带动面广的示范场景，建设和推广工业互联网平台，开展百万工业 APP 培育行动，实施网络安全分类分级管理，积极发展服务型制造新模式新业态。支持参与实施工业低碳行动和绿色制造工程，在落实碳达峰、碳中和目标中发挥示范引领作用

续表

时间	政策名称	主要内容
2021 年 7 月	工业和信息化部《新型数据中心发展三年行动计划（2021—2023 年）》	用 3 年时间，基本形成布局合理、技术先进、绿色低碳、算力规模与数字经济增长相适应的新型数据中心发展格局。总体布局持续优化，全国一体化算力网络国家枢纽节点（以下简称国家枢纽节点）、省内数据中心、边缘数据中心梯次布局。技术能力明显提升，产业链不断完善，国际竞争力稳步增强
2021 年 7 月	十部门关于印发《5G 应用“扬帆”行动计划（2021—2023 年）》	到 2023 年，我国 5G 应用发展水平显著提升，综合实力持续增强。打造 IT（信息技术）、CT（通信技术）、OT（运营技术）深度融合新生态，实现重点领域 5G 应用深度和广度双突破，构建技术产业和标准体系双支柱，网络、平台、安全等基础能力进一步提升，5G 应用“扬帆远航”的局面逐步形成
2021 年 9 月	工业和信息化部《物联网新型基础设施建设三年行动计划（2021—2023 年）》	到 2023 年年底，在国内主要城市初步建成物联网新型基础设施，社会现代化治理、产业数字化转型和民生消费升级的基础更加稳固。突破一批制约物联网发展的关键共性技术，培育一批示范带动作用强的物联网建设主体和运营主体，催生一批可复制、可推广、可持续的运营服务模式，导出一批赋能作用显著、综合效益优良的行业应用，构建一套健全完善的物联网标准和安全保障体系
2021 年 11 月	工业和信息化部《“十四五”信息化和工业化深度融合发展规划》	到 2025 年，信息化和工业化在更广范围、更深程度、更高水平上实现融合发展，新一代信息技术向制造业各领域加速渗透，范围显著扩展、程度持续深化、质量大幅提升，制造业数字化转型步伐明显加快，全国两化融合发展指数达到 105
2021 年 12 月	工业和信息化部《“十四五”智能制造发展规划》	到 2025 年，中国规模以上制造业企业基本普及数字化，重点行业骨干企业初步实现智能转型。到 2035 年，规模以上制造业企业全面普及数字化，骨干企业基本实现智能转型
2021 年 12 月	国务院《“十四五”数字经济发展规划》	到 2025 年，产业数字化转型迈上新台阶。制造业数字化、网络化、智能化更加深入，生产性服务业融合发展加速普及，产业数字化转型支撑服务体系基本完备

续表

时间	政策名称	主要内容
2021 年 12 月	工业和信息化部、科技部、自然资源部《“十四五”原材料工业发展规划》	产业数字化转型效应凸显。智能制造能力成熟度 3 级及以上企业达到 20% 以上，关键工序数控化率 70% 以上。建设 100 个以上智能制造示范工厂，10 家以上工业互联网平台
2021 年 12 月	《“十四五”工业绿色发展规划》	加速生产方式数字化转型。以数字化转型驱动生产方式变革，采用工业互联网、大数据、5G 等新一代信息技术提升能源、资源、环境管理水平，深化生产制造过程的数字化应用，赋能绿色制造
2021 年 12 月	国家发展改革委、工业和信息化部《关于振作工业经济运行推动工业高质量发展的实施方案的通知》	实施 5G 应用“扬帆”行动计划（2021—2023 年）。组织开展先进制造业和现代服务业融合发展试点，探索推广“两业融合”新路径新模式。加快工业互联网建设和普及应用，促进传统产业企业依托工业互联网开展数字化转型。开展质量技术帮扶“巡回问诊”，鼓励企业建立质量追溯机制，有效落实企业质量主体责任
2022 年 1 月	工业和信息化部《关于印发制造业质量管理数字化实施指南（试行）的通知》	要以提高质量和效益、推动质量变革为目标，按照“围绕一条主线、加快三大转变、把握四项原则”进行布局。企业要发挥主体作用，强化数字化思维，持续深化数字技术在制造业质量管理中的应用，创新开展质量管理活动。专业机构要以提升服务为重点，加快质量管理数字化工具和方法研发与应用，提供软件平台等公共服务
2022 年 4 月	工业和信息化部、国家发展改革委《产业用纺织品行业高质量发展的指导意见》	促进两化融合，培育新业态新模式。推进数字化智能化制造，加大关键环节数字化、网络化改造，推进数字化工厂建设。开发推广体育运动、医疗健康、安全防护用智能可穿戴产品，拓展智能纺织品应用领域。推进区域性、行业性工业互联网平台建设，开发行业专用工业 APP，提高产业链协同制造能力和应急快速反应能力
2022 年 5 月	工业和信息化部等 11 部门《关于开展“携手行动”促进大中小企业融通创新（2022—2025 年）的通知》	打通大中小企业数据链。鼓励大企业打造符合中小企业特点的数字化服务平台，开发一批“小快轻准”低成本的产业链供应链协同解决方案和场景；推动垂直行业工业互联网平台拓展深化服务大中小企业融通的功能作用，促进产业链制造能力的集成整合和在线共享

续表

时间	政策名称	主要内容
2022 年 7 月	《数字化助力消费品工业“三品”行动方案（2022—2025 年）》	到 2025 年，消费品工业领域数字技术融合应用能力明显增强，培育形成一批新品、名品、精品，品种引领力、品质竞争力和品牌影响力不断提升

资料来源：笔者收集整理。

比较美国及欧盟促进数字化转型的相关法律与政策性文件，我国已出台的促进制造业数字化转型政策呈现出以下特点：

一是宏观层面推动制造业数字化转型战略性指导性文件相对完备。自 2015 年以来，《中国制造 2025》《关于积极推进“互联网 +”行动的指导意见》《关于深化“互联网 + 先进制造业”发展工业互联网的指导意见》《关于推动先进制造业和现代服务业深度融合发展的实施意见》《关于加快培育共享制造新模式新业态促进制造业高质量发展的指导意见》等重大战略政策性文件相继出台，其中，《关于深化“互联网 + 先进制造业”发展工业互联网的指导意见》是最能准确指导且具有规划意义的文件，提出了夯实网络基础、打造平台体系、加强产业支撑、促进融合应用、完善生态体系、强化安全保障、推动开放合作等重点任务；主要保障措施包括建立健全法规制度、营造良好市场环境、加大财税支持力度、创新金融服务方式、强化专业人才支撑、健全组织实施机制等。从这些重要的政策文件的内容看，主要表现为提出制造业数字化转型的方向、愿景、重点方向等，提出支持什么、鼓励什么。侧重于搭框架、建平台、提方向、做规划，主要作用体现在政策的方向性、指导性上，为各省份政府、企业等数字化转型提供具有指导意义的文件。没有部署具体财政资金支持计划、金融手段等。

二是编制数字化转型规划文件。为落实相关指导意见，国家出台了推进制造业数字化转型的相关专项规划。在“十三五”期间，国家出台了《国家信息化发展战略纲要》，并相继出台了《机器人产业发展规划（2016—2020年）》《信息化和工业化融合发展规划（2016—2020年）》《智能制造发展规划（2016—2020年）》《新一代人工智能发展规划》等专项规划；“十四五”规划和2035年远景目标的建议，提出建设数字中国，为此，国家出台了《“十四五”信息化和工业化深度融合发展规划》《“十四五”智能制造发展规划》《“十四五”数字经济发展规划》《“十四五”原材料工业发展规划》《“十四五”工业绿色发展规划》等专项规划，这些规划中都有重点突出制造业数字化转型重要性及相关内容，比如《信息化和工业化融合发展规划（2016—2020年）》《智能制造发展规划（2016—2020年）》是紧紧围绕“十四五”期间制造业数字化转型的重要规划，其他专项规划则突出以数字化转型为手段实现某个行业数字化转型或推进绿色发展。这些专项规划的作用和意义在于成为政府指导各级政府推动制造业数字化转型审批、核准相关重大项目，安排制造业数字化转型的政府投资和财政支出预算，制定制造业数字化转型相关行动计划的依据。

三是制定一系列推动制造业数字化转型的行动计划。为贯彻落实推动制造业数字化转型的相关指导意见、重要规划或专项规划等，工业和信息化部等部门出台了一系列相关行动计划，包括《发展服务型制造专项行动指南》《促进新一代人工智能产业发展三年行动计划（2018—2020年）》《云计算发展三年行动计划（2017—2019年）》《制造业“双创”平台培育三年行动计划》《工业电子商务发展三年行动计划》《高端智能再制造行动计划（2018—2020年）》《中小企业数字化赋能专项行动方案》《建材工业智能制造数字转型行动计划（2021—2023年）》《“工业互联网+安全生产”行动计划（2021—2023年）》《十一部门关于开展“携手行动”促进大中小企业融通创新（2022—2025年）的通知》《工业互联网创新发展行动计划（2021—2023年）》《新型数据中心发展三年行动计划（2021—2023年）》《5G应用“扬帆”行动计划（2021—2023年）》《物联网新型基础设施建设三年行动计划

（2021—2023年）》等，此外，还开展了年度制造业数字化转型相关行动，如《2021年度智能制造试点示范行动》。强化以规划为引领，以行动计划为抓手，通过优秀场景、数字化转型先行区、示范项目、示范工程等建设，发挥财政资金引导作用，落实相关税收优惠政策，带动各类企业加大技术创新与数字化转型，逐步提升制造业数字化转型的基础设施与公共服务水平，加强关键技术攻关和企业品牌建设。

四是加强与数字化转型相关的监管法律法规的制定。出台关联性法律法规：出台《中华人民共和国网络安全法》《中华人民共和国数据安全法》《中华人民共和国个人信息保护法》等法律，出台《保障中小企业款项支付条例》《优化营商环境条例》法规，修改《中华人民共和国反垄断法》《中华人民共和国商标法》《中华人民共和国反不正当竞争法》等法律，出台《关于加强互联网信息服务算法综合治理的指导意见》等监管治理指导意见，为制造业数字化转型提供统一、开放、竞争、有序的竞争环境及相关顶层设计。此外，针对一些特别行业和发展需要，制定了一系列具有法律约束力的相关规定：《互联网信息服务算法推荐管理规定》《汽车数据安全管理若干规定（试行）》《工业互联网标识管理办法》《智能网联汽车道路测试与示范应用管理规范（试行）》（对测试示范主体则增加了网络安全、数据安全等方面的保障能力要求）。明确政府、企业、社会组织、技术社群和公民等网络、数据、个人信息等利益相关者的权利和义务，加强安全管理，化解相关风险，与时俱进地制定和出台相关法律法规，为推进数字化转型提供法律保障。

五是引导制造业数字化转型有关标准的制定与推行。为贯彻落实《国家标准化发展纲要》及制造业数字化转型的相关部署，发挥标准支撑引领作用，推动制造业企业运用标准化方式组织生产、经营、管理和服务，国家标准化管理委员会等相关政府部门相继组织开展了制造业数字化转型相关标准化工作，其中包括《国家新一代人工智能标准体系建设指南》《国家车联网产业标准体系建设指南（总体要求）》《国家车联网产业标准体系建设指南（车辆智能管理）》《国家车联网产业标准体系建设指南（智能交通相关）》《国家智能制造标准体系建设指南（2021版）》《关于开展2022年度智能制造标准应用试点工作的通知》，启动新型基础设施标准化专项行动，积极优化完善国家智能制造标准体系，推进细分行业智能制造业标准体系建设。聚焦数字孪生、供应链管理和协同等领域标准研制，重视智能制造典型场景，开展标准应用试点。

六是加大制造业数字化转型的主要财政政策和融资政策供给。从对促进制造业数字化转型的财政政策梳理情况看，目前尚未有指向非常明确的促进制造业数字化转型的财政支持政策，主要的支持政策都是笼统地支持制造业发展、中小企业纾困解难、促进企业加大技术投入等方面的政策，如《关于明确先进制造业增值税期末留抵退税政策的公告》《关于进一步提高科技型中小企业研发费用税前加计扣除比例的公告》《关于进一步实施小微企业所得税优惠政策的公告》《关于修订〈电信普遍服务补助资金管理办法〉的通知》，其中，《关于支持集成电路产业和软件产业发展进口税收政策管理办法的通知》《财政部　海关总署税务总局关于支持集成电路产业和软件产业发展进口税收政策的通知》《关于支持“专精特新”中小企业高质量发展的通知》等财政政策（见表9－5）对于促进制造业数字化转型而言，相对更为精准。

与财政政策相比，支持制造业、中小企业发展的融资政策（见表9－6）相对较少，主要有《关于金融支持工业稳增长调结构增效益的若干意见》《关于对中小微企业贷款实施临时性延期还本付息的通知》《关于进一步强化中小微企业金融服务的指导意见》。直接提出支持制造业数字化转型，落实《中国制造2025》等重大战略的融资政策，仅在《关于金融支持工业稳增长调结构增效益的若干意见》中提及。

表9-5　促进制造业转型的主要财政政策

时间	政策名称	主要内容
2020年12月11日	财政部等《关于促进集成电路产业和软件产业高质量发展企业所得税政策的公告》	为促进集成电路产业和软件产业高质量发展，就有关企业所得税政策问题公告
2021年1月23日	财政部《关于支持“专精特新”中小企业高质量发展的通知》	2021—2025年，中央财政累计安排100亿元以上奖补资金，引导地方完善扶持政策和公共服务体系，分三批（每批不超过三年）重点支持1000余家国家级专精特新“小巨人”企业（以下简称重点“小巨人”企业）高质量发展，促进这些企业发挥示范作用，并通过支持部分国家（或省级）中小企业公共服务示范平台（以下简称公共服务示范平台）强化服务水平，聚集资金、人才和技术等资源，带动1万家左右中小企业成长为国家级专精特新“小巨人”企业。推进工业“四基”领域或制造强国战略明确的十大重点产业领域“补短板”和“锻长板”

表9-6　促进制造业转型的主要信贷政策

时间	政策名称	主要内容
2016年2月14日	中国人民银行、国家发展改革委、工业和信息化部、财政部、商务部、银监会、证监会、保监会《关于金融支持工业稳增长调结构增效益的若干意见》	引导金融机构加大中长期贷款投入，加大对高新技术企业、重大技术装备、工业强基工程等领域的支持力度。制定出台金融支持制造强国建设指导意见，推动金融业全方位服务“中国制造2025”。积极支持工业领域“互联网+”行动，促进传统产业、大企业与市场迅速对接，实现工业制造企业和网络融合，着力改造工业发展传统动能
2020年5月26日	中国人民银行等《关于进一步强化中小微企业金融服务的指导意见》	为推动金融支持政策更好适应市场主体的需要，进一步疏通内外部传导机制，促进中小微企业（含个体工商户和小微企业主，不含地方政府融资平台，下同）融资规模明显增长、融资结构更加优化，实现“增量、降价、提质、扩面”，推动加快恢复正常生产生活秩序，支持实体经济高质量发展，提出相关意见

七是出台促进制造业数字化转型的劳动就业、人才培养等相关政策。为推动《中国制造2025》等未来制造业领域的重大战略，落实推进制造业数字化转型的一系列规划实施，为我国制造业高质量发展提供人才支撑。教育部等相关部门积极出台一系列优化人才结构、深化新工科建设、支持校企深度合作、创新人才培养模式等相关政策举措（见表9－7），鼓励高校根据制造业发展需要和学校办学能力，面向人工智能、智能车辆工程、工业智能等重点领域继续加大制造业相关学科专业设置，加快培养社会急需人才。研究制定《机械类教学质量国家标准》《电子信息类教学质量国家标准》等作为专业准入、专业建设和专业评价的依据，推进人才培养质量不断提升。2019 年 4 月，教育部启动一流专业建设“双万计划”，面向全国所有高校、全部专业，突出示范领跑作用，全面优化专业结构，推动专业办学质量提升。开展未来技术学院建设，出台了《未来技术学院建设指南（试行）》《现代产业学院建设指南（试行）》《特色化示范性软件学院建设指南（试行）》等指南。积极推动高端制造领域高校科技创新和成果转化，加强产学研深度融合。人社部等部门积极落实相关政策，为落实高校毕业生创业就业搭建公共服务平台，优化就业政策，提升就业质量，保障制造业重点领域人才供需渠道畅通。

表9－7　促进制造业转型的相关人才培养与就业支持政策

时间	政策名称	主要内容
2017 年 2 月	教育部关于“十三五”时期高等学校设置工作的意见	适应经济新常态下产业结构转型升级的需要，对接国家“一带一路”倡议、《中国制造2025》制造业强国战略、脱贫攻坚战、京津冀协同发展、西部大开发等国家重大区域战略和产业战略，支持确有需求、现有高等学校培养能力不足同时又确有支撑与保障能力的地区新设高水平应用型高等学校

续表

时间	政策名称	主要内容
2017 年 12 月	教育部《关于推动高校形成就业与招生计划人才培养联动机制的指导意见》	推动高校形成就业与招生计划、人才培养联动机制，促进高校毕业生多渠道就业创业，实现更高质量和更充分就业，是高等教育主动适应国家经济社会发展需要、提高高校人才培养质量的重要工作
2018 年 1 月	教育部关于印发《高等学校人工智能创新行动计划》的通知	到 2025 年，高校在新一代人工智能领域的科技创新能力和人才培养质量显著提升，取得一批具有国际重要影响的原创成果，部分理论研究、创新技术与应用示范达到世界领先水平，有效支撑我国产业升级、经济转型和智能社会建设。到 2030 年，高校成为建设世界主要人工智能创新中心的核心力量和引领新一代人工智能发展的人才高地，为我国跻身创新型国家前列提供科技支撑和人才保障
2018 年 9 月	教育部、工业和信息化部、中国工程院《关于加快建设发展新工科实施卓越工程师教育培养计划 2.0 的意见》	经过 5 年的努力，建设一批新型高水平理工科大学、多主体共建的产业学院和未来技术学院、产业急需的新兴工科专业、体现产业和技术最新发展的新课程等，培养一批工程实践能力强的高水平专业教师，20% 以上的工科专业点通过国际实质等效的专业认证，形成中国特色、世界一流工程教育体系，进入高等工程教育的世界第一方阵前列
2018 年 10 月	《教育部关于加快建设高水平本科教育全面提高人才培养能力的意见》	深化高校本科专业供给侧改革，建立健全专业动态调整机制，做好存量升级、增量优化、余量削减。主动布局集成电路、人工智能、云计算、大数据、网络空间安全、养老护理、儿科等战略性新兴产业发展和民生急需相关学科专业
2019 年 4 月	教育部、财政部《关于实施中国特色高水平高职学校和专业建设计划的意见》	培育和传承工匠精神，引导学生养成严谨专注、敬业专业、精益求精和追求卓越的品质。深化复合型技术技能人才培养培训模式改革，率先开展“学历证书 + 若干职业技能等级证书”制度试点。在全面提高质量的基础上，着力培养一批产业急需、技艺高超的高素质技术技能人才

续表

时间	政策名称	主要内容
2019 年 6 月	教育部《关于职业院校专业人才培养方案制订与实施工作的指导意见》	为落实《国家职业教育改革实施方案》，推进国家教学标准落地实施，提升职业教育质量，就职业院校专业人才培养方案制订与实施工作提出意见
2020 年	教育部、国家发展改革委、财政部印发《关于"双一流"建设高校促进学科融合加快人工智能领域研究生培养的若干意见》的通知	以习近平新时代中国特色社会主义思想为指导，全面贯彻党的十九大和十九届二中、三中、四中全会精神，依托"双一流"建设，深化人工智能内涵，构建基础理论人才与"人工智能+X"复合型人才并重的培养体系，探索深度融合的学科建设和人才培养新模式，着力提升人工智能领域研究生培养水平，为我国抢占世界科技前沿，实现引领性原创成果的重大突破，提供更加充分的人才支撑
2020 年 5 月	教育部《未来技术学院建设指南（试行）》	通过 4 年左右时间，在专业学科综合、整体实力强的部分高校建设一批未来技术学院，探索专业学科实质性复合交叉合作规律，探索未来科技创新领军人才培养新模式。在此基础上，不断加强建设，争取用 10 年左右时间锻造一批在前沿交叉与未来技术领域具有重要影响的高水平教师团队，建设若干适应未来技术研究所需的科教资源平台和数字化资源，培育一批在前沿交叉科学与未来技术领域可能产生重大影响的原创性成果，形成一批具有代表性的体制机制范例，打造能够引领未来科技发展和有效培养复合型、创新性人才的教学科研高地
2020 年 6 月	教育部办公厅、工业和信息化部办公厅关于印发《特色化示范性软件学院建设指南（试行）》的通知	聚焦国家软件产业发展重点，在关键基础软件、大型工业软件、行业应用软件、新型平台软件、嵌入式软件等领域，培育建设一批特色化示范性软件学院，探索具有中国特色的软件人才产教融合培养路径，培养满足产业发展需求的特色化软件人才，推动关键软件技术突破、软件产业生态构建、国民软件素养提升，形成一批具有示范性的高质量软件人才培养新模式

续表

时间	政策名称	主要内容
2020 年 6 月	工业和信息化部办公厅、人社部办公厅《关于印发工业通信业职业技能提升计划行动实施方案的通知》	面向新一代信息通信技术、集成电路、人工智能、智能制造、工业互联网、数控机床和智能机器人、航空航天装备、智能网联汽车、网络和数据安全、新材料、生物医药及高端医疗装备等制造强国、网络强国建设重点领域，打造一批技能培训标杆企业，集聚一批面向工业通信业的优秀培训服务机构和网络培训平台，培育建设一批基础条件好、竞争力强的先进制造业实训基地，遴选推广一批产业发展急需、行业特色鲜明的培训项目、课程和教材，形成一批可复制可推广的新技能培训经验做法，2 年内开展各类职业技能培训 50 万人次以上，为制造强国、网络强国建设提供坚强技能人才保障
2020 年 8 月	教育部、工业和信息化部联合印发《现代产业学院建设指南（试行）》	经过 4 年左右时间，以区域产业发展急需为牵引，面向行业特色鲜明、与产业联系紧密的高校，重点是应用型高校，建设一批现代产业学院。在此基础上，引导高校瞄准与地方经济社会发展的结合点，不断优化专业结构、增强办学活力，探索产业链、创新链、教育链有效衔接机制，建立新型信息、人才、技术与物质资源共享机制，完善产教融合协同育人机制，创新企业兼职教师评聘机制，构建高等教育与产业集群联动发展机制，打造一批融人才培养、科学研究、技术创新、企业服务、学生创业等功能于一体的示范性人才培养实体，为应用型高校建设提供可复制、可推广的新模式
2022 年 1 月	教育部、财政部、国家发展改革委《关于深入推进世界一流大学和一流学科建设的若干意见》	面向集成电路、人工智能、储能技术、数字经济等关键领域加强交叉学科人才培养。强化科教融合，完善人才培育引进与团队、平台、项目耦合机制，把科研优势转化为育人优势
2022 年 3 月	人力资源和社会保障部等十部门《关于实施百万就业见习岗位募集计划的通知》	充分发挥政府有关部门、社会各方面力量，积极开发就业见习岗位，全年募集不少于 100 万个就业见习岗位，为高校毕业生等青年提供充足见习机会

续表

时间	政策名称	主要内容
2022 年 4 月	教育部发布《关于举办第八届中国国际“互联网 +”大学生创新创业大赛的通知》	激发青年学生创新创造热情，线上线下相融合，打造共建共享、融通中外的国际创新创业盛会，开启创新创业教育改革新征程

此外，各省份地方政府加快推进制造业数字化转型重点项目落地，加强人工智能、集成电路等重点领域土地和能源等要素保障，参照国家相关重大规划与主要行动计划，出台相关政策，积极推进制造业数字化转型。如天津深入实施智能制造专项资金政策，截至 2022 年 5 月，累计支持八批 2998 个项目，全市安排资金 91.9 亿元，带动投资超过 1200 亿元；建成 200 个智能工厂和数字化车间；培育了一批行业工业互联网平台，智能制造装备、工业软件等产业，成为支撑制造业立市的新动能。2021 年江苏出台了《江苏省制造业智能化改造和数字化转型三年行动计划（2022—2024 年）》；广东出台了《广东省制造业数字化转型实施方案（2021—2025 年）》和《广东省制造业数字化转型若干政策措施》等。

四、相关政策实施后我国制造业数字化转型取得的主要进展

随着推动新一代信息技术与制造业融合发展、制造业数字化转型一系列重大战略部署和政策举措不断深入实施，我国新一代信息技术与制造业融合取得了长足进展，支撑融合发展的基础不断夯实，融合发展水平迈上了新台阶。

一是深入推进数字化转型行动见成效。据工业和信息化部数据，截至 2022 年年底，全国工业企业关键工序数控化率、数字化研发设计工具普及率分别达到 58.6% 和 77.0%，比 2012 年分别提高了 38 个和 28.2 个百分点。在新技术、新应用的作用下，我国制造业的生产方式、

企业形态、业务模式和就业方式都加速变革，有力促进了制造业提质、降本、增效、绿色、安全发展。

二是大力实施智能制造工程进展显著。据工业和信息化部数据，截至 2023 年上半年，我国贡献的智能制造国际标准累计已达到 50 余项，中国专家参与了 IEC/ISO/ITU 中 90% 的智能制造国际标准工作组。国家标准 300 多项，基础共性和关键技术国家标准的覆盖率达到 97.5%。智能工厂建设规模不断扩大、水平持续提升。建成了 700 多个数字化车间、智能工厂，智能制造试点示范项目生产效率平均提高 48%，产品研制周期平均缩短了 38%，产品不良品率平均降低 35%。截至 2023 年年底，我国已培育智能制造系统解决方案供应商超过 6000 家，炼化、印染、家电等领域智能制造的水平都处于世界领先水平。2021 年，24 个工业和信息化领域的品牌入选了世界品牌 500 强，比 2012 年增加了 14 家。

三是智能工厂建设规模不断扩大、水平持续提升。据工业和信息化部数据，截至 2023 年上半年，各地建设数字化车间和智能工厂近 8000 个。其中，有 2500 余个达到了智能制造能力成熟度 2 级以上水平，基本完成了数字化转型；209 个探索了智能化升级，成为具有国际先进水平的智能制造示范工厂。经过转型，这些示范工厂产品研发周期平均缩短了 20.7%，生产效率平均提升了 34.8%，产品不良品率平均下降了 27.4%，碳排放平均减少了 21.2%。

四是工业互联网创新发展行动显优势。工业和信息化部等部门加快建设网络、平台、安全三大体系，工业互联网的应用已经覆盖 45 个国民经济大类。据工业和信息化部数据，截至 2023 年年底，工业互联网高质量外网覆盖全国 300 多个城市，标识解析体系已经完成夯基架梁，五大国家顶级节点稳定运行，二级节点基本实现全国省级地区全覆盖。培育较大型的工业互联网平台超过 150 家，连接工业设备超过 7800 万台（套），国家、省、企业三级协同联动的技术监测服务体系基本建成。

五是产业支撑能力大提升。据工业和信息化部数据，2012—2021年，我国电子信息制造业产业规模从10.7万亿元增长至14.1万亿元，软件产业规模从2.5万亿元增长至9.5万亿元，双双位居国民经济各行业前列。筑“魂”强“基”成效显著，工业APP数量突破60万个，经营管理类的工业软件市场占有率达到70%，产品稳定性、可靠性持续提升。

六是学科建设、人才培养等保障能力不断提升。据教育部统计，2018—2020年，教育部批准设置智能车辆工程、人工智能、工业智能、区块链工程等45个新兴工科本科专业。2020年，新增人工智能本科专业布点130个、智能制造工程本科专业布点84个、机器人工程本科专业布点53个、智能建造本科专业布点23个、集成电路设计与集成系统本科专业布点10个、智能装备与系统本科专业布点5个。组织遴选清华大学、浙江大学、华中科技大学等389个机械类的本科专业为国家级一流本科专业建设点。持续加强示范性微电子学院建设，支持北京大学、清华大学等28所示范性微电子学院建设，2020年示范性微电子学院毕业生近8000人，在北京大学、清华大学等8所高校布局国家集成电路产教融合创新平台建设项目。截至2020年年底，全国已建成各类职教集团（联盟）近1500个，覆盖了90%以上的高职院校、近50%的中职学校，近30000家企业参与；已遴选确定两批共299家示范性职业教育集团（联盟）培育单位。已有24家中央企业和48家民营企业积极申报国家产教融合型企业，21个城市积极申报国家产教融合型城市；地方正同步探索开展产教融合型企业建设，目前全国已有2340家企业纳入地方产教融合型企业建设培育库。2020年，针对人工智能、大数据、机器人等制造业重点领域，高校与企业合作开展项目4000余项，企业提供经费及软硬件支持约4.5亿元。

五、促进制造业数字化转型政策供给存在的主要问题

通过对相关政策梳理与访谈，可知我国促进制造业数字化转型的主要政策还存在有针对性的财政政策供给不足，创新支持政策主要集中在人工智能与软件设计、金融支持政策有限、要素保障能力还不足、相关政策实施效果缺乏科学的评估机制等问题，与此同时，鼓励企业尤其是制造业中型企业数字化转型资金扶持力度不够，落实鼓励承担技术创新的风险补贴机制不健全，金融服务制造业数字化转型的渠道不畅通，要素保障还普遍存在协同供给能力不足、监督机制不完善等问题。

（一）政策工具还有待研究创新

从政策梳理的情况看，我国促进制造业数字化转型主要政策集中在目标规划、法律法规及以行动计划为主的金融支持、税收优惠等方面。对引导企业充分发挥巨大内需市场优势，积极开拓并稳定新技术应用，应对市场的不确定性，提高中小企业数字化转型积极性等，以扩大内需促进制造业数字化转型的政策少。支持促进制造业数字化转型的举措停留在传统模式，政策工具缺乏创新，适应新技术、新模式的政策手段少。生产领域的数字化转型关键还是人的问题，推动制造业数字化转型既需要大量的熟悉制造业或者是制造业一线的技术人才，也需要具备快速理解和掌握数字技术的跨学科复合型人才，但我国现有的人才培养制度还是缺乏更多宽容性，比如硕士博士的招生考试要求专业背景，招录门槛高。尚未有针对一线的普通员工普及数字化技术培训支持计划和政策。

（二）政策针对性不强

截至 2022 年年底，我国尚未编制制造业数字化转型专项规划，也未出台针对人工智能、大数据、数字孪生等新一代信息技术与制造业融合发展的财政扶持、金融政策。比如美国在落实人工智能领域成为领导

全球的重大战略时，同步出台了财政支持计划；欧盟的“数字十年”也同步提出了资金支持计划。我国促进制造业数字化转型指导意见、专项规划等主要是明确支持发展方向，在保障措施中提出加强财政支持力度。具体如何支持，由哪些部门组织实施等，缺乏明确的路线图。政策的宣传力度不够，引导促进制造业数字化转型共性技术研发、公共服务平台与标准化建设等支持政策及具有普惠性的政策供给不够。数字化进入各行各业是有规律的，我国数字化普及度最高的是消费领域，尤其是零售行业，其次是售后服务，是因为零售面向亿万消费者，而有更多的链接进而实现快速普及。但生产领域而言，则需要做更多细致的行业性研究、生产环节的数字化及链接可能性研究，才能出台有针对性的政策。

（三）政策支持持续时间相对较短

制造业数字化转型依托的是新一代信息技术与制造业的融合发展，新一代信息技术日新月异，被视为第四次工业革命的技术变革，发展空间和持续时间有多长，尚难以预料，具体落实还主要通过各种相关行动计划来推进，这种行动计划主要是“三年行动计划”，之后多数没有出台跟进的“行动计划”，鼓励制造业数字化转型需要可持续的支持政策，政策要有较长的持续性。企业也反映，我国支持制造业数字化转型的投入持续性不够，企业讲求效益，尤其是多数企业相对短视，在政策支持下可能加大了一部分硬件的投入，但因后续维护、技术创新仍需资金投入，而丧失了投入意愿。

（四）制造业数字化转型的法律法规体系亟待深入完善

从某种意义上说，推动部署5G、工业互联网等新一代信息网络基础设施，加快制造业数字化转型，同时，信息安全、隐私、就业等成为未来制造业面临的潜在风险，新科技革命无论是技术本身，还是其产生的社会影响，过去我们都没有经历过，国家需要制定新的法律法规对新技术及其相关的影响进行规范和治理，而这些新的法律规范对制造业数字化转型本身是起到促进还是约束作用，企业如何适应等，都是新问题。比如，我国已出台《中华人民共和国网络安全法》等一系列法律法规，但在华制造业外资企业对数据跨境流动提出了一系列亟待解决的问题。

（五）缺乏促进制造业数字化转型的政策评估体制机制

习近平总书记在重要讲话中多次强调“重大政策的出台和调整要进行综合影响评估”，要求对“已形成举措、落实落地的及时跟踪评估”。党的十九届五中全会通过了《中共中央关于制定国民经济和社会发展第十四个五年规划和2035年远景目标的建议》，其中明确提出“健全重大政策事前评估和事后评价制度，畅通参与政策制定的渠道，提高决策科学化、民主化、法治化水平”。但从对促进制造业数字化转型的相关政策整理情况看，我国近些年对各领域数字化支持的政策繁多，但明显缺乏对这些政策事前评估和事后评价制度，如每一项政策出台后取得怎样的实施效果、有哪些经验值得总结、存在哪些纰漏、后续还需要哪些方面的跟进等，这对于出台后续支持政策有重要参考和借鉴意义。

（六）政策还存在预期不确定不稳定不透明

我国出台制造业数字化转型的相关专项规划后，相应地出台了“行动计划”，但规划出台后多久出台相应的行动计划，还缺乏时间表，难以形成明确的预期效应。各专项规划和“行动计划”出台的背景、出台进展与过程等不公布。有些“行动计划”中没有时间表、路线图、资金配套预算计划、后续跟踪方式与评价机制等。各专项规划之间、各行动计划之间是否存在重复和重叠，到底在制造业数字化转型方面投入了多少资金，在贯彻落实过程中如何协调、资金是否存在重复配置等，此类问题依然存在。据工商联关于政策落地企业感知情况调研反映，50%以上的企业对政策无感；30%的企业了解有数字化转型的支持政策，但不知具体内容；疫情期间，国家正向支持，纾困帮扶政策，企业明显感知获益的企业不足5%。同时，政策理解困难，获得政策支持的程序多、成本高、难度大，大量企业缺乏获取数字化转型技术服务商的正规信息渠道。央企、国企享受国家支持政策比较容易，政策的普惠性总体还是不够的。

六、促进我国制造业数字化转型政策体系建设的相关建议

根据我国现行制造业数字化转型政策工具的分布，参考美国、欧盟等制造业领先国家的经验做法，在未来制造业数字化转型政策制定中，查漏补缺，可考虑进一步完善法律法规，提高政策供给的精准度，着力政策工具创新，增强以扩内需为基础政策供给，强调各类政策工具组合的整体协调性，构建完备的制造业数字化转型政策框架体系。

（一）加快相关规划落地实施与保障政策有效实施

截至2022年6月，工业和信息化部已公布两化融合、大数据产业、智能制造等领域国家“十四五”专项规划，形成完备的制造业数字化转型规划体系，要尽快加强各地政府编制“十四五”相关专项规划指导工作，梳理数字化转型需求，制定转型任务清单，绘制转型路线图，提高政策的可预期性。持续实施制造业数字化转型行动，引导企业加强融合管理、网络协同、数据贯通、软件开发、智能应用、安全防护等能力建设，不断提升企业数字化水平，推动产业链、价值链向中高端延伸。持续打造两化融合贯标升级版，持续完善并推广两化融合管理体系，引导企业加快数字化转型步伐。发挥试点示范带动引领作用，持续开展试点示范，围绕两化融合管理体系贯标、特色专业型工业互联网平台建设、工业信息安全能力提升、中德智能制造等重点方向继续遴选一批融合发展试点示范项目，加快培育融合发展新模式新业态。进一步破除数字化转型体制机制障碍，强化资源整合，创新管理体制机制，推动

各部门间的分工协作、协调运行，完善促进地方制造业数字化转型的指导机制，督促各地人民政府强化政策措施落地见效。支持制造业企业、智库单位、行业协会等牵头或参与制定制造业数字化领域相关国家、行业和地方标准。探索建立支持政策评估机制。探索建立促进制造业数字化转型政策成效评估指标体系，及时总结政策效果，纠正政策执行偏差，开展制造业数字化转型监测工作，为政策研究、宏观决策等提供支撑。建立情况通报制度，定期反映各地工作目标任务完成情况。邀请第三方咨询机构开展制造业数字化转型评估诊断，帮助解决行业转型过程中遇到的共性问题。

（二）提高制造业数字化政策普惠能力

在产业数字化的背后是传统产业充分触网，要坚持问题导向，重点要抓好中型企业的数字化转型，让有数字化转型需求、转型能力的企业能积极响应并尽快参与进来，推动企业积极运用数字智能技术，最终实现产业链数字化。科技资金要通过设立课题，引导数智企业积极提升数字智能技术创新能力，通过技术市场转化及推广应用，提升本土产业链中产业数字化的底层技术基础。创新监管方式，引导更多技术、资本等资源进入数智企业，降低数智企业市场准入，改善融资渠道，促进数智企业健康成长。持续加大对工业软件、工业数据共享平台以及工业数据模型等数字化转型共性技术的开发力度，尽快形成具有创新和竞争力的数字制造生态系统。产业引导资金要继续引导建设更多“灯塔工厂”，加速传统制造企业数字化技术升级改造，促进传统制造业企业加强数字能力建设和数字化过渡，依托工业互联网平台，推动工业数字资源的集聚及供需对接，引导更多制造业企业参与到数字化转型队伍中来，不断扩大数字化转型企业规模，摊薄各类企业数字化转型成本。加大对促进数据的自由安全流动基础设施创建的投资，加大对传统制造业劳动力数字技能培训，提高企业接受数字生产流程的能力。

（三）加大政策的宣传力度和拓展政策申领渠道

鼓励各级地方政府根据国家促进制造业数字化转型的重大规划和政策，出台相应的相关配套政策，尤其是发挥地方财政资金的积极引导作用，让各类企业获得更多免费实验的机会，更要鼓励各地根据自身产业发展特点培育本地化的数字技术服务商，为不同品类制造企业提供更低成本、个性化定制的数字技术服务能力。要加快建设涵盖数字化诊断服务、政策咨询、数字技术培训课程、应用案例分享、服务商资源对接、产业大脑展示等功能制造业数字化公共服务平台，有效解决制造企业数字化转型“不想转”“不敢转”“不会转”“不知道找谁转”的难题。在诊断服务过程中听取和收集企业意见，解决制造业数字化转型过程中涉及的行业发展的关键和共性问题，实现制造业数字化转型的普惠共创发展。

我国工业和信息化部等部门、各部委及省级信息化与工业化融合公共服务示范平台，是产业数字化政策的重要获取途径。但一些技术领先的数字技术服务平台企业或龙头企业相对被有数字化转型需求的企业所熟悉，政府可授权这类企业及时转发相关政策，链接申领接口，为其他企业获得数字化转型支持政策提供更多的重要信息渠道。

（四）完善制造业数字化转型的财税政策支持体系

一是强化财政资金导向作用。加大国家资金对制造业数字化转型的支持力度，进一步促进政府引导基金支持信息基础设施建设投入落实到位。强化国家科技成果转化引导基金作用，引导更多创业投资基金、贷款风险补偿基金等进入数字化科技领域，在促进数字化科技成果转移转化方面发挥更为突出的作用。持续支持省级财政设立专项资金，以贷款贴息、有效投入补助等方式，支持工业企业数字化转型。鼓励有条件的地市政府在省级财政补助的基础上，给予一定比例的配套补助，政策叠加效应助力工业企业数字化转型。进一步提高效率，优化流程，加强动态评价，从决策、过程、收益、产出四个维度，全面掌握项目的绩效管理情况，持续提升支持工业企业数字化转型的财政资金效能。发挥地方政府熟悉行业、贴近企业的优势，加快落实财政部、工业和信息化部联合启动中小企业数字化转型城市试点工作，以城市为对象支持中小企业开展数字化转型，聚焦中小企业数字化转型中的痛点难点，解决中小企业“不愿转”“不敢转”“不会转”的问题。确保中小企业的数字化改造专项扶持资金要及时到位。二是完善税收优惠政策。实施合理税收优惠政策，研究制定制造业数字化转型费用纳入研发费用税前加计扣除新政指引，对现有制造企业进行智能制造研究及与其他企业和高校、科研院所写作研发等活动中发生的研发费用，审查合规后允许应用研发费用税前加计扣除①。

（五）创新金融服务方式

鼓励银行业金融机构完善各项服务政策，加大对制造业数字化转型的信贷支持力度，为工业企业数字化转型提供融资服务，满足企业合理融资需求。引导金融机构不断开发特色产品，支持金融机构开展知识产权和数据资产等无形资产抵押贷款，有针对性地创新数字化转型金融产品。鼓励金融机构发挥资金、人才、渠道、网络等优势，围绕人工智能、工业物联网等一系列重大战略制造业及行动计划，支持优质企业开展关键核心技术攻关。银行业金融机构应充分利用资金优势和全牌照综合化优势，通过建立多渠道、多样化的投贷联动模式，为数智科技型企业提供创投、引导、产业及股权投资等各类基金，以及企业上市、发债、并购等服务。鼓励有条件的金融机构在业务范围内与工业互联网企业按照依法合规、风险可控的原则开展合作，探索建立基于生产数据的征信系统，提供个性化、精准化的金融产品和服务。建立制造业数字化转型重点项目库，鼓励天使、风投、股权投资、并购、私募等投向优质

① 那丹丹，李英．我国制造业数字化转型的政策工具研究[J]．行政论坛，2021(1):96.

项目[①]。

（六）以完善的法律法规体系与加强知识产权保护为主

加强和完善网络安全、信息保护等相关法律法规研究，进一步完善保障制造业数字化转型的相关法律法规体系，让数字化转型在合法的轨道上行稳致远。加快推动制造业等关键领域的知识产权布局，加强这些领域的专利分析、预警。加快制造业新环境下的知识产权法规建设，应对新技术与制造业融合发展诞生的创新型技术成果，完善相应的知识产权保护制度，强化相关侵权案例整理与公布。积极推动重点领域的产业政策与知识产权政策相对接，包括支持研究机构开展互联网人工智能、车联网环境下人工智能的知识产权许可模式研究。有针对性地加大产权保护宣传力度，提高企业知识产权管理规范化水平与产权保护意识，协助一些相对规模比较大的企业优先建立完整的知识产权部门，并进行必要的激励或者奖励。进一步加强对工业企业的知识产权服务能力培育，推动实施中小企业知识产权战略推进工程。在制造业数字化转型过程中，要引导企业加强从权利归属认定方式、数字信息流转路径追踪以及全流程举证保全三个维度对企业知识产权保护等级进行评估，考虑引入商业秘密保护系统，将企业运营过程中涉及的所有机密文件上传至系统、设定机密查看人员限定机密流转范围、签署保密协议，并且全流程保全固定事实证据，做好版权、商业机密等智力成果的知识产权保护，有效维护合法权益，实现企业数字化风控，为促进企业数字化转型提供更为坚实的知识产权保护力度。加大对知识产权犯罪的惩治力度，加强知识产权综合行政执法。

（七）强化标准化建设

要坚持标准引领，组织实施好《国家新一代人工智能标准体系建

---

① 那丹丹，李英．我国制造业数字化转型的政策工具研究［J］．行政论坛，2021（1）：96.

设指南》，深入开展智能制造综合标准化建设行动，推动制定人机协作系统、工艺装备、检验检测装备等智能装备标准，智能工厂设计、集成优化等智能工厂标准，供应链协同、供应链评估等智慧供应链标准，网络协同制造等智能服务标准，数字孪生、人工智能应用等智能赋能技术标准，工业网络融合等工业网络标准，支撑智能制造发展迈上新台阶[①]。推动数字孪生、数据字典、人机协作、智慧供应链、系统可靠性、网络安全与功能安全等方面形成较为完善的标准簇，逐步构建起适应技术创新趋势、满足产业发展需求、对标国际先进水平的智能制造标准体系。建设更为完善的鼓励和保障行业组织、企业参与标准制定的机制，引导行业组织、内外资企业研究制定制造业数据的行业标准、企业标准，并适时将成熟的行业标准上升为国家标准，不断完善先进适用的制造业数字化标准体系。加强标准体系与认证认可、检验检测体系的衔接，促进标准的应用。加强工业大数据标准体系建设，加快数据质量、数据治理和数据安全等关键标准研制，选择条件成熟的行业和地区开展试验验证和试点推广。

（八）创新新型数字人才培养模式

教育领域相关支持政策重点在完善制造业与数字技术相结合的跨专业、跨领域人才培养模式，加快复合型人才、数字技术人才供给体系建设。加大数字人才的公共基金投入力度，引导高校、企业共建数字人才培养基地与数字人才创新共同体。强化科教融合，完善人才培育引进与团队、平台、项目耦合机制，把科研优势转化为育人优势。探索产业链、创新链、教育链有效衔接机制，构建高等教育与产业集群联动发展机制，打造一批融人才培养、科学研究、技术创新、企业服务、学生创业等功能于一体的示范性人才培养实体。开展有针对性的人才培训，持续提升劳动者的数字素养，推进数字化转型领域领军人才、创新团队、

---

① 工业和信息化部，国家标准化管理委员会．国家智能制造标准体系建设指南（2021 版）[Z].

人才示范基地和人才培训平台建设。针对中小企业在获取技术人才方面的困难，在政策上重点支持培养中小企业青年工程师。制定更为普惠的全民基本数字技能培训计划，逐步实现 80% 的人口掌握基本数字技能的目标。制定好利用好线上授课平台，加大基层一线工人数字技术普及教育培训。着力推动企业普及数字技术，实现大部分企业使用云/人工智能/大数据，推动中小企业广泛使用数字技术，实现超过 90% 的中小企业至少达到基本的数字化强度水平的目标。

（执笔：李娣）